JN117148

専門学への
いざない

新里　卓[編著]

成文堂

まえがき

　学問の存在意義とは一体何だろうか。なぜ人間は学問を究めようとするのだろうか。それらの答えはおそらく一つではない。吉田松陰は、学問によってわれわれ人間はいかに生きていくべきかを学ぶことができると述べているが、ときに学問で得られた知識が直接的にわれわれの人間社会を豊かにしてくれることもある。例えば、経済学や経営学における理論を学ぶことで、将来経営者としてその知識をビジネスに応用できるかもしれないし、また言語学や英米文学について見識を深めることで語学力やコミュニケーション力を向上させることができるかもしれない。はたまた法学を学ぶことで将来法曹界を目指すこともできるだろうし、国際関係学や政治学に関して知識を得ることで国家間を結ぶ懸け橋となるような人材になれるかもしれない。社会学を専攻することで、社会におけるさまざまな問題を多角的な視点から分析する力を身につけることもできるだろう。一方で、アリストテレスが「すべての人間は、生まれながらにして知ることを欲している」と述べているように、本来的にわれわれ人間は、何か新しい知識を吸収することに興味を持っているものである。本著を読むことをとおして、本著で紹介される学問がそれぞれどのような学問なのかを学ぶとともに、現代社会における身近な問題や現象に対して学問的にアプローチする方法を知ることによって、読者の知的好奇心をますます高めてくれるようなきっかけになればと願っている。

　読者のなかには、今後大学進学を考えて一生懸命勉学に励んでいる方もいると思われる。しかしここで一度考えてみてほしい。今進学を考えている学部で学ぶであろう学問に本当に興味があるだろうか。そもそも、その学問のことをどれぐらい知っているだろうか。イメージだけで「学問」をとらえてしまっていないだろうか。自分が興味を持てない学問のために大学で四年間も時間を費やすのは非常に残念である。反対に、学問のことを知ったときにはじめてその学問の楽しさや奥深さに気付くこともある。実際、本著でもたびたび出てくるが、いずれの専門分野も非常に「学際的」で、われわれの社会における多様な諸問題を研究対象とするため、はじめて専門の学問に触れ

れば、たちまちまだ見ぬ学問の広がりや楽しさを実感することができるだろう。

　ここで例を出してみよう。「将来国際社会でビジネスをしたい」という想いを叶えるための学問は何か、と質問されれば、多くの高校生は「経営学」や「経済学」と答えるかもしれない。しかし、国際的に活躍するためには各国・各地域の情勢や政治について知ることも必要となるし（国際関係学や政治学の分野である）、会社法などといった会社の設立や経営、組織運営にまつわる法律の学習も役に立つだろう（法学）。もちろん、それぞれのコミュニケーション・スタイルや文化、社会、人々の価値観について理解を深めることもビジネスのあらゆる場面で必要になる（言語学、英米文学、社会学など）。このように、一つの興味・関心事についてどのように知識を深め、研究するかということを知ることは、現代社会で活躍できる人材になるためには重要なプロセスなのである。そのようなことをふまえ、本著は以下のような読者全てに有益となりうるものである。

　　①大学の学部・学科を正しく選びたい高校生や浪人生
　　②大学編入学のための学部・学科を正しく選びたい専門学校生や短大
　　　生、大学二年生
　　③学部・学科を横断して幅広く専門分野を学びたい大学生
　　④年齢を問わず、再度学問を幅広く学びたい人
　　⑤論理的かつ批判的に社会現象を分析するための枠組みを知りたい人

　①と②についてもう少し触れてみよう。近年、大学の学部選びがうまくいかず、大学進学後に自分がイメージしていた学問と実際の授業の内容とが異なってしまったために、その学問に興味が持てなくなり、学生生活を謳歌できない学生の存在が指摘されるようになってきている。それも当然の話で、高校生の頃に各学部の学習内容などを詳しく知る機会は極端に少なく、自分がどの学部で学ぶのが好ましいのかを把握することができないのがその原因である。私が教鞭をとっている日本外国語専門学校には、毎年さまざまな学問への興味をもった学生たちが入学し、本著で紹介する学問を全て学ぶこと

ができる。とくに私は大学への編入学を目指す学生の指導を行っているが、学生たちが専門学校入学時に興味のあった学問と、大学編入時に進学する学部は合致しないことも多い。彼らは、本当の「学問」に出会い、学ぶことに対する価値観が変わったともいえよう。大学受験のために英単語や歴史上の出来事を暗記することが学問の本質ではないのである。

　本著は、読者のみなさんに学問の本質や楽しさをわかりやすく伝えるために、各学問の専門家が「本気で」執筆したものである。まず拙章である第1章の「言語学」では、「言語」とはそもそも何なのか、その本質について身近な例を紹介しながら説明し、その言語を対象として研究する言語学について概観する。言語学は人間社会を構成する基本要素である「言語」を様々な角度から研究するため、人間にしか使用することができない言語によるコミュニケーションについてより理解を深めることができ、国際化著しい現代社会で「言語」を使って生き抜くヒントを得ることができるに違いない。

　第2章の「文学」では、まず文学作品をどのように読み、研究していくか、その手法が提示されている。文学作品には歴史や社会、文化、価値観、そして作家の生い立ちや思想などが少なからず反映されている。そのような背景を知ることで、文学作品をより深く解釈することが可能である。本著では著名な作品を紹介しつつ、アメリカ文学とイギリス文学においてそれぞれ実際の作品を学問として分析することをとおして、文学研究がどのようなものであるかを紹介する。

　第3章の「社会学」では、まず「あたりまえを疑う」という行動の大切さを説く。例えば、ジェンダー、労働、社会階層、貧困、エスニシティなど、われわれの社会には実にさまざまな問題や現象が存在しているが、なかにはそれらが身近にありすぎるためにわれわれはそれらを自らの価値観のみでとらえてしまうことがある。そのような「バイアス」を社会学における理論から明らかにしつつ、社会における諸問題を「あたりまえ」という枠を超えて分析することでより社会への理解を深めることができる社会学という学問について紹介する。

　第4章で紹介する「政治学」は、われわれの生活を統制する「国家」という存在を、政治という学問的枠組みから考えようとする。本章ではまず日本

と欧米における政治制度の特徴と違いについて理解を深めることで、それぞれの政治体制が抱える問題点について批判的に分析する知見を得ることができる。そして、われわれの生活に直接影響を与える政治がどのようにあるべきかという規範について、客観的かつ論理的に考えるきっかけを読者のみなさんに与えてくれるだろう。

　第5章で扱う「国際関係学」という分野では、国際社会や地域社会における政治や経済、外交、軍事、環境といった複雑な問題について多角的な視点から分析が行われる。また、対立や衝突を避けるための国際協力の在り方や、昨今ニュースでもよく目にする移民・難民問題についても考察を行う学問である。他の学問でも同様であるが、とくに国際関係学においては、ある一つの価値観によって物事の良し悪しを決定することはせず、国際関係に関するさまざまな理論を学ぶことで国際情勢を多角的にとらえようとする。本著では、このような国際理解を促すためのヒントを学問的見地から紹介していく。

　第6章で紹介する「経済学」は、人間が社会のなかでどのようにモノ（商品）を売買し、交換し、やり取りをしているのか、という経済活動を通した人間行動の研究を行う分野である。経済活動とは、企業や個人といった単位でのやり取りだけでなく（ミクロ的視点）、例えば税金や所得、国の経済成長なども分析の対象とするため（マクロ的視点）、読者のみなさんが普段生活を送る経済社会について幅広く理解を深めることができる学問だといえるだろう。

　第7章の「経営学」でも経済学と同様、企業の経営という活動に付随する人間の行動について研究を行うが、その人間の行動や心理のパターンを基盤としてどのように戦略的に経営を行うことができるのかを考察する。その際、企業や業界の特徴だけでなく、消費者の心理や地域社会の特徴についても分析を行うため、実践的なビジネスの手法についても示唆を与えてくれることだろう。

　第8章の「法学」では、「法」の生成と社会での役割、および法の解釈について身近な事例をもとに説明を加えている。当然のように、法／法律とは弁護士や裁判官だけが扱う対象ではなく、われわれの人間社会における規律

や秩序を守るための基盤となっている非常に重要なものである。時代や社会の変化によって法律は新たに誕生したり作り替えられたり、異なった解釈がされたりするため、社会や文化の価値観の変遷についても理解することができ、幅広く教養を深めることができるだろう。

　本著の構成については以上である。各専門の学問について知識を深めることで、きっと読者のみなさんの実生活に有益になることが増えるであろう。そして何より、学問を学ぶことで教養を深めることもできる。教養を深めるという機会は、人間という動物にしか与えられていない貴重なものである。真の意味で人生を豊かにし、将来の可能性を広げてくれるのは、他でもない学問が与えてくれる教養なのだ。

　さあ、読者のみなさんも専門の扉をたたいてなかをのぞいてみよう。

　　2020 年 3 月

　　　　　　　　　　　　　　　　　　　　編　者　新　里　卓

目　次

第1章　言語学

第1節　言語学とは何か

1　偉大なる「言語」

　言語学とは何を対象に研究を行う分野だろうか。もちろん、われわれが使う「言語」を扱う学問分野であることは間違いない。しかし、どのように言語の研究を行うのか、言語のどのような側面に関心を払うのかということはどの程度理解されているだろうか。そもそも「言語」とは何なのだろうか。実際、言語学は言語について研究を行う分野だとイメージはできても、具体的にどのようなことを学ぶのかを深く理解している人はそれほど多くはないだろう。それどころか、言語学という学問は実践的ではなく、社会で役に立たない学問として不名誉なイメージを持たれることもある。

　しかし、人間の文明の発達に大きく貢献したのは間違いなく言語である。言語はわれわれ人間の社会活動の基礎となっているもっとも重要なツールである。また、人間が追及する学問、例えば本著で紹介される文学や社会学、政治学、国際関係学、経済学、経営学、法学なども、そのツールである言語がなければ発展してこなかったし、言語なしでは学問を追及すること自体が不可能である。くわえて、歴史学、人類学、数学、物理学、医学、工学など、あらゆる学問は言語のうえに成り立っているということができる。そして何より、われわれ人間はお互いにコミュニケーションを複雑に行う動物であり、そのコミュニケーションを円滑にするのは、他の何物でもない、言語という存在なのである（そして、本著の内容を読者に伝える手段も言語である）。

2 言語学が扱うこと

「言語学」は「語学」と混同されてしまうことがあるが、ここでまずは両者の違いについて説明したい。「語学」とは、言語（ことば）を理想や規範、規則にしたがって上手に使用することができるようになるための、ある種の訓練である。一方で「言語学」は、英語や日本語などの各言語の構造や規則そのものについて研究を深めていく学問である。例えば、読者の多くが英文法などの授業を受けてきたと思うが、そのような授業で以下のような英文を書けば、英語教師は間違いなく、(A) では動詞の go を goes に訂正し、(B) では be 動詞の be を is に訂正するだろう。

    (A) Mary go to school every day.
    (B) Mary be at home every Sunday.

  (A) と (B) の文章は、Standard English、いわゆる「標準的」と一般的に考えられている英語においては非文法的（ungrammatical）だと判断される。試しに、パソコンを使って上の二つの文章をタイプしてみてほしい。どちらの文に対しても文法的な誤りを指摘されるだろう。つまり、どちらも規範から外れた形として判断されていることになる。そのような規範から外れないよう訓練するのが「語学」の目的である。しかし、African American Vernacular English (AAVE) とよばれる英語の一種の方言では、(A) や (B) の文はごく一般的な文章として容認される。「言語学」では、どちらの形がより「正しい」とか「誤っている」というように言語が持つ価値に優劣をつけることはせず、どちらにも等しく価値があり、どちらも研究の対象となりうると考えるのである。

  言語学におけるそれぞれの下位分野では、言語に関わるさまざまな側面について考察が行われる。以下にその主な下位分野についてあげる。

    (A) 音声学（phonetics）：音声をどのように産出するか、その具体的な方法の分析。
    (B) 音韻論（phonology）：音声に関わる抽象的な構造や規則の分析。

(C)　形態論（morphology）：語の構造の成り立ちやメカニズムの分析。

(D)　統語論（syntax）：どのように語と語が結びつくかという文構造の分析。

(E)　意味論（semantics）：言語表現の意味に関する分析。

(F)　語用論（pragmatics）：文脈や状況に応じた言語使用の意味の分析。

(G)　社会言語学（sociolinguistics）：言語使用に影響を与える社会的要因の分析。

(H)　応用言語学（applied linguistics）：第二言語の習得やそれに影響を与える学習者の個別要因と学習環境の分析。

(I)　心理言語学（psycholinguistics）：言語の習得やそれに関わる心理的過程の分析。

(J)　歴史言語学（historical linguistics）：各言語が現在の形や意味に至るまでの歴史的変遷の分析。

　以上のように、言語学は他の学問分野とも相互に関わりながら言語のさまざまな側面について考察を行う、学際的な（interdisciplinary）学問であるということがわかるだろう。なお本著においては、スペースの都合上、まずは言語学の発展の歴史と言語の基本である音声を扱う音声学や音韻論について述べた後、入門としてより興味を持っていただけるであろう分野、とくに応用言語学そして社会言語学や語用論といった分野に焦点を当て、その他の分野については概観にとどめるものとしたい。

3　言語学研究の歴史

(1)　言語学のはじまり

　言語学研究は、主にヨーロッパにおける諸言語の文献を研究しその文や音声の構造について考察・比較を行う文献学（philology）や比較言語学（comparative linguistics）からはじまった。その発展にともない、諸言語の変化の歴史や祖先となる語（祖語）について研究の関心が向くようになり、その後言語学は歴史言語学（historical linguistics）として大きく発展することになる。例えば、『グリム童話全集』を編纂したとして有名なヤーコブ・グリム（Jacob Grimm, 1785-1863）は文献学やドイツ語にも見識が深く、『ドイツ語文

法』(*Deutsche Grammatik*) では、ドイツ語や英語を含む現代ゲルマン諸語と、ラテン語やギリシア語、サンスクリット語などのインド・ヨーロッパ語族の諸言語との比較が綿密に行われている。そのなかの「グリムの法則 (Grimm's Law)」は、比較言語学における言語の再建（同系の言語を比較し、共通の源にあたる言語を再現すること）に大きく貢献することとなった。

(2) 構造主義言語学の台頭

言語学研究は、長い間言語の歴史的な変遷を研究の対象としていたが、それでは言語構造の本質について考察することができないと批判されるようになった。その代表的な言語学者が、近代言語学の父とよばれたフェルディナン・ド・ソシュール (Ferdinand de Saussure, 1857-1913) である。ソシュールは、これまで言語の歴史的変化という側面（通時態とよぶ）だけが言語学研究の対象とされていたことに不満を覚え、言語の性質を研究するためには同時代における言語の静的な性質や側面（共時態とよぶ）について分析を行うべきであると主張した。ソシュールに代表される言語学派は構造主義言語学 (structural linguistics) とよばれ、それを学問として体系化し発展させた言語学者としてはレナード・ブルームフィールド (Leonard Bloomfield, 1887-1949) などがその代表である。ブルームフィールドは、言語学は科学であると主張し、言語学研究において直観や感情などの観察することができない心理的要因を排除する立場をとった。

ソシュールによると、言語能力（ランガージュ, langage）はラングとパロールという二つの側面に分けられる。ラング (langue) とは、言語の使用者が共通して頭のなかに持っている知識の集合体であり、例えば語彙や文法といった抽象的な言語規則のことを指す。ソシュールは、このラングを解明することが言語学の目標であるとする。一方パロール (parole) とは、個人が特別の場面で使用する言語の側面である。このラングとパロールの区別は、後にノーム・チョムスキー (Noam Chomsky, 1928-) による言語能力 (competence) と言語運用 (performance) の区別に影響を与えている。

(3) 言語の心理的・認知的側面の考察

構造主義言語学では観察できる言語現象を主に考察の対象としていたが、しだいに観察できることだけでは説明ができない現象があることが指摘され

るようになってきた。それは、子どもの言語習得である。子どもは周りの大人たちのことばを聞いて真似ることによって言語を習得する、という模倣説 (Imitation Theory) が支持されていたが、子どもの創造的な表現に関しては大人の発話を模倣した結果であるとは考えられない。

このような子どもの言語習得を解明するためには、目に見えない、つまり観察できない心理的な要因も考慮に入れるべきだと議論されるようになった。そのような心理的・認知的な側面を重視するのが、チョムスキーが提唱する生成文法理論である。生成文法理論では、人が頭のなかでどのように文を生成するのか、そのメカニズムを心理的・認知的なアプローチから考察する。チョムスキーは、人は生まれつきあらゆる言語を獲得する言語獲得装置 (Language Acquisition Device: LAD) を持っていると主張し、すべての言語に共通する普遍的な特性や規則を普遍文法 (Universal Grammar: UG) と名づけた。

(4)　生成文法理論への批判

人間が生まれながらにして持つ内在的な言語能力の解明こそが言語学の目的だとしたチョムスキー学派に対して、社会言語学者のデル・ハイムズ (Dell Hymes, 1927-2009) は、言語をいつどのように使用するかという、言語を適切に使用するための伝達能力 (communicative competence) も言語学研究の対象とすべきであると主張した。それは、ソシュールやチョムスキーが言語学の対象としてこなかった言語の運用面であるパロールやパフォーマンスに対する考察の必要性を指す。例えば、われわれはコミュニケーションのなかで、目上の人に対しては丁寧な話し方 (スタイルとよぶ) を用いることで敬意を払うことがあるが、そのような社会の慣習や文化、場の状況などに応じて言語表現を切り替えるのも人間の言語能力である。伝達能力に目を向けることは、社会や文化、コンテクスト (文脈) に目を向けることであり、そのような観点から後に社会言語学 (sociolinguistics) や語用論 (pragmatics) といった研究分野が誕生し、今日まで発展していくこととなった。

第2節　言語とは何か

1　言語の数

　現在世界に存在している言語の数は、約 3,000～6,000 語であると予測されている（Nettle and Romaine, 2000）。言語の数え方にこのような大きな幅があるのはなぜだろうか。事実、研究者によってその数が異なっているし、また「言語」と一言で言っても、何を「言語」とよぶのかという問題が常に存在する。まず、われわれの世界には「言語」として認定されていないことばが存在する。例えば、2010 年にインド北部において Koro 語という語が新たに「言語」として認定されている。その言語の話者は 800 人程度しかおらず、認定されると同時に危機言語（endangered language）とみなされている。このように、世界には未知の言語も数多く存在するため、それを「言語」とよんでもよいのかを判断することは難しい。そのため、先述した言語の数は予測の域を出ないのである。

（1）　相互理解可能性

　相互理解可能性（mutual intelligibility）とは、異なる言語を母語に持つ話者同士が、何の努力をすることなく容易にお互いの話している内容が理解できる可能性のことを指す。例えばスペイン語の話者とポルトガル語の話者はお互いがそれぞれの母語を話しても相手の話す内容が理解できるため、両言語間の相互理解可能性は高いということができる。つまりこのような場合では、お互いの言語は理解することができても、それぞれは「異なる」言語としてみなされていることになる。このような相互理解可能性が高い関係にある言語同士は、「言語間の距離が近い」と表現されることもある。

　一方、ある言語の地域的な「方言」とみなされているにもかかわらず、他の方言との相互理解可能性が低い場合もある。その典型的な例は、日本語における沖縄方言と東京方言との間の相互理解可能性である。2002 年に国連機関の UNESCO が、沖縄におけることばを消滅の危機にある「言語」として言及しているが、一般的には沖縄におけることばは関西方言や東北方言のように、日本語の一つの「方言」と考えられている。また、中国語には北京

語や広東語、上海語など大きく分けて 10 の方言があるといわれているが、これらの方言はお互いに相互理解可能性が低い（「方言」だが、「語」とよぶのが一般的である）。このように、言語がお互いに通じるかどうかという程度は、「言語」と認定する基準にはならないのである。

(2)　政治的・文化的条件

あることばを「言語」として認定するかどうかは、その言語の使用を取り巻く政治的または文化的条件も関わることがある。旧ユーゴスラビア連邦の政治的解体と言語について取りあげてみよう。1991 年にスロベニアとクロアチアが独立したことによってユーゴスラビア連邦は解体されているが、それまで六つの共和国と二つの自治州によって構成されていた多民族国家の旧ユーゴスラビアで話されていたことばはそれぞれ「方言」とみなされていた。しかし、解体後はそれぞれが「方言」ではなく、クロアチア語やボスニア語、セルビア語などのように「言語」としてみなされるようになった。そのため、それらの言語間には高い相互理解可能性が存在する。

(3)　言語の死

言語を数えることを難しくさせる別の要因として、言語の死（language death）の問題がある。Crystal（2002）によれば、2050 年までには世界の約半数の言語が消滅する。言語の消滅は急速に進んでおり、現在 20〜40% の言語は消滅の危機にあるという。言語の死は非常に深刻な問題だと考えられていて、言語が消滅することでその言語が話されている文化や歴史、そして話者のアイデンティティも消滅してしまうことが考えられる。言語の死の背景には、政治や社会、経済的な圧力が深く関わっており、文化的な同化（assimilation）を強いられたり、グローバル化が進んだりすることによって少数派言語の使用が減り、結果的に言語が消滅の危機にさらされているという多数の報告がある。

現在、世界のグローバル化にともない多くの国で英語が使用されるようになってきている。Kachru（1992）によれば、英語を母語として話している話者は世界で 3 億 5,000 万人程度だが、インドやシンガポールなど英語を第二言語（second language）として話している話者はそれを上回る 5 億人いて、日本を含むアジア圏など英語を外国語（foreign language）として話している話者

は10億人もいる。英語は今や、異なる言語を話す人たちとの間で用いられる共通の言語（リンガフランカ，lingua franca）としての地位を確立しつつある。そのような考えとともに、どのような英語が使われるべきかという観点から二つの立場が対立することがある。一つ目は、英語は一つに画一化すべきであり、そのために非母語話者（nonnative speakers）でもわかりやすい簡易的な英語の形を目指すべきであるというもので、そのような英語の形をグロービッシュ（globish）とよぶ。一方で、二つ目の考えとして英語の多様性を認めるべきであるという考えがあり、それはさまざまな英語の変種（varieties）に優劣をつけるべきではなく、みな等しく価値を持つというものである。先述したAAVEや、シンガポールで独自に生まれた、中国語からの影響を強く受けたSinglishなども標準的英語と同等の価値を持つものであり、そのような独自の英語もすべてまとめて世界諸英語（World Englishes）とよぶ。

2 「言語」の定義と特徴

(1) 言語は体系（system）である

　言語を構成するのは、音や語、文、意味などであるが、それらの配列には規則性がある。例えば、感謝の意を述べる際に日本語では「ありがとう」というが、その順序を入れ替えて「りがとあう」「とうがりあ」などにしてしまうと意味の通らない表現になってしまう。それぞれの音は、「ありがとう」というように、他の音と規則正しく並んではじめてその表現における役割を果たすことになる。このように、ある要素の性質が、他の要素の性質との違いによって決定される仕組みのことを体系（system）とよぶ。

(2) 言語は恣意的（arbitrary）である

　ソシュールは、言語の恣意性（arbitrariness）について言及しており、例えばわれわれは存在する語に対して「なぜそれをそういうのか」という問いに誰も答えることができないと述べている。左の絵を見てみよう。

なぜ「イヌ」？

　「この絵に描かれている動物の名を答えなさい」と問われたとき、われわれはおそらく「イヌ」と答えるが、なぜ「イヌ」なのだろうか。なぜわれわれはこの動物を

見たときに「イヌ」と答えるのだろうか。なぜこの動物は「ネコ」ではなく「イヌ」とよばれるのだろうか。その答えはおそらく出てこないだろう。

　このように、表そうとしている内容（ここでは絵で描かれている動物）と、それを表す手段としての音声や文字（「イヌ」）との間には必然的な関係性はないということがわかる。この性質を恣意性とよぶが、この言語の恣意性についてはソシュールのシニフィエとシニフィアンという語を使って後ほど再度説明することとする。

(3)　言語は音声を用いる表現手段である

　言語は、まず音声を使って表現される。本著における文字化された言語も、もともとはわれわれが音声を用いて表す内容を文字として転記したものにすぎない。それは音声を用いないコミュニケーション手段である手話でも同様である。

　言語は音声が基本となっているということを支持する根拠として、文字を持たない言語を取りあげてみたい。先述のとおり、世界には 3,000〜6,000 語の言語が存在すると予測されるが、そのうち文字を持つ言語は 400 語程度にすぎない。例えばオーストラリアにおけるアボリジニや日本のアイヌ民族の人々が使用する言語は文字を持たず、言語コミュニケーションは音声（口承）によるものである。反対に、現存する言語のなかで音声を持たない言語は存在しない。このように、文字を持たない言語が存在するということは、言語の基盤は音声であるという証拠になる。

(4)　言語は記号である

　ソシュールは、記号（シーニュ, signe）とは人間が見たり聞いたりすることができる「表象」に、内容や意味としての「概念」が結びついたものであると説明している。この「表象」のことを「能記」（シニフィアン, signifiant）、「概念」のことを「所記」（シニフィエ, signifie）とよぶ。交通信号を例にとって考えてみよう。

青：進んでもよい　黄：注意しろ　赤：止まれ

　われわれは、交通信号のそれぞれの色（「青」「黄」「赤」）を目で認識することができる。それをそれぞれ能記（シニフィアン）とよぶ。また、われわれはそれぞれの色にはそれぞれ意味（「進んでもよい」「注意しろ」「止まれ」）があることを知っていて、その信号の色が持つ意味の側面を所記（シニフィエ）とよぶ。記号とは、表すもの（能記）と表されるもの（所記）とで成り立っているのである。

　ここで、信号の色とそれらが表す意味の関係性について考えてみよう。われわれは「赤」という色を見た際に、必ず「止まれ」という意味を理解するように思えてしまうが、なぜ「止まれ」という意味にならなければならないのだろうか。「赤」が「進んでもよい」を表す色でもよいはずである。つまり、シニフィアン（『赤』）とシニフィエ（『止まれ』）との間には必然的な関係性はない。極端にいえば、交通信号の「赤」をはじめて見た人は、その信号の前で止まることはしないだろう。言い換えれば、その関係は恣意的（arbitrary）なのである。この記号の性質は、言語についても同じことが当てはまり、ある音声がどのような意味に解釈されるのか、その関係性は恣意的であるとソシュールは述べているのである。

（5）　言語は人間固有のものである

　人間だけが「言語」を理解し、使用することができる。例えばオウムが人間の言語を真似して音声を発したとしても、オウムはその音声がどのような意味を表すのかまでは理解しておらず、「体系」としての言語を操っているとはいえない。これは、動物のように経験だけではなく、人間が生来的に（生まれつき）持っている言語能力のためであると説明される。

　ここで、人間の「言語」と、人間以外の動物によるコミュニケーションとを比較してみよう。ハチは、蜜がある位置（方向・距離）を仲間に伝える手段として、ダンスをしているような行動をとる。このダンスが示す位置情報は

非常に正確で、他の仲間のハチもそのダンスを手がかりとして蜜の在りかにたどり着くことができるとされている。しかし、ハチは自分の経験や知識を仲間に伝えることはできても、複雑な意図を伝えたり、過去や未来の事柄に言及しながら自分の意見を表したりすることはできない。

　一方で人間は、他者が到達したところを新たな出発点として、さらにその知識や経験を高め、発展させることができる。近年のスマートフォンの発展は非常に著しいが、それもポケットベルやPHS、携帯電話などと少しずつ発展を遂げてきた結果であり、それは先人たちが残した知識や技術を発展させてきた結果でもある。このような知識や技術の継承・発展は、「言語」なしでは成しえなかった。つまり、人間にのみ「言語」を理解し使用する能力が与えられているからこそ、このような文化の蓄積・発展・継承につながったのである。

第3節　言語習得理論

1　言語能力は生まれつきのものか

　子どもはどのように言語を習得するのだろうか。このようなテーマは主に心理言語学や言語習得論とよばれる分野で扱われ、これまでに多くの議論が交わされてきている。また、日本人にとっての英語の習得といった、第二言語としての言語習得にはどのような要因が関わっているのかというテーマについても実にさまざまな意見や理論が存在する。これは主に第二言語習得論（Second Language Acquisition: SLA）の分野で扱われ、また、そのような言語学的観点を取り入れながら言語教育について考える学問を応用言語学（applied linguistics）とよぶ。

　子どもの言語習得には経験や環境が大きく影響を与えるとする経験主義と、人間は生まれつき言語を習得する能力があると考える生得主義について比較していこう。

（1）　経験主義（empiricism）

　経験主義（empiricism）は研究対象を観察可能な行動のみにするため、行動主義（behaviorism）ともよばれる。経験主義の代表的な人物としてはフレデ

リック・スキナー（Frederick Skinner, 1904-1990）やジャン・ピアジェ（Jean Piaget, 1896-1980）が有名であるが、経験主義では、言語習得は刺激と反応を繰り返すことによる習慣によるものであり、基本的に人間の言語習得は動物の学習と同じであると考える。かの有名なパブロフの犬（Pavlov's Dog）は、まさにこの考えの基になっている。イバン・パブロフ（Ivan Pavlov, 1849-1936）は、刺激と反応の連合学習に焦点を当て、それを古典的条件づけ（Classical Conditioning）と名づけている。例えば、犬にエサを与えるとき、毎回ベルの音を鳴らす。すると犬は、そのベルの音を聞くとエサをもらえるということを学習するようになる。この場合、ベルの音を刺激とよぶ。このような学習をした犬は、たとえエサを与えられなくてもベルの音を聞いただけでよだれが出るようになる、というのである。この場合、よだれを出すことが反応である。犬はベルの音という刺激を習慣的に学習することによって、エサを与えられなくてもよだれを出すという反応を起こすのである。

（a）　模倣説（Imitation Theory）　周りの大人の発話を聞き、それを真似することによって子どもは言語を習得していくという説を模倣説（Imitation Theory）とよぶ。模倣説は長い間多くの言語学者たちに支持されてきた説であるが、同時に多くの批判を浴びている説でもある。例えば、子どもの発話には、大人の発話には決して現れない特徴が見られる。子どもはよく「小さいの箱」「大きいのクツ」「赤いの電車」など、形容詞「小さい」「大きい」「赤い」などに助詞「の」をつけ加えてしまう。このような表現は、日本語を母語とする大人の発話には現れない。そのため、このような子ども独特の表現は、大人の発話を模倣したとは考えられにくい。ちなみに、この助詞の「の」の誤った使い方は、どのような環境においても確認される過剰一般化（overgeneralization）の例である。

（b）強化説（Reinforcement Theory）　子どもは親から褒められたり叱られたりすることによって言語を習得するという説を強化説（Reinforcement Theory）とよぶ。また、スキナーはこのような、褒められたり叱られたりすることによる学習をオペラント条件づけ（Operant Conditioning）とよんでいる。スキナーによると、子どもは言語使用がうまくいった際に大人（親など）から褒められること（強化, reinforcement）により学習し、その行動は増える

ようになる。反対に、誤った言語使用をした際に叱られること（罰，punishment）により学習し、その行動は減っていく。これも模倣説と同様、行動の習慣づけによって子どもが学習することを通し、言語の習得が達成されるというものである。

　この強化説の妥当性に対しても議論が交わされている。まず、親はあまり子どもの誤った発話表現について叱ったり訂正したりすることはない。例えば、先述した「小さいの箱」という表現に対して、親が「その表現は間違っているよ、『小さい箱』というのよ」などと訂正をすることはまれである。また、訂正したとしても、子どもはそれを聞いて直すこともあまりしない。くわえて、親自身も、なぜその表現をそういうのか、他の表現との違いは何か、などの細かい言語的知識を持っていないため、子どもにわかりやすく説明をすることは困難である。

　つまり、子どもは親など周りの大人の発話を模倣することによって言語を習得するわけではなく、また、親が子どもに意識的に言語教育を行うこともしないということである。そこで、経験主義が重視する環境ではなく、生まれつきの言語習得能力に焦点を当てた生得主義が台頭するようになる。

（2）　生得主義（nativism）

　チョムスキーは、スキナーの経験主義的な模倣説や強化説を批判し、刺激と反応による習慣形成を通した言語習得には限界があると述べている（Chomsky, 1959）。先で述べた、大人の発話には現れない子ども独自の言語体系は、経験や環境という点からは説明できず、子どもはどのような言語環境においても同様の言語習得の過程をたどるため、人間には言語習得能力が生まれつき備わっていると彼は考えた。このような観察可能な事象だけでなく、心理的な発達なども考察の対象に入れた生得主義（nativism）は、当初は批判されるもののしだいに他の研究者からも賛同を得られるようになり、理論的に大きく発展することとなる。一方、チョムスキーは実際に子どもの言語習得の過程を観察して理論を提唱したわけではない。マイケル・トマセロ（Michael Tomasello, 1950-）は、言語習得の過程をつぶさに観察することが必要であると述べつつ、子どもが言語を習得する際には人とのコミュニケーションが必須であるとして、生得的な言語能力がもっとも重要であるとしたチョ

ムスキーを批判している。このような考えは用法基盤モデル（usage-based model）とよばれている。

(a) 刺激の貧困　子どもの言語習得について考える際、チョムスキーによると、周りの大人からの発話（刺激）だけでは、子どもが言語体系を習得するには不十分である。これを、刺激の貧困（poverty of stimulus）とよぶ。与えられた言語情報（「インプット」とよぶ）が不十分であるにもかかわらず子どもは次々に新しい言語表現を創造することができるため、子どもは刺激や環境とは別の何かに大きく影響されているはずだと考えるのである。生得主義では、人間には言語資料（環境や経験）以外に言語習得の助けとなる言語能力（competence）を生得的に備わっていると考えるが、チョムスキーはこの言語能力こそを言語学の研究対象とすべきであると主張している。

(b) 普遍文法　チョムスキーによると、人間はどのような言語環境においても等しく言語を理解し習得する能力を持っているが、それはすべての言語に普遍的に見られる特徴であり、普遍文法（Universal Grammar: UG）とよばれる。例えば、頭のなかにあらゆる言語を習得する装置としての普遍文法を生まれつき持ち合わせているとしよう。それは一種の言語を産出する歯車のようなものだと理解すればよい。しかし、人間がこの言語を産出する（「アウトプット」する）歯車を動かすには原動力が必要である。ここでの原動力は、われわれの周りの言語資料、つまり経験や環境である。そのような言語資料を原動力として、普遍文法が活かされ、それぞれの言語が産出されていく。例えば、スペイン語を話す親に育てられればそれが子どもにとっての経験や環境になり、それが普遍文法を動かし、スペイン語という個別の言語を産出する。日本語を話す環境で育てられれば、最終的に日本語という言語が産出されるようになるのである。

2　言語習得と年齢

言語習得と年齢の関係性について考察する際に避けて通れないのは、エリック・レネバーグ（Eric Lenneberg, 1921-1975）が提唱した臨界期仮説（Critical Period Hypothesis: CPH）である。臨界期とは決定的な時期という意味であるが、言語習得の際にも決定的な時期が存在し、臨界期仮説は、その時期を過

ぎてしまうとその言語を母語話者のように習得することは難しいと考える。レネバーグは脳機能の発達という観点から、言語習得にも同様のことがいえると主張した。言語習得にとって決定的な思春期の頃、つまり臨界期（critical period）を過ぎてしまうと、脳の機能が固定化されてしまうため、それから新たに言語を母語のように習得しようとするのは非常に困難だというのである。この説の根拠としてよく紹介されるのは、「アヴェロンの野生児」とよばれたヴィクトールという少年の例である。1799 年頃、フランスのヴィクトール地方の森で少年が発見され、保護されるが、彼は野生児化していて、年齢は推定 12 歳ぐらいであった。彼は後にヴィクトールと名づけられ、医師による教育が行われるが、社会性や記憶力はある程度身につけることができたものの、言語能力はなかなか身につかなかったといわれている。これは、12 歳という臨界期を過ぎた後に言語習得を目指そうとしても成功しなかったことを意味している。

　このような例を根拠に臨界期仮説が支持されるようになったが、年齢だけが言語習得に関わる要因なのかを証明するのは非常に難しい。ヴィクトールの例についても、脳機能の損傷や発達障害、言語障害を発症していた可能性は否定できず、くわえて言語の習得にはさまざまな要因が複雑に関係するため、言語の習得や学習をはじめる時期が早いか遅いかということを唯一の要因と考えることはできないだろう。しかし、この言語習得と年齢について述べた臨界期仮説は多方面に非常に大きな影響を及ぼし、母語としての言語習得だけでなく、第二言語の習得にも応用されるようになる。

3　バイリンガルになるためには

（1）　年齢と第二言語習得

　前項でも述べたが、第二言語習得理論においても臨界期仮説の妥当性はしばしば議論される。はたして外国語を学習しはじめる年齢が早ければ早いほど、その習熟度は高いといえるのだろうか。

　Johnson and Newport（1989）は、3〜39 歳までに渡米した韓国語または中国語の母語話者に対して英語の聴き取りテストを行い、渡米した年齢とテストの成績との相関性について考察した。その結果、思春期以前、つまり言語

習得の臨界期までに渡米したグループは聴き取りテストで高いスコアが出た
ということがわかったが、一方で思春期以降に渡米したグループでは聴き取
りテストの成績との相関性が証明できなかった。つまりこの研究は、臨界期
と言語習熟度との相関性の根拠となるものである。

一方で、Cummins and Nakajima (1985) は、日本からカナダのトロントに
移住してきた小学生を対象に、入国時の年齢と英語の読解力の伸びとの関係
性について調査を行った。その際グループを①3歳以前、②7~9歳、③10
-12歳という三つに分けたが、もっとも読解力の伸びが目立ったのは②の7
~9歳のグループであり、それに次いで高かったのは③の10-12歳のグルー
プであった。臨界期仮説に従えば①の3歳以前がもっとも高いはずだが、こ
の調査ではもっとも伸びが低かったのである。

上であげた二つの調査で注目すべき大きな違いは、英語のどの技能に焦点
を当てているかという点である。Johnson and Newport (1989) の調査では聴
き取りの力 (リスニング力) であり、一方 Cummins and Nakajima (1985) の調
査では読解力 (リーディング力) の伸び率を考察している。その結果、リスニ
ング力は学習年齢が早いほど伸び率が高いのに比べて、リーディング力はそ
の限りではないということがわかる。つまり第二言語習得においては、技能
によってそれぞれ個別に臨界期が存在するのではないかと考えることができ
る (複数臨界期仮説. Multiple Critical Period Hypothesis)。

(2) 「風船説」と「氷山説」

日本でも、小学校における英語教育の導入、つまり、早期英語教育が一般
的になったが、一方では母語である日本語 (国語) の教育をおろそかにすべ
きではないという批判もしばしば耳にするようになった。そこで、第一言語
(母語) と第二言語の能力はどのように関係しているのか、二つの説を取りあ
げてみよう。

分離基底言語能力モデル (Separate Underlying Proficiency Model: SUP Model) で
は、人間が言語を習得する程度には限りがあり、第二言語を多く習得すれば
その分第一言語である母語の能力が衰えてしまうと考える。人間の言語能力
のキャパシティーのなかに第一言語の能力と第二言語の能力がひしめき合っ
ている様子を二つの風船に例えて、「風船説」ともよばれることがある。

一方で、共有基底言語能力モデル（Common Underlying Proficiency Model: CUP Model）では、第一言語と第二言語の能力は一見無関係のように見えても、実は根底では共有する部分を持っていると考える。一見異なる二つの氷山に見えても、水面下では同じ部分を共有する一つの氷山であることに例えられ、「氷山説」ともよばれる。共有基底言語能力モデルでは、第一言語と第二言語は思考と関わっている部分を共有していると述べられており、例えば第一言語の日本語で作文を書くのが得意な学習者は、第二言語の英語で作文を書くのも得意であると考えられる。この観点から考えれば、日本語母語話者が英作文を書けるようになるためには、まずは第一言語の日本語の作文を書くための思考力を鍛えることが有効であるともいえるだろう。逆に、第二言語学習の機会を多く持つことで、第一言語の能力を高めることもできるため、例えば学校教育において英語学習に取り組むことは、母語である日本語の能力を高めることにもなるのである。

(3)　BICS と CALP

幼い頃から外国語の環境に身をおいても、必ずしもみなバイリンガルになれるわけではない。どちらの言語も完全に習得できず、日常言語レベルにとどまってしまい、学習言語（例えば読み書き）の能力に問題がある状態になることがある。これをセミリンガル（semilingual）状態とよぶが、このような状態に陥らないためには論理的に考える力を身につけることが重要である。ちなみに、日常的な生活言語能力を BICS（Basic Interpersonal Communicative Skills）とよび、学習言語能力を CALP（Cognitive Academic Language Proficiency）とよぶが、この二つの能力をどちらもバランスよく伸ばすことが真のバイリンガルになるために必要なことといえよう。先に述べた Cummins and Nakajima（1985）の研究においても、年少で第二言語に触れた学習者は会話力や発音といった生活言語能力（BICS）は高いが、第二言語の文法などの学習言語能力（CALP）は、第一言語の文法の知識が不十分なことから、同じく不完全であることが指摘されている。つまり、学習言語能力の習得のためには、学校の作文教育や補習など、意識的な学習を行う必要がある。

(4)　異なる動機づけ

動機づけ（motivation）は、学習のための意欲を高めるために非常に重要な

概念であり、何のために言語を学習しているのかを把握していることは学習の成果を上げるために必要である。Gardner and Lambert（1972）は、動機づけを道具的動機づけ（instrumental motivation）と統合的動機づけ（integrative motivation）に分け区別した。道具的動機づけとは、試験に合格したい、転職したいなどといった実用的な目標を達成するために外国語を道具（手段）として学習する動機のことを指し、統合的動機づけとは、アメリカの文化が大好きで文化をもっと知りたい、アメリカ人のようになりたい、といった、学習する言語の社会や文化に参加したいといった動機のことを表す。また、何か報酬を得たい、褒められたいといった外的要因が学習の動機となる外発的動機づけ（extrinsic motivation）と、学習そのものに楽しさを見出すといった学習者の内的な要因が動機となる内発的動機づけ（intrinsic motivation）とに分けることもできる（Deci, 1975）。内発的動機づけのほうが学習の動機を長く保つことができ、高い効果が期待されているといわれている。

（5）　抑　制

　第二言語学習者は言語を使用する際に抑制（inhibition）が働き、つい口をつぐんでしまうことが多くある。英語を長く学習してきて、たとえ簡単な文章だとしても間違いを恐れてなかなか話すことができなかったという経験を持つ人は多いのではないだろうか。ある程度の緊張は学習にポジティブな影響をもたらすが、極度の緊張は学習を妨害する要因となりうる。そのため、間違いを恐れずに積極的に英語を使用することが大切である。Guioraら（1972）は、言語使用の際に起こる抑制を緩和するために、学習者にアルコールを飲ませてリラックスした状態を作り出すという実験を行ったが、その結果、発音面でプラスの効果が見られたのである。アルコールに限らず、言語使用の抑制を起こすような緊張をどのように緩和するか、学習者それぞれの方法を知っておくとよいだろう。

　ところで、なぜ学習者に抑制が働くのかを考えてみたい。学習者の発音について、学習者のアイデンティティの観点から考察を行った研究がある（Gatbonton, Trofimovich and Magid, 2005）。それによると、非英語圏（英語を母語としない日本など）では英語の発音が正確であればあるほど、自分が属する民族的集団への忠誠心が低いとみなされる傾向があるという。例えば日本におい

ては、ネイティヴ・スピーカーのような英語の発音をすることで、「日本人らしくない」と否定的に評価されてしまう。そのため、そのような民族アイデンティティを否定されることを恐れ、学習者はあえて「下手な」発音をすることがあるという。

　このように、言語の習得には、社会的な要因や心理的な要因が大きく関わっている。Schumann（1978）はとくに、第二言語の社会にどの程度適応できるかがその言語の習得の度合いを左右すると指摘している。第二言語を習得するためには、その言語圏の社会に同化したいと思えるか、その社会や文化に対して肯定的に感じているかなどが重要な要因となる（文化変容モデル，Acculturation Model）。また、生得主義から影響を受けた第二言語習得理論としてスティーブン・クラッシェン（Stephen Krashen, 1941-）が提唱したモニター・モデル（Monitor Model）があるが、そのなかの情意フィルター仮説（Affective Filter Hypothesis）では、学習者の不安や第二言語に対する否定的態度や感情が言語学習を妨げると指摘されている。モニター・モデルは理論的根拠に欠けているということで批判されることも多いが、外国語学習の際の不安や否定的感情からくる抑制などを解消することを考慮した言語教育の研究に多大な影響を与えた。

第 4 節　理論言語学概説

1　音声学と音韻論

　音声学（phonetics）とは、言語に表れる音を観察し、それがどのように相手に伝わるのかを分析したり、その音を具体的にどのように産出するのかを分析したりする学問である。音声学には、①音声がどのように作り出されるのかを分析する調音音声学（articulatory phonetics）、②音声が空気中でどのように伝わっていくか、その物理的な特性を分析する音響音声学（acoustic phonetics）、③聞き手がどのように音声を知覚するか分析する聴覚音声学（auditory phonetics）という三つの分野があるが、言語学の分野では主に①の調音音声学を扱う。一方で、音韻論（phonology）とは、音声に関わるシステムに焦点を当て、音素とよばれる抽象的な音の単位を分析する。言語はそれぞ

れ異なる音韻現象を持っているため、音韻論研究における理論を用いて説明を行うことによって、複雑な音声に関わる規則性をわかりやすく整理することができる。

（1） 発声器官

音声は、肺から喉、口、鼻などの器官を使って発声される。異なる音声を区別し、発声のシステムについて学ぶためには、それぞれの音が発声される器官（図表1）について知る必要がある。

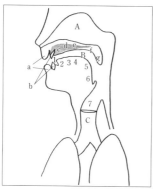

a. 唇 （lips）
b. 歯 （teeth）
c. 歯茎 （alveolar ridge）
d. 歯茎硬口蓋 （palato-alveolar）
e. 硬口蓋 （hard palate）
f. 軟口蓋 （velum, soft palate）
g. 口蓋垂 （uvula）
1. 舌尖 （tip） 2. 舌端 （blade）
3. 前舌 （front） 4. 中舌 （center） 5. 後舌 （back）
6. 舌根 （tongue root）
7. 声帯 （vocal cords）
A. 鼻腔 （nasal cavity） B. 口腔 （oral cavity）
C. 声門 （glottis）

図表1 発声器官

（2） 子音と母音、有声音と無声音

子音 （しいん，consonant） とは、呼気が何らかの形で妨げられることで作られる音である。子音には、[b] [d] [v] [g] [m] [n] など、声帯が振動することによって発生する有声音 （voiced sound） と、[p] [t] [f] [k] など、声帯の振動を伴わない無声音 （unvoiced／voiceless sound） がある。有声音の場合には声帯がほとんど閉じられ、呼気が通過する際に声帯が振動するが、無声音の場合には声帯が開いており、呼気が開いた声帯から声門を通過する際にはほとんど摩擦が起こらず息 （breath） だけで音が作られる。

一方で、母音 （ぼいん，vowel） は呼気が （ほとんど） 妨げられることなく作られるが、声帯の振動を伴う有声音である。日本語では「あ （a）」「い （i）」「う （w）」「え （e）」「お （o）」がそれにあたる。

　無声音と有声音の区別をするためには、声帯の振動を確認すればよい。声帯は、のど仏の裏あたりにあるため、のど仏のところに指先をあてて、「あー」「いー」「うー」「えー」「おー」と大きく有声音である母音を出してみると、指先に振動を感じるはずである。

(3)　音声記号

　音声学や音韻論では分析や考察の際音声記号が使われるが、対象の言語が何であれ、音声を表す表記法は一つしかない。このような分野で用いられる音声記号を、国際音声字母または国際音声記号 (International Phonetic Alphabet: IPA) とよぶ。音声は、調音点 (place of articulation, どこで音が作られるか) と調音法 (manner of articulation, どうやって音が作られるか) という基準に基づいて分類される。子音の表 (図表2) では、左が無声音で右が有声音を表す (例えば、

	両唇	唇歯	歯	歯茎	後部歯茎	反り舌	硬口蓋	軟口蓋	口蓋垂	咽頭	声門
破裂音	p b			t d		ʈ ɖ	c ɟ	k g	q ɢ		ʔ
鼻音	m	ɱ		n		ɳ	ɲ	ŋ	N		
ふるえ音	ʙ			r					ʀ		
はじき音		ⱱ		ɾ		ɽ					
摩擦音	ɸ β	f v	θ ð	s z	ʃ ʒ	ʂ ʐ	ç ʝ	x ɣ	χ ʁ	ħ ʕ	h ɦ
側面摩擦音				ɬ ɮ							
接近音		ʋ		ɹ		ɻ	j	ɰ			
側面接近音				l		ɭ	ʎ	ʟ			

図表2　子音 (肺気流)

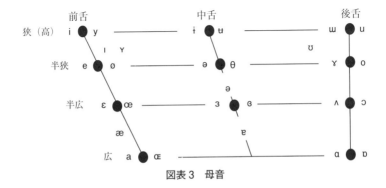

図表3　母音

[p] は無声音で、[b] は有声音。[m] も右におかれているので有声音)。母音の表（図表3）では、記号が対になっている場合、右が円唇母音（唇を丸める母音）を表す。

　図表2を見ると、それぞれの音がどこで発音され（調音点）、どのように発音されているのか（調音法）という基準で分類されているのがわかる。例えば、[p] は、上下の唇（両方の唇）を使って発音する両唇音（bilabial）であるのと同時に、破裂音（plosive）でもある（閉鎖音、stop ともいう）。また、無声音であるという特徴も含めると、[p] という音は、無声両唇破裂音と定義される。

　他にも唇歯音（labio-dental）、歯音（dental）、歯茎音（alveolar）、後部歯茎音（post-alveolar）などさまざまな場所で音が作られるが、このような音が作られる際には、舌が口腔のそれぞれの場所に当たったり近づいたりすることでそこから空気が流れる。声門音（glottal）は、声門が完全に閉じられて呼気が遮断されたり、声門が狭く開いて空気が通ったりすることによって作られる。例えば日本語の語末の促音（小さい「っ」）の音を発する場合には、声門が完全に閉じられた状態になる。日本語のハ行の「ハ」「ヘ」「ホ」の子音（[h]）を発音する際には、声門が狭く開いて空気が擦れるような音になる。

（4）　同　化

　同化（assimilation）とは、発することが難しい音の連鎖がある場合、前の音と後ろの音の性質を一致させることによって、その困難さを回避する現象を指す。「重要な」という意味を持つ英単語の important という形容詞について考察してみよう。この語はもともと in-「〜のなかに」と port「港」という語が組み合わさってできているが、in-の n が m になる理由は、同化という現象から説明することができる。[n] は歯茎で作られる音だが、[p] は両唇音であるため、発音する場所（つまり place of articulation）が異なり、続けて発音することが難しい。そのため、[n] は後に続く [p] の音に影響され、[n] の音は [m] の音になっている。[m] は [p] と同じ両唇音なので、発音がしやすいというわけである。駅名の「新橋（しんばし）」が、ローマ字では "Shimbashi" と表記されるのも同様の理由で、「ん」にあたる音が直後の両唇音である [b] に影響され、[m] という両唇音になっているので

ある。このような日本語の「ん」のような音は、ある条件下によって同化が
起こり、以下のように音がそれぞれ変化する。

　　両唇音の前：[m]　歯茎音の前：[n]　軟口蓋音の前：[ŋ]　語末：[N]
　　とんぼ [tombo]　　女 [onna]　　　銀行 [giŋko:]　　みかん [mikaN]

　しかし、これら [m] [n] [ŋ] [N] のような音は、お互いを異なる音で発
音したとしても、意味に違いは見られない。例えば、とんぼ [tombo] を
[tonbo] と発音したところで、発音に不自然さを感じたとしても、聞き手
はそれがとんぼとは別の語だと判断することはなく、意味の違いは生じな
い。音声的に似通っていて意味の違いが生じない音の組み合わせについて、
そのような音をまとめて一つの音素 (phoneme) とよび、例えば日本語の
「ん」であればスラッシュの記号を使い、/N/ と表記される。また、一つの
音素に分類される音を異音 (allophone) とよび、ブラケットの記号を使って
[m] [n] [ŋ] [N] と表記される。異音のうち、上述のように出現する環境
や条件が決まっている異音を条件異音 (conditional allophone) とよび、条件が
決まっている状況に対して相補分布 (complementary distribution) があるとい
う。反対に、出現する条件が決まっておらず、不規則に現れる異音のことを
自由異音 (free allophone) とよび、その自由な環境を自由変異 (free variation)
とよぶ。音韻論では、音素や異音の分類について考察したり、言語によって
異なる音素の体系や規則について分析したりする。

2　形態論 (morphology)

　形態論 (morphology) は、語 (word) がどのように形成されているのかとい
う語の構造を扱う分野である。語を構成する要素であり、意味的または構造
的な役割を持っている最小の単位のことを形態素 (morpheme) とよび、
｛　｝に入れて示される。形態素のうち、それだけで独立した語として存
在することができる形態素は自由形態素 (free morpheme) とよばれる。一方、
それだけで語としては存在することができず、他の形態素と結合して現れる
形態素を拘束形態素 (bound morpheme) とよぶ。

　語にはまず、語の中心となる語基（stem）があり、語によってはそこに接辞（affix）が付加されて新たな語が形成される。そのうち、語基の前につく接辞を接頭辞（prefix）とよび、語基の後につく接辞を接尾辞（suffix）とよぶ。英語の unbelievable「信じられない」という形容詞の例を使って説明してみよう。

$$unbelievable \quad \Rightarrow \quad |un\text{-}| \; + \; |believe| \; + \; |\text{-}able|$$

接頭辞　　　　語基　　　　接尾辞

拘束　　　　　自由　　　　　自由　　　※拘束＝拘束形態素

自由＝自由形態素

　上であげた unbelievable は、三つの形態素によって構成されている。語基の動詞 believe「信じる」は、それだけで語として存在することができるため、自由形態素である。その believe に接尾辞である-able「〜できる」という自由形態素が付加され、形容詞に形を変える。そこに否定の意味を表す接頭辞であり、拘束形態素である un-が付加され、unbelievable「信じられない」という語を作り出している。同様に、reestablishment という語の形態素を分析すると、|re-|「再び」、|establish|「設立する」、|-ment|（名詞を作る接尾辞）という形態素に分かれる。接頭辞の意味と接尾辞の品詞を覚えることによってある程度語の意味を予想できるようになるため、英語学習にも役に立つだろう。

3　統語論（syntax）

　形態論が語の構造を分析する分野であるのに対し、統語論（syntax）では文のなかでどのように語が配列されるかという文の構造を分析する。日本語であれ英語であれ、どの言語にも必ず語を並べるための規則が存在し、その規則を無視して語を並べると文として成立しなくなってしまう。

　　(1)　りんごを　　学生が　　四つ　　食べた　　三人の
　　(2)　a.　＊りんごを学生が四つの食べた三人の。

　　b.　三人の学生が四つのりんごを食べた。

　(1) におけるそれぞれの語を意味のある文にするためには、何らかの規則に従って並べる必要がある。その規則を無視して (2a) のような文を作っても、意味の伝わらない非文 (ungrammatical sentence) になる (アスタリスク * の記号を使って示される)。このような、文の基本的な配列に関わる規則を句構造規則 (phrase structure rules) とよぶ。

　句構造規則においては、句 (phrase) や文 (sentence) をより細かく複数の語や句の範疇 (category) に分ける。ここでの範疇とは、それぞれの語や句が持つ文法的特徴のことで、動詞や名詞、形容詞などの品詞の分類が含まれる。句構造規則は、複数の解釈を持つ曖昧な文 (ambiguous sentence) を細かく範疇化して樹形図 (tree diagram) で図示化することで、語や句がどのような機能を果たしているのかを明らかにしてくれる。例 (3) を使って考えてみよう。

　(3)　a big orange box　「大きなオレンジの箱」
　　　　⇒ 解釈 1　大きなオレンジ色の箱
　　　　⇒ 解釈 2　大きなオレンジが入った箱

　一つ目の解釈は、色がオレンジ色の箱があり、その箱のサイズが大きいという意味を表す。二つ目は、大きな (果物の) オレンジがあり、そのオレンジが入った箱という意味である。解釈 1 でサイズが大きいのは箱だが、解釈 2 でサイズが大きいのは箱ではなく果物のオレンジである。このような複数の解釈ができる曖昧な文の構造をわかりやすく明示してくれるのが、統語論における樹形図である。

　樹形図では、文における語が配列される順序にしたがって左から右に並べられるが、まずそれぞれの語 (ここでは D、Adj、N) と結びつきが強い語とを見つけて、小さなまとまりを作るために線 (「枝 branch」) で結ぶ。枝と枝が交わった点を節点 (node) とよび、その場所にも記号をつける (ここでいうNP)。例えば解釈 1 の樹形図では、形容詞の orange と名詞の box を結ぶと 2

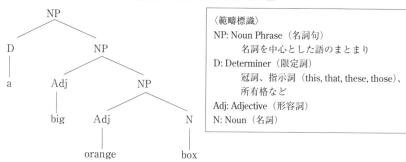

a big orange box
解釈1　大きなオレンジ色の箱

〈範疇標識〉
NP: Noun Phrase（名詞句）
　　名詞を中心とした語のまとまり
D: Determiner（限定詞）
　　冠詞、指示詞（this, that, these, those）、
　　所有格など
Adj: Adjective（形容詞）
N: Noun（名詞）

語で構成される orange box となるが、複数の語で構成されるかたまりを句というため、orange box は名詞を中心した名詞句（Noun Phrase: NP）である。そのため、形容詞の orange と名詞の box が結びついた節点には、NP という記号が記されている。

　解釈1の樹形図を詳しく見てみると、形容詞の big が何を修飾しているのかがわかる。この樹形図では、まず右端の名詞句（NP）である orange box があり、その NP に形容詞の big が付加され新たな、そしてより大きな NP（big orange box）が作られている。言い換えれば、ここでポイントとなっている形容詞の big は名詞句の orange box を修飾していることが示されている。そしてその上の階層に、限定詞である冠詞の a がつき、より大きな NP である a big orange box ができあがる。ここで、解釈2の樹形図と比較しよう。

　解釈2が解釈1と異なるのは、まず orange の語彙範疇が形容詞（Adj）ではなく名詞（N）になっている点である。この orange は色を表す形容詞ではなく、果物のオレンジを表す名詞であるためである。その名詞の orange は直前に形容詞の big に修飾され、big orange という名詞句（NP）を作っている。そしてその NP は直後の名詞の box と結びつき、より上の階層で big orange box というより大きな NP が作られる。そして最後に、限定詞の a がさらに結びつき、a big orange box という名詞句ができあがる。このように曖昧な文の解釈について分析・比較を行う際は、樹形図を用いて明示化することによって、その曖昧性をわかりやすく説明することができるのである。

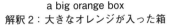

a big orange box
解釈2：大きなオレンジが入った箱

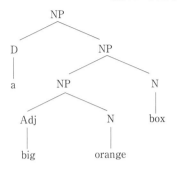

〈範疇標識〉
NP: Noun Phrase（名詞句）
　　　名詞を中心とした語のまとまり
D: Determiner（限定詞）
　　　冠詞、指示詞（this, that, these, those）、
　　　所有格など
Adj: Adjective（形容詞）
N: Noun（名詞）

4　意味論（semantics）

　形態論や統語論が言語の構造面に焦点を当てる学問分野であるのに対して、意味論（semantics）は言語の意味の面について考察する分野である。意味論で扱う「意味」とは、人間に内在化されている（頭のなかにある）意味のことを指し、母語話者であればみなが共通して持っている意味のことである。意味には大きく分けて、語の性質を決定づけるような中核的で客観的な意味である概念的意味（conceptual meaning）と、その語から連想される情緒的で主観的な意味である連想的意味（associative meaning）の二つがある。例えば、「コーヒー」は「コーヒー豆を焙煎し挽いたものから、湯で成分を抽出した黒色の飲み物」という概念的な意味を持っているが、同時に「大人っぽい」「紳士的だ」のような連想的な意味も持つ（主観的な意味なので、人によってそれぞれ異なることもある）。このように、語や文が持つ意味は、概念的意味と連想的意味がセットになって構成されている。

　また、意味について考察する分野には他に語用論（pragmatics）があるが、語用論は人が人との関わり合いやコミュニケーションのなかで使用する言語の意味を考察する分野であり、そこにはコンテクスト（文脈）の解釈が必須となる。意味論は、語用論のような場面や状況に依存する意味の解釈については扱わない。この区別をさらに明確にするために、含意という語で説明をしよう。含意とは、言語表現に表面的には表れない意味（含み）のことを表す。(1) の文のように、「彼は窓を割った」のであれば、論理的にいって

「窓は割れた」ことになる。このような含意を論理的含意 (entailment) とよ
ぶが、論理的含意は意味論が扱う概念である。

(1) 〈意味論における論理的含意〉

He broke the window. 「彼は窓を割った」

⇒ The window broke. 「窓は割れた」

次に、語用論で扱われる含意について見てみよう。

(2) 〈語用論における会話の含意〉

It is very hot in this room. 「この部屋はとても暑いですね」

⇒ 解釈 1　The temperature in this room is high. 「この部屋の室温は高
い」

⇒ 解釈 2　Can you open the window? 「窓を開けてくれないか」

　語用論で扱う含意を会話の含意 (conversational implicature) とよぶが、語用
論では会話における文脈やコンテクストを考慮に入れた意味について分析す
る。(2) の文では、会話の文脈によって話し手の意図の解釈が異なる。話し
手が温度計を手にして部屋の気温を測っているような状況だと解釈 1 のよう
な意味になるが、語用論で主に扱うのは、解釈 2 のような相手への間接的な
「依頼」表現としての意味である。語用論については後ほど扱うとして、こ
こでは意味論という研究分野について紹介したい。
　意味にはさまざまな側面がある。例えば、「私は東京に行きます」と「おら
東京さ行くだ」という文を比較したとき、それぞれが指し示す内容は同じだ
が、それぞれの文からは話し手の属性、例えば性別や出身地、社会的地位な
どが異なっていることが判断できるだろう。このような話し手の社会的属性
を表す意味を社会的意味 (social meaning) とよび、主に社会言語学
(sociolinguistics) で扱われる。また、話し手の主観的態度や感情を表す感情的意
味 (affectionate meaning) という意味もある。例えば、「先生」を表す語として
「先公」という語があるが、この語からは話し手の立場 (つまり、「生徒」) がわ

かるだけでなく、話し手が「先生」に対して否定的な感情や態度を抱いていることが伺える。

　意味論の研究の一つとして、比喩について取りあげたい。比喩にはいくつか種類があるが、そのうちのメタファー (metaphor) は、ある事柄をそれと類似した別の事柄で表現する比喩のことである。「まるで〜だ」や「〜のようである」という表現を使わずに隠れた形式を用いた比喩を行うため、隠喩ともよばれる。

　　Time is money.　「時は金なり」
　　You are my sunshine.　「あなたは私の太陽だ」
　　He is rubbish.　「彼はゴミだ」

　広告やコマーシャルではしばしばキャッチコピーに比喩表現が使用されるが、その表現が消費者にインパクトを与え、商品に対する購買意欲を高めることがある。また、文学作品においても比喩は頻繁に用いられ、その使用によって表現をより豊かにする効果がある。したがって、文学研究においても一つのレトリック (修辞法) として比喩表現の分析が行われる。

　また、ここで意味論やその他の分野においてたびたび登場する、サピア・ウォーフの仮説 (Sapir-Whorf Hypothesis) を紹介しておこう。人間の思考や認識、世界観は言語に影響を受けており、したがって使用する言語が異なれば話し手の思考も異なるという仮説をサピア・ウォーフの仮説という。アメリカの言語学者・文化人類学者であるエドワード・サピア (Edward Sapir, 1884-1939) とベンジャミン・ウォーフ (Benjamin Whorf, 1897-1941) が同様の主張をしたため、後にこのようによばれることとなった。言語が話し手の思考を完全に決定し支配するという、サピア・ウォーフの仮説を強めた主張を言語決定論 (linguistic determinism) と言い、言語が思考に「ある程度」影響を与えているとする、弱い形でのサピア・ウォーフの仮説を言語相対論 (linguistic relativity) とよぶ。例えばウォーフは、イヌイットの言語における雪を表す語彙の多さに注目した (Whorf, 1956)。英語では雪 (snow) はさまざまな種類の雪を総称する語として使われるが、イヌイットの言語では、それぞれの雪

の状態を示す語があり、使い分けがある（例えば、軟らかい雪や硬い雪、凍った雪やぬかるんだ雪、降る雪や地面の雪など）。つまり、英語圏では雪はどのような状態の雪でも「雪（snow）」という一つの語に集約されるが、イヌイットの人々はさまざまな状態にある雪をまったく別の雪として認識しているというのである。このことからウォーフは、使用している語が話し手の思考に影響を及ぼしていると主張した。しかし、思考や認識が言語に完全に依存しているという言語決定論の妥当性に対しては疑問視されており、現在では言語が思考や認識に何らかの影響を及ぼしているとする言語相対論を支持するような考えが一般的である。

第5節　社会的要因と文脈の考察

1　社会言語学（sociolinguistics）

　理論言語学が言語の構造や意味に焦点をおいて考察する分野であるのに対し、社会言語学（sociolinguistics）は言語使用に関わる社会的要因を分析することによって、言語の体系や構造と社会・文化的背景との関係性を考察する分野である。ここでの社会的要因とは、主に地域、年齢、階級、性別、人種、媒体などを指す。本著ではとくに階級、性別、年齢について扱うことにする。

（1）　階級差と言語使用

　社会言語学という分野の確立と発展に大きく寄与したのは、ウィリアム・ラボフ（William Labov, 1927-）であるといえよう。ラボフの有名な社会調査の一つに、ニューヨーク市のデパートにおける店員の言語使用を調査した研究がある。

　アメリカでは、母音の後の［r］の発音は社会的に「好ましい」とされている。Labov（1966）は、ニューヨーク市における客層が異なる三つのデパートを分析対象とし、それぞれのデパートにおける店員の［r］の発音の出現頻度を比較した。

　　1　調査者：Excuse me, where are the women's shoes?

→ 2　店員：　Fourth floor.
　 3　調査者：Excuse me?
→ 4　店員：　Fourth floor.

　上の例で、店員の "fourth floor" には母音の後の ［r］は 2 回現れる。また、調査者はわざと聞こえなかったふりをして再度店員から "fourth floor" という答えを引き出すことによって、より注意して発音するという状況を作り出している。その結果、以下のように客層が異なるデパートではそれぞれ店員の ［r］の出現頻度が異なることが明らかになった。

	デパート	母音の後の /r/
(A)	Saks（上流層向けのデパート）	62%
(B)	Macy's（中流層向けのデパート）	51%
(C)	S. Klein（下流層向けのデパート）	21%

　この結果からラボフは、客が上流層であればあるほど店員も母音の後の ［r］を使用する傾向になるということを導き出した。社会的に肯定的な印象を持たれている ［r］の発音だが、客層に合わせて店員も話し方の選択をしているということを社会実験から結論づけたのである。

(2)　性差と言語使用

　次に、話し手の性別と言語使用の関係について考えてみる。女性の話し方は、歴史的に男性の話し方に劣るものだとして、否定的なステレオタイプ（stereotype）が存在していた。しかし、時代が変わるにつれ男女同権の考え方が一般的になり、これまでの女性は男性からの支配的な立場におかれているという考えや、女性の話し方には欠陥があるという考えではなく、男女の話し方はそれぞれ異なるというだけに過ぎないと考えられるようになった。

　女性は社会的立場の弱さから、より丁寧な表現を使うことが社会的に期待されているといわれ、そのため幼児期から「女らしい」ことばを教育されることが多い。また、日本語は言語使用に話し手の性別が現れる言語であるといわれる。例えば、終助詞の「ぜ」（「食べようぜ」など）や「ぞ」（「行くぞ」な

ど）は強い主張や確認を行うために使われ、男性的であるといわれるのに対し、「わ」（「おいしいわ」など）や「かしら」（「行こうかしら」など）の表現は聞き手との調和を保つために使われる女性的な終助詞だといわれている。しかし現代では、先述した男女同権論の影響もあり、日本語の性差に対する意識は徐々に薄れてきており、男女の言語使用にあまり差は見られないともいわれる。

　英語の「男性らしさ」「女性らしさ」についてもこれまで多くの研究が行われている。例えば、Lakoff（1975）は「女性語」（Women's Language）の特徴として、ある特定の色や形容詞の使用や、ためらい・間接表現の多用、過度な敬語表現の使用、ジョークをいわないといった点をあげている。Lakoff（1975）の研究は研究手法に問題があると批判されているが、後の性差と言語使用の関係性についての研究に重要な示唆を与えた。

(3) 年齢差と言語使用

　言語使用には、話し手の年齢という要因も密接に関係する。その顕著な例は「若者ことば」である。若者ことばは仲間意識を高めたり会話をスムーズにしたりする社会的機能を持ち、話し手が若者ことばを使用すること自体を娯楽として楽しむことができるといった面がある一方で、「ことばの乱れ」として否定的に考えられることもある。

　若者ことばの顕著な特徴として、新しい語彙や流行語の使用が多く見られることがあげられる。とくに近年はSNSの流行により、SNS上で使われる語彙が会話のなかで使われることもある。SNS上で使われる表現の例として「フロリダ」という語があるが、SNS上での会話では「風呂に入るから会話から離脱する」という意味で用いられる。また、カタカナ語や省略語、方言の使用なども若者ことばの特徴である。

　私が学生と議論していた際にあがった例として、2017年頃に流行した「卍（まんじ）」を紹介しよう。「卍」は仏教などで用いられる吉祥の印であるが、若者のあいだではその表現に宗教的ニュアンスや意味をまったく持たせず、主に「調子に乗っている」という意味で使われるようになった。この語が成立した背景は、以下のように分析できる。

図表 4　「卍」の形

　上の図表 4 のように、卍という形は、人が腕を上げて元気に走っているような形に見える。つまり、人が元気に走っているという状態が「卍」に類似しているということから、「調子が上がっている」という意味を作り出し、そこからその語が「調子に乗っている」という意味に派生したと考えることができる。しかし、「卍」はしだいに特別な意味を持たなくなり、若者のなかでの遊びことばや娯楽として使われることが多くなったようである。

　若者ことばの特徴は語彙レベルだけにとどまらない。「クラブ」や「サーファー」「パンツ」という語で確認されるアクセントの平板化（二拍目以降を下げずに上げたまま発音する）と言った音声的な特徴や、ら抜きことばと言った文法的な特徴も見られる。若者ことばの使用やそれに対する意見や態度、そしてその変化については総務府の「国語に関する世論調査」が非常に参考になる。平成 27 年度の調査結果によると、ら抜きことばの「来れた」や「見れた」は、「来られた」「見られた」の使用頻度よりも高いという回答が得られており、それぞれ年代が若ければ若いほどら抜き形が使われる傾向にあるということが明らかになっている。

2　語用論（pragmatics）

　言語の意味は、人とのコミュニケーションのなかで決定される。言語はコミュニケーションのツールだとよくいわれるが、コミュニケーションを円滑に図るには言語の表面的な構造や意味を理解することだけでなく、状況や場面、コンテクスト（文脈）に応じた言語を使用することが必要である。このような、人との関わり合いのなかで決定される意味を考察するのが語用論

（pragmatics）の分野である。

（1）　発話行為理論（Speech Act Theory）

ジョン・オースティン（John Austin, 1911-1960）は、人はことばを発することにより何らかの行為を遂行していると主張し、発話行為理論（Speech Act Theory）を提唱した。それによると、人のコミュニケーションにおける発話は以下の三つの行為の側面を持っているとされる（Austin, 1962）。

- （A）発語行為（locutionary act）：
  文を発すること自体が行為である。
- （B）発語内行為（illocutionary act）：
  文を発することで、陳述や依頼、命令、警告、申し出などの行為を行う。
- （C）発語媒介行為（perlocutionary act）：
  発語内行為の力（発語内力，illocutionary force）によって、結果的に聞き手が行為を行う。

ここで、"It is very hot in this room, Mr. Shinzato." と学生が教室内で先生に向かって発言したと想定しよう。この場合の発語行為（A）は、この文を発するという行為自体である。この文脈では、学生が先生に対して何らかの依頼をしていると考えることができる（例えば、"Can you open the window?" など）。このように遂行される行為を発語内行為（B）とよぶ。そして、学生のこのような「依頼」に対して、聞き手である先生が結果として遂行する行為が発語媒介行為（C）であり、この場合は窓を開けるなどの行為が考えられる。このように、オースティンは、ある目的を達成させるために発話がどのような力を持ち、どのように機能するのかという観点から、聞き手にどのように話し手の意図が伝わるのかということを論理的に説明した。この研究が、語用論という分野の発展のきっかけとなった。

（2）　会話の公理（Maxims of Conversation）

オースティンの下で学んだポール・グライス（Paul Grice, 1913-1988）は、発話という行為をとおして話し手の意図がどのように聞き手に伝わるのか、協

調の原則（Cooperative Principle）という観点から考察を行った。協調の原則では、人はコミュニケーションのなかでお互いに会話の目的や流れなどに矛盾することなく効率的に会話を行っている、と考える（Grice, 1975）。この暗黙の了解を満たすための指針として、グライスは以下のような四つの会話の公理（Maxims of Conversation）について説明している。

(A) 量の公理（maxim of quantity）：過不足ない適切な量の情報を話せ。
(B) 質の公理（maxim of quality）：根拠のある真実を話せ。
(C) 関係性の公理（maxim of relation）：関連性のあることを話せ。
(D) 様態の公理（maxim of manner）：明瞭・簡潔に、順序立てて話せ。

(A) ～ (D) の公理にすべて遵守することによって、人は会話において文字どおりの意味を伝えることができるが、われわれのコミュニケーションはそんなに単純なものではない。実際の会話には、以下の例のように会話の公理を守らない（違反する）こともしばしばある。以下の例では、すべて話者bが会話の公理に違反している。

(A) a：君ってどこに住んでるの？
　　b：日本のどこか、かな。
　　　　⇒量の公理への違反。日本であることは間違いないが、情報量が
　　　　　足りない。
(B) a：私のこと、愛してる？
　　b：（本当は愛していないが）うん、愛してるよ。
　　　　⇒質の公理への違反。嘘をついている。
(C) a：ねえ、僕の財布からお金が減ってるんだけど。
　　b：見て。このバッグ、素敵じゃない？
　　　　⇒関係性の公理への違反。話者aの質問と関係のないことを述べ
　　　　　ている。
(D) a：昨日何してたの？
　　b：うーん、ちょっとね…
　　　　⇒様態の公理への違反。質問に対してはっきりと答えていない。

　上であげた例はすべて会話の公理に違反しているが、それによってコミュニケーションが成立しなくなるというわけではなく、むしろ話者 b が故意に公理に違反することによって別の意味、すなわち含意を伝えようとしている。（A）の例では、具体的にどこに住んでいるのか明言を避けることによって、相手に住んでいる場所を言いたくないというメッセージを伝えようとしている（もしくはジョークかもしれない）。（B）では、直接的に相手（話者 a）に本当の気持ちを伝えると相手を傷つけてしまうため、あえて本当の気持ちをいわないストラテジーがとられている。（C）では、話者 b は関係のないことを言っているようで、実は話者 a の財布からお金を頂戴したことを暗にほのめかしている。（D）では、話者 b は曖昧に返事をしているが、前日の行動について話者 a に明かしたくないことをほのめかしている。このように、会話の公理に違反することによって意味が新たに生まれる。話し手の公理への違反による意味は会話の文脈によって解釈されるが、そのような含意を語用論では会話の含意（conversational implicature）とよんでいる。このような文字どおりの言語表現には現れない言外の意味について理論的に考察することによって、語用論という分野はさらに発展することになった。

（3）　丁寧さとポライトネス（**politeness**）

　われわれはことばを話す際、自分（話し手）と相手（聞き手）の関係や場の状況などを考慮に入れて表現方法などを選択しているが、その代表的なものが敬語（honorifics）である。日本語の敬語には尊敬語、謙譲語、丁寧語があり、相手や状況に応じてそれらが使い分けられるが、そのような日本語の敬語を相対敬語（relative honorifics）とよぶ。例えば「食べる」という動詞を使用する際、話し手と聞き手の立場や年齢、関係性といったさまざまな要因を考慮したうえで、以下のように尊敬語、謙譲語、丁寧語が使い分けられる。

　　「食べる」　尊敬語：召しあがる、お食べになる、食べられる
　　　　　　　　謙譲語：いただく
　　　　　　　　丁寧語：食べます

　日本人にとって興味深いのは、韓国語の敬語体系である。韓国語では相手

との年齢の差が言語使用の際に非常に重要になり、身内であっても年上に対しては敬語を使用しなくてはならない。このような韓国語の敬語システムを絶対敬語（absolute honorifics）とよぶ。日本語では、たとえ年齢や立場が上であっても、身内には敬語を使わない慣習があるが、下の（B）の文のように、韓国語においては「父」という身内の人に対しても、自分より年上であるために敬語体系が用いられる。

（A）선생-님-께서-는　　　　지금　　식사-를　　하고　계십-니다.
　　　sonseŋ-nim-kkeso-nun　chigum　shiksa-lul　hago　keshi-mnida
　　　先生-様-〈敬〉-は　　　　　今　　　食事-を　　して　いらっしゃる-ます
　　　「先生は今、食事をしていらっしゃいます」

（B）아버지-께서-는　지금　　식사-를　　하고　계십-니다.
　　　aboji-kkeso-nun　chigum　shiksa-lul　hago　keshi-mnida
　　　父-〈敬〉-は　　　　今　　　食事-を　　して　いらっしゃる-ます
　　　「父は今、食事をしていらっしゃいます」

　上の（A）と（B）では、それぞれ「先生」と「父」を指示対象としているが、どちらも「～していらっしゃいます（계십-니다 keshi-mnida）」という敬体が使われているのが確認できる。これは「父」が身内であっても話し手より年上であるためである。しかし、日本語では、「父は今、食事をしていらっしゃいます」という表現は、身内の「父」のことを指しながら「～していらっしゃいます」という形が使われているため、不自然である。
　一方で、英語は敬語体系を持たない言語である。例えば、下の文のように、「食事をする（have）」人が誰であれ、英語では同じ語形が使われている。

（3）I am having lunch now.
（4）My boss is having lunch now.
（5）My father is having lunch now.

　英語における丁寧さは敬語ではなく、ポライトネス（politeness）という概念によって表現される。ポライトネスとは、話し手が円滑にコミュニケーションを図るために相手に示す心配りや配慮のことを意味する。ポライトネスは言語使用の際の制約の一つであり、世界の言語に普遍的に存在するものだといわれるが、文化や社会によってポライトネスの示し方は異なる。ここではBrown and Levinson（1987）のポライトネス理論を紹介しよう。

　社会学者のアーヴィング・ゴッフマン（Ervin Goffman, 1922-1982）は、人間が持つ欲求や願望のことをface「面子」とよんでいるが、その概念を応用してBrown and Levinsonはfaceを以下の二つに分類して説明した。

>　positive face「ポジティブ・フェイス／積極的面子」：
>　　相手に自分のことを好意的に思われたい、評価されたいという欲求や願望
>　negative face「ネガティブ・フェイス／消極的面子」：
>　　相手に自分の領域を侵害されたくない、一人にしておいてほしいという欲求や願望

　Brown and Levinson（1987）は、聞き手のpositive faceを尊重した心配りをpositive politeness「ポジティブ・ポライトネス／積極的配慮」とよび、聞き手のnegative faceを尊重した心配りをnegative politeness「ネガティブ・ポライトネス／消極的配慮」とよんでいる。人は言語でやりとりをする際には相手のface「面子」を傷つけてしまう可能性があり、そのような相手の面子を傷つける行為をface threatening act（FTA, 面子威嚇行為）というが、面子を脅かさないように人はpositive politenessやnegative politenessをストラテジーとして使うことによって相手に配慮しているというのである。

　話し手ではなく聞き手のためになる行為に対してはpositive politenessが用いられる。例えば、聞き手の利益になるような申し出や提案などでこのストラテジーが選択される。一方で、話し手の利益になり、聞き手の負担になりうる行為に対してはnegative politenessが選択され、話し手は聞き手の負担を軽くするために遠回しな表現やより丁寧な表現を用いる。

　〈positive politeness が選択される例〉
　　Have a nice day!　「よい一日を！」
　〈negative politeness が選択される例〉
　　Could you lend me a pen?　「ペンを貸して頂けませんか」

　positive politeness の例では、話し手は相手に対してよい一日を過ごして
もらうよう、一種の提案を行っている。そのため、negative politeness の例
に見られるような丁寧な Could you〜? の形をとる必要はないし、むしろ不
自然である。逆に、相手の負担になるような「ペンを貸す」という行為は、
相手の邪魔されたくないという欲求を脅かす可能性があるので、その負担度
を軽くするために言語表現を丁寧にするという negative politeness というス
トラテジーを使っているのである。

第 6 節　最後に

　以上、言語学という学際的な分野について、その基盤となる言語の性質
と、言語研究のアプローチや下位分野について紹介した。言語学では、音や
語、文、意味だけではなく、言語使用に関わる心理・社会・文化的要因や文
脈の分析も行う。言語を完全に習得し使いこなすためには、ただ単語や文法
を学習したり、フレーズや言い回しを覚えたりするだけでは不十分で、言語
の背景にある社会や文化といった知識も知っておく必要がある。通訳家や翻
訳家も、直訳のためのテクニックを持ち合わせていればよいというわけでは
決してなく、それぞれの言語圏の文化や場の雰囲気などを考慮した訳出が求
められる。また、言語学は外国語を習得・学習するためのヒントを与えてく
れるし、外国語を教える教師にも必要な知識やスキル、教授法を教えてくれ
る。そのため、言語とその背景にある要因について学習することは、国際化
著しい現代社会で活躍する力を身につけるために必須だと考えられる。その
助けとなる学問こそが、言語学なのである。言語は人間のコミュニケーショ
ンの基盤であり、人間の生活を支えているものである。その言語についてさ
まざまな面から考察を行う言語学は、人間自体の分析を行う学問分野だと考

えることもできるだろう。

コラム　言語学の面白さ

　私が言語学をより深く研究しようと思ったきっかけは、私自身の経験にある。高校時代までを沖縄で過ごし、高校卒業後は上京して大学の文学部で英米文学と言語学について学んだ。しかし、自らが話している沖縄方言がクラスメイトに伝わらないことがたびたびあり、自分のことばが共通語と異なる点が意外に多いということに驚いただけでなく、些細な文化の違いから当初はホームシックになったりもした。徐々に大学生活にも慣れ、ことばの壁のようなものを感じることはなくなったが、夏休みに沖縄に帰省した際に友人から「すっかり東京の人になってしまったね」といわれたことにはかなりショックを受けたのを今でも鮮明に覚えている。このような経験から、自分の「ことば」の特徴だけでなく、ことばの背景にあるアイデンティティや心理的態度に興味を持つようになった。ことばの使い分けということを研究していくなかで、日本語の共通語と方言の使い分けや、日本語と英語のバイリンガルの言語使用にも関心が高まり、大学院に進学してより専門的な知識を深めた。

　このように、研究のはじまりは、意外と身近に存在する現象がきっかけとなることが多い。とくに言語は人間が社会生活を送るにあたって必須のものなので、普段から言語を意識的に注意して観察しているとおのずと面白いことに気づくかもしれない。実際、私も毎日街中の看板や標識などをよく観察し、興味深いことばの使い方を見つけては写真を撮り、後ほど深く分析するようにしている。ただしこれは、言語学だけでなく他の学問分野にも同様のことがいえる。学問とは、机上で本を広げて知識を増やすことだけがその魅力ではない。その学問分野における考え方や理論が、現実社会の諸現象とどのように結びつけられるのかを考える過程が面白いのである。これまで学習してきたことが単なる暗記になってしまっているのなら、ぜひこれからはその知識を社会の諸現象の分析にどのように活かすことができるのか、視野を広げて考えてほしい。そして、本章が少しでも言語学について興味を持てるようなきっかけになればこれ以上に嬉しいことはない。言語学を今後専攻する人は、人間のすべての社会活動の基盤となっている言語に対してより注意深く観察し、より広い視野を持って考察する力が求められる。言語学を学んだ後は、きっとコミュニケーションをより楽しむことができ、

そしてわれわれの社会がもっと豊かに映るようになるだろう。

参考文献

Austin, J. L. (1962). *How to Do Things with Words*. Oxford: Clarendon Press.

Brown, P. and Levinson, S. C. (1987). *Politeness: Some Universals in Language Usage*. Cambridge: Cambridge University Press.

Chomsky, N. (1959). Review of Skinner's *Verbal Behavior*. *Language*, 35: 26-58.

Crystal, D. (2002). *Language Death*. Cambridge: Cambridge University Press.

Cummins, J. and Nakajima, K. (1985).「トロント補習校小学生の二言語の構造」『バイリンガル・バイカルチュラル教育の現状と課題』東京学芸大学海外子女教育センター. 143-179.

Deci, E. L. (1975). *Intrinsic Motivation*. New York: Plenum Press.

Gardner, R. C. and Lambert, W. E. (1972). *Attitudes and Motivation in Second Language Learning*. Rowley, Massachusetts: Newbury House.

Gatbonton, E., Trofimovich, P., and Magid, M. (2005). Learners' Ethnic Group Affiliation and L2 Pronunciation Accuracy: A Sociolinguistic Investigation. *TESOL Quarterly*, 39: 489-511.

Grice, H. P. (1975). Logic and conversation. In P. Cole and J. Morgan (eds.), *Syntax and Semantics*. 41-58. New York: Academic Press.

Guiora, A. Z., Beit-Hallahmi, B., Brannon, R. C. L., Dull, C. Y., and Scovel, T. (1972). The effects of experimentally induced changes in ego states on pronunciation ability in a second language: An exploratory study. *Comprehensive Psychiatry*, 13(5): 421-428.

Johnson, J. S. and Newport, E. L. (1989). Critical period effects in second language learning: The influence of maturational state on the acquisition of English as a second language. *Cognitive Psychology*, 21 (1): 60-99.

Kachru, B. (1992). World Englishes: Approaches, issues and resources. *Language Teaching*, 25 (1): 1-14.

Labov, W. (1966). *The Social Stratification of English in New York City*. Washington, D. C.: Center for Applied Linguistics.

Lakoff, R. T. (1975). *Language and Woman's Place*. New York: Harper & Row.

Nettle, D. and Romaine, S. (2000). Vanishing Voices: *The Extinction of the World's Languages*. Oxford: Oxford University Press.

Schumann, J. (1978). *The Pidginization Process: A Model for Second Language Acquisition*. Rowley, Massachusetts: Newbury House.

Whorf, B. L. (1956). *Language, Thought and Reality: Selected Writings of Benjamin Lee Whorf*. Edited by J. B. Carroll. Cambridge, Massachusetts: MIT Press.

第2章 文 学

第1節 イギリス文学

1 はじめに

イギリス文学とは何か。イギリス文学を知り、理解するとは、一体どういうことなのだろうか。イギリス文学と言えば、多くの人はまずシェークスピアを思い浮かべるのではないだろうか。16世紀末から17世紀にかけて活躍した劇作家であり詩人でもあるシェークスピア (William Shakespeare, 1564-1616)。彼の代表作の一つ『ロミオとジュリエット』(*Romeo and Juliet* 1594-95) は、今なお舞台で繰り返し上演されるほど人気のイギリス文学作品である。では2017年、ノーベル文学賞を受賞した日系イギリス人作家、カズオ・イシグロ (Kazuo Ishiguro, 1954-) の小説はどうだろうか。彼の小説を含め、日頃、私たちが目にする小説は、厳密に言えば「近代小説」と呼ばれるもので、実は、シェークスピアの時代には存在すらしなかったジャンルなのである。つまり長きにわたるイギリス文学の歴史、その歴史をさかのぼっていくと、様々なジャンルの作品と遭遇することになる。そしてそれらの作品を通して、イギリス文学が時代とともに変化してきたことに気が付かされるのである。

そこで本節では、イギリス文学における変革期の一つである19世紀後半から20世紀初頭に光をあてて、「イギリス文学を学ぶとは一体どういうことなのか」について考えていくこととする。具体的には、まず、その時代を代表するモダニズム文学の特徴とその作品に対するアプローチの仕方をいくつか紹介する。その後、イギリス・モダニズム文学の代表的な作家の一人として名高い作家、ヴァージニア・ウルフ (Virginia Woolf, 1882-1941) と彼女の作

品『灯台へ』（*To the Lighthouse* 1927）を取り上げ、小説の読み解き方の実例を
提示する。そして、このような文学部的な学びを通じて得られる能力が、実
は、われわれの日常生活に必要とされる能力とも密接に関わっていることを
示唆する。

2　イギリス・モダニズム文学とその読まれ方

　19世紀後半から20世紀初頭にかけて、イギリス帝国は緩やかな衰退の一
途をたどっていた。その間、イギリスをはじめとする西欧においては、人間
の祖先が猿であることを説いたチャールズ・ダーウィン（Charles Darwin, 1809
-1882）の進化論や、無意識の存在を明らかにしたジークムント・フロイト
（Sigmund Freud, 1856-1939）の精神分析を機に、それまで信じていた価値観に
対する懐疑心が強まっていた。そこに来て、大量破壊兵器が導入された第一
次世界大戦（1914-18）が勃発し、人々はそれまでの戦争とは比べ物にならな
い惨劇を目の当たりにすることとなる。このような混沌とした時代に、文学
や建築そして絵画など様々な分野において、伝統に束縛されない新しいもの
づくりの精神に根差した革新的な運動が息吹をあげる。一般的に、この同時
多発的に巻き起こった芸術運動を総称して「モダニズム（Modernism）」と呼
ぶ。では、この運動の一角を担ったとされるイギリス・モダニズム文学と
は、一体どのようなものなのだろうか。そしてその中には、どのような作品
があるのだろうか。

　W・B・イエイツ（W. B. Yeats, 1865-1939）、ジェイムズ・ジョイス（James
Joyce, 1882-1941）、D・H・ロレンス（D. H. Lawrence, 1885-1930）、T・S・エリオ
ット（T. S. Eliot, 1888-1965）などは、ヴァージニア・ウルフと並んで、イギリ
ス・モダニズム文学を代表する詩人や作家である。彼らは、それぞれ独自の
思想と作風を持つが、同時にみな、従来の文学における決まり事を打ち破
り、新しい形式やテーマを持った新時代の文学を模索した。例えば19世紀
に主流とされたリアリズム小説では、基本的に出来事を生き生きと写し取
り、丁寧に説明を加えながらその現実味を読者にひも解いていく。しかしウ
ルフをはじめとするモダニストたちは、このような手法ではもはや真実を捉
えることは難しいと考え、人間の心の内奥、あるいはその深層に流れる意識

を描くことを試みた。「意識の流れ（stream of consciousness）」と呼ばれるこの手法は、19 世紀の小説において絶大なる力を保持していた語り手の力を借りることなく、登場人物の内面に絶え間なく流れる思考を紡ぎながら物語を展開させていく。そのため現実には 10 分間の出来事でも、小説では 1 時間にも 2 時間にもなりうるのである。さらに人の心の動きは一貫性がない場合も多いため、物語においても明確な因果関係や時間の連続性が成立しないこともしばしばある。つまり現実世界を取り扱う 19 世紀の小説とはことなり、心の動きを取り扱う 20 世紀の小説には、起承転結がないことさえあるのだ。

　そのためモダニズム文学は、革新的であると同時に難解なものとみなされる傾向がある。それは伝統的な小説とは違い、読者が各々に登場人物の内面そしてそこにある「意識の流れ」へと飛び込んでいき、自らがなぞ解きをするような感覚で断片的な物語をつなぎ合わせて、作品を解釈する必要があるからである。言い換えれば、そのような刺激的な体験を経験することこそが、モダニズム文学を読み解き学ぶ醍醐味とも言えるのである。

　このように、作品の中へ中へと入り込んでいくような読み方も大切だが一方で、それ以外の読解方法を知ることも重要である。それは作品と外の世界の結びつきを前提とする、文学理論を用いた作品読解である。文学理論は、実に幅広い領域、例えば歴史学、政治学、心理学や哲学、そして社会学など、文学以外の分野から導入された考え方を用いて、多様な小説の読みと解釈の手助けをしてくれるものである。つまり、小説の解釈方法を一つに限定するのではなく、それぞれの理論——たとえば、フェミニズム、ポスト・コロニアリズム、マルキシズムなど——が各々の観点から新しい解釈方法を提示し、作品理解の可能性を広げるのである。つまり、このような理論を学ぶことは、自分の視野を広げ、それまで気がつかなかった読みを可能なものとしてくれるのである。

　その一方で、文学理論を学ぶことで伝統的な分析方法の一つである作品の精読（クロース・リーディング）が疎かになるとして、文学理論を取り入れることに対して危惧する傾向もある。しかし、本来、文学理論と精読は必ずしも相反するものではない。なぜなら文学理論は、作品にそのまま当てはめることでその作品が理解できるようになるものではなく、あくまで作品の読み方

や解釈の仕方を手助けしてくれるものにすぎないのであるから。つまり、多数の文学理論の中から一つの批評方法を選ぶことは、作品を理解する上で手掛かりとなるアプローチの方法を定めることであり、解釈の方向性を見極めることに過ぎないのである。たとえば、フェミニズム批評の方法を選択すれば、「この作品において女性と男性の関係はどのように表わされているか」、また「その関係性の背景にはどのような問題があるのか」などの観点から作品を読み込み、その読みを土台にして独自の解釈を作り上げるのである。つまり、作品を丹念に読み込むという精読を疎かにして文学理論を有効活用することはできないのである。

では実際に、どのように文学理論は小説を読み解く手助けとなるのだろうか。文学理論を用いた読みの一例として、本節ではフェミニズ批評の観点から、ヴァージニア・ウルフのモダニズム小説『灯台へ』を読み解く。フェミニズムの歴史は古く、時代の流れと共に変化しながら細分化され、現在のフェミニズム批評は実に多岐にわたる。そのため本章では、小説のテーマの一つである 19 世紀における「家庭」の概念にまつわるフェミニズム批評に焦点を当てることにする。実際に小説の読解に入る前に、ここで、作者ウルフ自身について、そして彼女の小説について、もう少し詳しく見ておく必要があるだろう。

写真1　Virginia Woolf

Copyright: National Portrait Gallery, London

3　ヴァージニア・ウルフと『灯台へ』

イギリス・モダニズム文学の代表作家の一人であるヴァージニア・ウルフ（写真1）は、ロンドンの一等地であるハイドパーク地区で 1882 年に生まれる。父レズリー・スティーブン（Leslie Stephen, 1832-1904）は、19 世紀の著名な文芸批評家であり、伝記作家であり、編集者でもあり、彼が編纂した『英国人名辞典』（*Dictionary of National Biography* 1885）は、ウルフの執筆活動に大

きな影響を与えた。一方、母のジュリア・スティーヴン（Julia Stephen, 1846-
95）は美人の評判が高く、ウルフの美貌は母親譲りとされている。両親はと
もに再婚で、二人の間にはウルフの他に、のちに画家として活躍する姉のヴ
ァネッサ・ベル（Vanessa Bell, 1879-1961）を含む 3 人の子供がいたが、男兄弟
がイギリスの名門ケンブリッジ大学へ進学したのに対して、ウルフたち姉妹
は女性であるがゆえに彼らと平等の教育を受けることが許されなかった。そ
れでも父の書斎には、古典や英文学、そして建築など、様々な分野にわたる
膨大な書籍があり、それらは彼女が幅広い知識を身につける手助けとなった
と言われている。知的かつ芸術的に恵まれた家庭環境で育ったウルフだが、
13 歳の時に母を亡くして精神を病み、それ以来、生涯に渡って度々その再
発に患わされることになる。

　1904 年、父の死後、姉、兄、弟とともにロンドンのブルームズベリー地
区へ転居し、そこで兄のケンブリッジ大学時代の友人たちを交えて知的・芸
術的集団として知られる「ブルームズベリー・グループ」（Bloomsbury Group）
を結成することとなる。メンバーは、芸術や政治などの議論を交わすだけで
はなく、異性愛の形式にとらわれない性愛のありようも模索していたとされ
る。実際、ウルフ自身、そのメンバーの一人であったレナード・ウルフ
（Leonard Woolf, 1880-1969）と 1912 年に結婚した後、既婚の女性作家ヴィタ・
サックヴィル＝ウェスト（Vita Sackville-West, 1892-1962）と恋人関係であった
ことは有名な話である。結婚後、夫であるレナードはウルフの執筆活動を献
身的に支え続けたが、1941 年の第二次世界大戦中、彼女の精神状態は再び
悪化し、入水自殺によって 59 歳の生涯を閉じることになる。

　ウルフは生涯にわたって、処女作となる『船出』（*Voyage Out* 1915）から死
後まもなく出版された『幕間』（*Between the Acts* 1941）まで計 9 本の長編小説
と多くの書評やエッセイを書き上げている。それらの作品では、戦争、人
種、階級や都市開発、そしてジェンダー（生まれもった肉体的な性別とは別に、文
化的・社会的につくられる性差、男性らしさや女性らしさなど）にまつわる問題な
ど、多種多様なテーマを取り扱っている。しかし一貫して見て取れるのは
「意識の流れ」を表す心理描写である。先に見た通り、この手法は登場人物
の内面に絶え間なく行き来する思いを描き出すもので、彼女の手法は 19 世

紀の小説の手法とは一線を画すものである。

本節で取り扱う『灯台へ』は、このモダニズム文学の独特な手法を代表する作品としてしばしば引用される。実際、作品中、ほとんど目立ったアクションがないまま、登場人物の思考と考察によって物語が織りなされていく。その中心にあるのは、ラムジー家の人々と、彼らが夏に訪れる別荘、そしてそこから見える灯台である。小説は3章から成り、ラムジー夫人が末っ子のジェームズに、明日は灯台に行けるはずと約束するところから始まる。第1章では、ラムジー夫妻と彼らの8人の子供たち、さらには別荘に招かれた客人たちが、それぞれの時間を満喫する。例えば、客人の一人であるリリー・ブリスコーは、窓辺に座る夫人の姿を描くため、ほとんどの時間を庭で過ごすこととなる。続く第2章では、第一次世界大戦期を含む10年間の時間経過が別荘を通して描かれる。その間、ラムジー夫人、娘のプルー、そして息子のアンドリューが、それぞれこの世を去る。そして最終章では、生き残ったラムジー家の人々と客人が10年ぶりに再び別荘に集い、過去にやり残したままになっていたことを実現させる。ジェームズは姉のカムと一緒にラムジー氏に連れられて灯台へ向かい、その姿を眺めつつ、リリーは10年前と同じ場所にイーゼルを立てながら、今は亡きラムジー夫人の肖像画を完成させようと試みる。ラムジー氏を乗せたボートが灯台へ到着する頃、リリーは絵を完成させ、小説は幕を閉じるのである。

4 幼少期の家：聖なる家庭と女性の結びつき

『灯台へ』の執筆にあたり、ウルフは日記に次のように記している。「この作品はみじかい予定だ。父の性格をその中で完全にかくこと。それから母の、それからセント・アイヴス。そして幼少時代」(p. 76 [108])。セント・アイブスとは、イギリスの南西に突き出たコーンウォール半島にある地名で、ウルフの父が所有していた別荘タランド・ハウス (Talland House) がある。小説の舞台となるラムジー家の別荘はスコットランドのスカイ島にあることになっているが、その周りの景色や別荘の描写などを踏まえて考えると、実際のモデルはタランド・ハウスと考えて間違いないだろう。小説において、ラムジー家が夏に別荘を訪れるように、ウルフも家族で夏になると、

母が亡くなるまで毎年、セント・アイヴスの別荘を訪れていた。ウルフが生まれ育ったロンドンの家、ハイドパーク・ゲイト 22 番地 (22 Hyde Park Gate) が彼女にとって日常の空間であるならば、そこから汽車で何時間もかけて辿り着く海沿いにあるタランド・ハウスは、非日常的な特別な空間と言えるだろう。

　その証拠に、ウルフの晩年の回想記「過去のスケッチ」(“A Sketch of the Past” 1938) において、これらの家の相反するイメージが色鮮やかに描かれている。その一方でウルフが母親のことを思い出すと、それぞれの家の思い出は母親のイメージ一色に染まっていく。「母はすべてのものだった。タランド・ハウスは母でいっぱいだった。ハイドパーク・ゲイトも母でいっぱいだった」(p. 94 [127-28])。つまり、ウルフにとって二つの家は母親そのものであり、母親のイメージは幼少期を過ごした家そのものなのである。このように、母親のイメージ一色に染められた自身の幼少期について、ウルフは次のように表現している。「子供時代というあの大いなる大寺院の空間のまん中に、確かに母はいた。最初から彼女はそこにいた」(p. 93 [125-26])。ここで着目すべき点は、なぜウルフは自身の幼少期を「大寺院の空間」と表わしているのか、そして、なぜそのまん中に母が鎮座しているのか、ということである。これらは一見すると些細なことかもしれないが、『灯台へ』がウルフの自叙伝的小説であるならば、この「大寺院」とその中央に鎮座する母の姿は小説を読み解く上で鍵となるのではないだろうか。

　この「大寺院」と母親の謎を解き明かすためには、ウルフの生まれ育った環境、つまりヴィクトリア時代 (1837-1901) に広く普及した家庭の概念とそれにまつわるフェミニズム批評について概観する必要がある。18 世紀後半からの産業革命とそれに続く経済成長の影響を受け、当時のイギリス社会は就労体制の大きな変革期に直面していた。つまり、産業革命を機に家内工業として行われていた生産活動の多くが家庭から工場へと移り、生活と労働の場が分離するようになったのである。そしてこれに伴い、家庭は新たな意味を帯びるようになる。19 世紀を代表する評論家ジョン・ラスキンは、『胡麻と百合』(*Sesame and Lilies* 1865) において、家庭は「平和の場所であり、あらゆる不正義ばかりでなくあらゆる恐怖、疑惑、不和からの避難場所」であ

るがゆえに、家庭は俗悪とは無縁な「聖なる場所」であり「心の神殿」であると定義づけている (p. 77-78 [187])。つまりラスキンの考えでは、家庭は社会から一線を画した場所に位置付けられるべきなのである。そして、この社会から隔離された神聖な家庭を守ることこそが女性の役割であるとされた。つまりラスキンの家庭の概念は、男性が公的な領域で政治や経済に携わるのに対して、女性は家庭という私的な領域で男性を支えるという、性別による役割分担を「公的（パブリック）VS 私的（プライベート）」の図式を基盤に決定づけていることになる。

　このように、「公的 VS 私的」の図式にまつわる性差（男性らしさや女性らしさ）の問題は、フェミニズム批評においてこれまで幾度となく繰り返し論じられてきた。なぜならば、歴史的に、この図式を基盤として男性中心の社会構造が堅持されてきたからである。例えば、私的領域を居場所として定められた女性が、男性の居場所として定められてきた公的な場所へ進出することは、社会的のみならず法的にも困難なことであった。イギリスにおいて女性が男性と同様に参政権を得たのは 1928 年で、ウルフの『灯台へ』が出版された翌年である。その後も、実質的な男女平等が社会的に承認されることを求めて、様々な活動が展開されてきた。その結果の一つとして、日本では 1986 年に男女雇用機会均等法が執行された。今からほんの 30 年前の話である。

　さらに、たとえ法的な問題が整備されても、今なお性差に対する偏見が根強く残っているように、19 世紀の家庭の概念は「公的／私的」の図式に伴って様々な問題を内包していることに留意しなければならない。その一つが、当時、家庭の概念と共に広く普及した理想の女性像「家庭の天使」である。これは、コヴェントリー・パトモア（Coventry Patmore, 1823-96）の詩の題名『家庭の天使』（*The Angel in the House* 1854-62）からとられたもので、「〈家庭の天使〉とは、一口で言うなら、家庭という場で、両親に仕える従順な娘であり、夫を支える良き妻であり、子どもを慈しむやさしき母であり、かつ召使を統べる賢い女主人である女性のこと」なのである（川本, p. 10）。つまり、女性にとって家庭はこれらの役割を遂行する場であり、ラスキンの論じる「心の神殿」は、公的な領域に従事する男性のためのみに存在していたこ

とがわかる（Massey, p. 166）。なぜならば、女性にとって家庭は必ずしも安らぎの場ではなく、むしろ、その安らぎを提供するために働く場だったのであるから。

　さらにラスキンの家庭の定義にみられるように、家庭を「聖なる場所」として美化すること自体を男性優位の因習とする見方もある。その最たる理由は、家庭を神聖視することは、そこで繰り広げられる生活の実態に蓋をし、その生活を支える女性の働きや苦痛を無いものとしてしまうことに繋がりかねないからである（Price, p. 42）。実際、ラスキンの家庭の定義には、妻は夫を支えるために家庭を守るべきとは記されているが、その家庭を維持するための女性の働きについては論じられていない。そのため、妻が夫のためにつくりあげた居心地のよい空間は、あたかもそこに元からあったかのような錯覚を与える。「真の妻の赴くところどこにでも、家庭はいつも彼女の周りにあるのです」（Ruskin, p. 78［187］）。つまりラスキンの定義は、家庭で働く女性に対しての価値を軽んじてきた男性優位社会の因習を浮き彫りにするものとして読むことができるのである。

　ここで、ウルフが用いた「大寺院」の表現に話を戻そう。ウルフは自身の幼少期を「大寺院」として表わす際、その中心に母の存在を感じており、ラスキンが神聖視した家庭と女性の結びつきを彷彿とさせる。つまりウルフの表現は、彼女の育った家庭が 19 世紀の家庭の概念を色濃く映し出すものであったことをほのめかしている。だとしたらその家庭の概念は、どのように自伝的小説に反映されているのだろうか。ここでは「窓」と題された第 1 章、さらにその章で実際に描かれている窓、つまりラムジー家の別荘にある客間の窓に焦点をあてて作品を読むこととする。そして、この窓が映し出す 19 世紀的な家庭の概念、それに対するウルフの批判、さらにそこから浮かび上がる家庭と社会のつながりを読み解く。そして、一つの場面が何層にもわたる解釈を可能にしていることを実証し、小説が秘めた可能性を示唆する。

5　「窓」とラムジー夫人

　ウルフが小説を執筆する際に、たびたび眺めていたとされる家族のアルバ

ムに収められている母の写真 (写真2) は、リリーが絵の題材として選んだ
ラムジー夫人の姿を視覚化する手助けとなるだろう。それは、写真の中のウ

写真2　Julia Stephen with
Virginia and Adrian, 1890s.

ルフの母同様に、別荘にある客間の窓辺に
末っ子のジェームズと一緒に座っているラ
ムジー夫人の姿である。その姿は、ラムジ
ー氏の視点から見ると、まるで19世紀の
イギリスにおいて広く浸透した理想の女性
像、すわなち「家庭の天使」そのものであ
るかのように描かれていることがわかる。
ラムジー氏は、庭先を行ったり来たりしな
がら哲学の問題について考え、その問題に
行き詰ると窓辺にたたずむ母子の姿に目を
向ける。すると、その姿は彼に安らぎを与
え、再び問題に取り掛かる気力を奮い立た
せてくれるのである。

　　息子も妻も定かには見えぬものの、それでも彼らの姿がそこにあることが、
　　彼を支え、満足させ、彼の努力、すなわち持ち前の優れた精神の全精力を費
　　やして、哲学的難問の完全に明晰な理解を手に入れようとするその努力を、
　　貴重な意義あるものにしてくれた。(p. 30 [61])

　ラムジー氏にとって、どちらが妻で息子かということは問題ではない。な
ぜなら彼の視界において、妻と息子はそれぞれ一人の人間としてではなく、
「普遍的に敬愛される対象」としての「母子像」として存在しているのだか
ら (p. 45 [96])。そしてその「母子像」は客間の窓にかたどられて、19世紀
の理想的な家庭像そのものであるかのように、疲れ果てたラムジー氏を癒や
し、満たしてくれるのである。つまり、この窓枠は「家庭の天使」をかたど
るフレームワークであり、女性の自立と主体性を許さない家庭の概念そのも
のを象徴していると言えるだろう。だとしたら、なぜウルフは19世紀の家
庭の概念を20世紀の小説において表わす必要があったのだろうか。

　窓を介して描かれるラムジー夫妻の様子をもう少し考察してみることとしよう。窓辺にたたずむ母子の姿に満足し、再び哲学の問題に取り掛かったラムジー氏だが、再度、その問題に行き詰まり打ちひしがれると、今度は、直接、窓辺までやってきて、「生命の輪（サークル・オブ・ライフ）に参入して励まされ宥（なだ）められることを求め」、そのために「自分の家のすべての部屋が生命に満ちた雰囲気に染まることを求めた」のである（p. 33 ［68］）。すると「おもむろに編針を動かしながら、自信に満ちて背筋を伸ばし、夫人は客間や台所の雰囲気を自在に作り上げ、それに輝きを添える。そして夫に向かって、さあどうぞこころゆくまでくつろいで下さい、と言うのだった」（pp. 33-34 ［69］）。この二人の関係性は、これまで多くのウルフ研究で取り上げられてきた通り、19 世紀の家庭にまつわる男女の格差そのものを表現していると言えるだろう（Weinstein, p. 260）。つまり、ラムジー氏にとって家庭は癒しの空間であり、帰ってくる場所であるのに対して、ラムジー夫人にとってそこは夫を迎え入れる場であり、夫のために癒やしをつくる場である。よってこの場面は、男女間において家庭の意味が異なることが明確に表現されており、男性主体で作られた家庭のイメージに対するウルフの批判的態度が暗に示されていると言えるだろう。

　事実、19 世紀の家庭の概念に対するウルフの挑戦とも読める箇所が小説の随所に見て取れる。その一つが、ラムジー夫人の視点から語られる家庭の描写である。夫人は窓辺に座りながら「部屋に、そして椅子に目をやり、ずいぶん汚くなってきたこと、と思った」（p. 25 ［49］）。部屋に対する夫人の不満はさらに続く。

> 部屋全体に目をやって夫人はため息をついた、夏ごとに部屋じゅうのものがみすぼらしくなっていくんだわ、マットは色あせてきたし、壁紙ははがれかかっていて、もう誰にもバラの模様がついていることなど分からない。（p. 25 ［50］）

　このような夫人の視点から語られる部屋の描写は一見すると些細なことに見えるが、ラムジー氏が求めた家庭のイメージと照らし合わせて考えると、

大きな意味を帯びてくる。先ほど見た通り、ラムジー氏が夫人に求めたのは19世紀に理想とされた家庭像であり、「生命に満ちた雰囲気」に自らを投じることで安らぎを求めていた (p. 33 [68])。それに対して夫人の視点から描かれる家庭は、そのイメージからかけ離れたもので、現実的な生活の場であることがわかる。つまり、19世紀に美化された家庭のイメージによって覆い隠された現実的な居住空間が、夫人の視点を通して露わになると言えるだろう。

　さらに、このことを踏まえて先に見た場面を再考察すると、これまでとは異なった解釈が浮かび上がってくる。ラムジー氏が求めた家庭像と夫人から語られる部屋の実情は全くことなるにもかかわらず、夫人は編針を振りかざしただけで彼が求めていたものを提供していたことになる。そして「疑いもなくすべては生き生きとした現実で、家は活気にあふれ、庭には花が咲き乱れていることを彼に納得させた」のである (p. 34 [69])。現実的な部屋の状況を考えれば、まるで子供だましとも言える夫人の行動。それにも関わらず、「満足したラムジー氏は、やがて気持ちも新たに元気を取り戻し、謙虚な感謝の目で彼女を見やりながら…立ち去った」のである (p. 34 [70])。皮肉とも読めるこのラムジー氏の姿に対して、自信に満ちあふれた夫人の姿。二人の関係性が19世紀の家庭にまつわる性差を象徴的に表わすのであれば、ここでその力関係は見事に逆転していると言える。つまり、19世紀の家庭の概念を20世紀の作品を通して表わしながらも、日常の生活空間に光をあてることで、それまで当たり前とされていた性差における常識を見事に覆していると言えるだろう。

　さらにここで、ラムジー夫人の言葉「窓は開けておき、ドアは閉めること」に着目してみよう (p. 26 [51])。教訓めいたこの言葉は、実は、フローレンス・ナイチンゲール (Florence Nightingale, 1820-1910) の有名な一節から引用されたものと考えられる。19世紀の家庭は、ラスキンが神聖なものとして定義付けたのに対して、実は、水道やガスもなく、暖炉の灰が舞い散る劣悪な環境であった。そのため、ナイチンゲールは女性に向けて、衛生的な家庭環境を構築するためのノウハウをまとめた著書『看護覚え書』(*Notes on Nursing* 1859) を出版したのである。その中で、ほこりや灰が家中に蔓延しな

いためにドアは閉め、換気をするために窓は開けるようにと訴えており、ラムジー夫人はこの教えに沿って衛生面に気をつけながら家庭を守っていると言えるだろう。実際、夫人はメイドたちに「窓の開け方について、厳しい言葉で叱ったり…身をもって教えたりもしていた」のである (p. 26 [51])。このことからも彼女にとって家庭は安らぎの場ではなく労働の場であり、家庭にまつわる問題が浮かび上がってくる。

　その一方で、夫人にとって「ドアを閉めること」は、衛生面の外にも意味がありそうである。なぜなら「とりわけ夫人を悩ませいらだたせたのは、開けっぱなしのドアのことだ」と記されており (p. 26 [51])、そのいら立ちは「すべてをきちんと秩序づけなければ」という彼女の強迫観念にも似た思いと相まっているように思えるからである (p. 91 [213])。「耳をすましてみる。客間のドアが開いている。玄関ホールのドアも開いている。寝室のドアも開けっ放しの様な音がする」(p. 26 [51])。彼女はなぜ、これほどまでに、ドアを閉めることに取りつかれているのだろうか。

　ここで着目すべき点は、ウルフが生まれ育った家ハイドパーク・ゲイト22番地を含めて、当時の中産階級の人々が暮らす家の構造である。19世紀の家は、基本的に、食堂に客間、書斎に喫煙ルーム、寝室に玄関ホール、そして台所に洗濯部屋など、それぞれの目的に沿って作られた多くの部屋から成り立っている。そして、それらの部屋のデザインや配置はある一定の法則のもとに設計されている。19世紀建築の巨匠、ロバート・カー (Robert Kerr, 1823-1904) の設計原理は、家族と召使の空間を隔離することであり、家庭の中でも階級の差を明確なものとすることを目的とした (Kerr, pp. 74-75)。さらに、たとえ家族であっても男性と女性の部屋は全く異なる装飾が施され、それぞれ異なる意味合いを持っていた。書斎や喫煙ルームなど、男性のためにつくられる部屋はダークな色使いを基調とし威厳と風格が表現されているのに対して、客間や居間をはじめ女性の領域とされる部屋は明るく繊細な装飾がほどこされていた (Kinchin, pp. 12-13)。つまり、男性らしさと女性らしさが部屋の違いによって明確に表現されていたのである。さらにここで着目すべき点は、男性の領域とされる書斎や喫煙ルームへ女性が入ることは基本的に禁止されていたということである (Walker, p. 826)。つまり、男性は自分達の

部屋でプライバシーを保持するのに対して、女性の領域は客間や居間などで
あった為に常に男性の視線にさらされていたことになる。つまり、女性にと
って家庭は「家庭の天使」として振る舞う場であり、一人になってくつろげ
る部屋すら与えられていなかったのである。この様に、19世紀の家庭は階
級のみならず男女間の格差が明確にデザインされた空間であり、このことに
ついて実生活を通して深く理解していたウルフは、自分の生まれ育った家ハ
イドパーク・ゲイト22番地を「ヴィクトリア朝社会の縮図」と呼んだので
ある（"A Sketch of the Past", p. 150［197］）。

　このことを踏まえて、ラムジー夫人を悩ますドアについて話を戻そう。19
世紀の家庭において、家の間取り、そしてそれぞれの部屋の仕切りによって
当時の社会秩序が表されていたのならば、ラムジー夫人を悩ます開けっ放し
のドアは、その秩序の乱れを意味する。言い換えれば、それにいら立ちを覚
える夫人の姿は、その秩序を守りたい彼女自身の願望の表れとして読むこと
もできるだろう。実際、19世紀の家庭において、家の間取りによって構築
された社会秩序を守る役目は、妻であり母である女主人に託されていた
（Wigley, pp. 339-40）。つまり女主人は、女性を男性の支配下に置く社会秩序そ
のものを家庭空間で守る役割を担っていたことになる。この皮肉が、小説の
中でも垣間見える箇所がある。それが先に見た場面、客間の窓辺にやってき
たラムジー氏が夫人に安らぎを求める場面である。ここで再度その場面を見
てみると、ラムジー氏が「自分の家のすべての部屋が生命に満ちた雰囲気に
染まることを求めた」際に、部屋が次々と列挙されるが、男性の領域とされ
る部屋が一切含まれていないことに気が付く（p. 33［68］）。「――客間も、客
間の奥の台所も、台所の上の寝室も、寝室の向こうの子供部屋も、すべて輝
きに満ち生命を与えられるように、と要求したのだ」（p. 33［68］）。別荘だか
ら男性の領域とされる部屋がないのではないか、とも考えられるだろう。し
かし別の箇所で、登場人物が喫煙ルームについて言及する場面が描かれてい
る（p. 91［211］）。だとすると、ラムジー氏は夫人に自分のプライベートな空
間に立ち入らずに家庭を守るように望んでいたことになる。つまりこの場面
は、19世紀イギリスにおいて社会と切り離すことで美化されていた家庭に
おいても男性優位社会が持ち込まれていたこと、そしてそれ故に女性はプラ

イバシーを保持することも許されていなかったことが暗に示されていると考えられるのである。言い換えれば、ウルフはあえて男性の領域とされる部屋を描写しないことで、美化された家庭の概念、そしてその実態、それぞれに潜む性差の問題を浮き彫りにしたとも言えるだろう。

　このように一つの場面でも多角的に考察することで、小説に秘められた様々な意味合いを見出すことができる。そして、それらの意味を理解することで、独自の作品解釈を構築することがきるのである。今回、その土台となる視点を提供してくれたのが、19世紀の家庭にまつわるフェミニスト批評である。また、ウルフ自身の日記やエッセイなども小説を紐解く大きな手助けとなる。様々な作品と出会い、それらをいかに読むのかを考え、新たな読み方を、そしてその意義を発見することは刺激的であり、文学を学ぶ醍醐味ではないだろうか。そしてこのようなスキルを身につけることは、諸説を鵜呑みにしたり他人の意見に盲従したりすることなく、常に多角的に、そして創造的かつ論理的に物事を考える力を養うことである。よって、このような文学的な学びは、社会を生き抜く上で必要とされる問題解決能力を養う大きな手助けとなるだろう。

第2節　アメリカ文学

1　アメリカ文学研究とは

　アメリカ文学を学ぶということは、つきつめれば何をすることなのであろうか。一見すると答えるのが容易でありそうなこの疑問に、わたしは即答することができない。ここに登場するわたしとは、一般的にはアメリカ文学の専門家とみなされるわたし＝この文章の著者のことを指す。専門的に研究をしているはずの人物が、この疑問に対する簡潔な答えを出すとなると悩んでしまう。どうしてだろうか。

　その理由のひとつとしては、当然のことながら、まだわたしが駆け出しの研究者であるという事実がある。20歳の頃から10年以上、アメリカ文学の作品や批評を専門的に読み続け、目覚めている時間の多くをそれらについて考えることに費やしてきたが、自身の探究の全体像はいまだ不鮮明なまま

だ。そもそも、さまよっている森の全体については、いかようにも推測はできるものの、そのありさまを経験に基づいて断言できるようになるのは、常にその探検の後であるというのは、あらゆる物事に通じるひとつの真理であると言える。アメリカ文学のみならず、読者のみなさんがこれから携わることになる、大学におけるいかなる専門分野についても、それが当てはまる。

　この事情とは別の次元において、アメリカ文学の特徴を考慮したうえで、上の疑問の難しさが生じるより普遍的な理由を、次のように述べることができる。一言でいえば、アメリカ文学の研究という形式の内には、あまりにも多様な内容があふれているのだ。簡単な例を挙げよう。仮に「アメリカの作家によって書かれた文学作品を読む」ということを、アメリカ文学研究の具体的な目的として設定したとする。読者のみなさんにとっては、十分に明白な内容をもった目的であるように思われるはずだ。しかし、実際には、この一行にすら、解決されるべきさまざまな問題が内包されている。例えば、「アメリカ」とは何か。アメリカ合衆国、北アメリカ、南アメリカ、アメリカ大陸——瞬時に、この語が指し示す対象として、重なり／接しはするものの、範囲がことなる、複数の場所が想起されるはずだ。そして、それがいつの時代のどのような人々を基準として考えられるべきなのか。アメリカ合衆国が独立を宣言したのは1776年であるが、その基礎となるイギリスの植民地がこの地に建設され始めるのが1607年。しかし、それ以前にも、のちにアメリカと呼ばれることになるこの地には、のちにインディアン、ネイティブアメリカンと呼ばれることになる多くの人々が暮らしていた。これに加えて、独立宣言より前にも後にも、もともとは世界のことなる地域に暮らしていた人々による、アメリカ大陸への流入——当然、これには黒人奴隷の歴史が代表する強制的な、意図せざる流入も含まれる——によってこの共同体が形成されていったという状況もある。こうした状況を踏まえた上で、国としてのアメリカと、それが産み出した文学を、どのような時間的／人種的区分を用いて理解するのか。また、「アメリカの作家」とは誰の事を指すのか。アメリカ生まれの作家、それともアメリカに暮らす作家、あるいはアメリカについて書いている作家、もしかするとアメリカの言語で書いている作家のことであろうか。そもそも、「作家」とは何か、「文学作品」とは——という

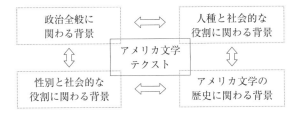

上をほんの一例として、ここには書きつくすことができないほどに多様で相互に
関連する背景（＝コンテクスト）との関わりにおいて文学テクストを理解する。

具合に、歴史的／社会的／文化的／そのほかさまざまなコンテクストとそれ
らの解釈に関わる数多くの問いが、アメリカ文学の作品を読むという行為に
つきまとうのである。もしも、ただアメリカで出版された小説や詩を英語で
読むというイメージでアメリカ文学の研究を捉えているのだとしたら、それ
はこの分野における最も基礎的な一部分にすぎない。常に、特定のコンテク
ストとの関連で文学作品を読み、テクスト自体についても、そのコンテクス
トについても、深く考えるという試みが、アメリカ文学研究の中心において
なされているのである。

　ここにこそ、「アメリカ文学では何を学ぶのか」という疑問に、簡潔に答
えることの難しさがある。個々のアメリカ文学テクストと多様なコンテクス
トとの絡み合いを目の前にして、どのような手法で、何を勉強／研究するの
かということに関しては、多くの選択肢が用意されているのだ。この文章の
以下の部分では、その選択肢の一例として、実際にわたしが採用し、大学の
授業を通して学生たちとも共有をした、アメリカ文学を研究する上でアプロ
ーチについて詳述したいと思う。

2　文学を「読む」ことと、文学を「学ぶ」こと

　あなたは今、廊下を歩いている。それは文学へとつづく道だ——というの
は大げさで、実のところは、金曜5限の通年科目「米文学入門」が開講され
る2号館211教室に向かっているところだ。鞄に手を差し入れ、そこに『幽
霊たち』の文庫本があることを確かめる。担当教員のヒノハラが、受講者た
ちに買って読んでおくように、指示をしていたものだ。たしか、ポール・オ

ースターとかいう聞いたこともない作家による作品だったはずだ。あなたは
頭のなかでそう考える。ため息とともに、思わず言葉がもれる。

「俺なんかに、文学が——」

その瞬間、目の前に教室のドアが迫っていることに気づく。あやうくぶつ
かるところだった。あなたは、ドアを開けようと手を伸ばす。まばゆい光が、
隙間からあふれ出してくる。

　いきなり上の文章を読むことになり、読者のみなさんは少し戸惑われるか
もしれない。その前のセクションの文章と比べて、明らかに異質なこの文章
を、どのように理解すればよいのだろうかと。もしかすると、これは、アメ
リカ文学を専門的に学ぶことを決意した暁に訪れる「ある日」の一場面であ
ろうか。たしかに、上の文章に描かれているような光景は、あなたがたが大
学でアメリカ文学を学び始めたときに実体験するものからは、それほどかけ
離れたものではないはずだ。文学という名が与えられた、いかなる授業にも
当てはまることであろうが、アメリカ文学の授業のもっとも基本的な形式に
おいては、一方に読むべき「作品」があり、もう一方にその読者としての
「受講者＝あなたがた」がいて、教員が両者を仲介する役を果たす。そこで、
多くの人が疑問に思うのは、次の点であろう：「はたして、文学作品（という
か、簡単にいえば小説や詩や演劇）を理解するために、授業や教員などが必要な
のだろうか？」

　この問いは、特に大学でアメリカ文学の授業を担当するようになってか
ら、わたし自身がことあるごとに考えてきたものでもある。とらえようによ
っては、文学の授業とは、文学の自由な読みに対して押し付けられる「制

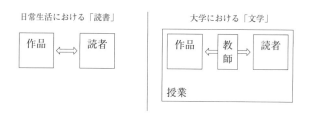

日常生活における「読書」　　　　　大学における「文学」

作品 ⟷ 読者　　　　作品 ⟹ 教師 ⟹ 読者

授業

文学の授業は「読み」の制約か？

約」であるからだ。この問に対して、わたしから示すことのできる答えとしては「ノー、アンドイエス」：「ノー」基本的には文学作品を読む際に、強制されるべき規範となるような読み方などはない。読者が自由に読むべきだ。／「イエス」しかし、文学の授業において、時間をかけて追求することになる特定の読み方を通じてこそたどり着くことが出来る作品の理解や解釈は、確実にある。おそらく大学において、専門として文学を「学ぶ」こととは、日常生活において文学を「読む」際には意識されることが少ないであろういくつかの観点を、意識的に導入しながら文学を「読む」技法を「学ぶ」過程であるのだといえる。

　では、どのような観点が、文学の授業において意識されるというのだろうか。ひとまず、本セクションのはじめに挿入された謎の文章に立ち戻ってみたい。実は、あの文章は、教師であるわたしが、日常の経験に基づいて書こうとしている小説『ある文学者の誕生（仮）』の冒頭なのである。そう仮定してみよう。読者のみなさんのなかには「どおりで、妙に小説らしい箇所だと思ったわけだ」と納得するひともいれば、「いや、そんなはずはない。だって、あの文章は全く文学らしくないじゃないか」と抗議するひともいるかもしれない。そもそも、ある文章を「小説」あるいは「文学」たらしめる固有の特徴とは——もしもそのようなものが存在するのだとしたら——いかなるものなのであろうか。このような素朴な問いかけですら、実は、文学の授業で意識される観点のひとつである。この問いは、実のところ、英語圏の文学研究のみならず、あらゆる言語圏の文学研究において、長い時間をかけて現在にいたるまで探究され続けているもののひとつである。一例を挙げるとすれば、20世紀初頭のロシアにおけるフォルマリズムという文学運動は、われわれの日常的な言語使用によってあたかも「自然」であるかのように記述される現実世界を、奇異なものとして描くことを可能にする点に文学的な言語の本質的な特徴を見いだした。「異化（Ostranenie／defamiliarization）」と呼ばれるそのような言語の効果を通して、日常的な言語使用によって構築される「自然」な現実の「自然」らしさの根拠を揺さぶることこそが、文学の言語が果たすことを期待される使命であるとされたのだ。

　あるいは、このように小難しい議論を参照しなくとも、より身近に感じら

れるであろう文学的な観点は無数にある。例えば、「語り（narration）」の問題：なぜ、あの冒頭の文章では、語り手が「**あなた**」という主語を用いているのであろうか。文法的に当てはめることが可能な「彼」「彼女」「ある人物」などの言葉ではなく、『ある文学者の誕生（仮）』というタイトルにいかにも合いそうな「文子（ふみこ）」とか「学（まなぶ）」という名前でもなく、まるで読者に呼びかけているかのように「**あなた**」が繰り返されることの影響とはいかなるものであろうか。次に、「比喩（figuration）」の問題：「あなたは今、廊下を歩いている。**それは文学へとつづく道だ**」の箇所では、「廊下」が「道」という言葉で置き換えられ、文学への誘いの隠喩として機能している。「あなたは今、廊下を歩いている。**その廊下は、文学の授業がおこなわれる教室へとつづいている**」という単なる事実の詳細な描写とはことなる、この表現の意図と効果とは何であろうか。あるいは、「象徴（symbolism）」の問題：文章の最後で、ドアの隙間からあふれ出す「**まばゆい光**」とは、ただ教室の方が廊下に比べて明るいという状況を指し示す以上の、この表現によってしか象徴されえない何かをあらわしているのだろうか——というように、ここに羅列したいくつかの例をはじめとして、ほんの数行の文章ですら、数多くの文学的な問いを生ぜしめるのである。そして、これらの純粋に文学テクストの文字列によって誘発されうる問いに加えて、テクストの外部にある情報——それが広い意味でのコンテクストである——つまり、作者【上の文章に即して考えるのならば「わたし」】の伝記的事実や、テクストのなかで言及された実在の人物や事物【ここでは、ポール・オースターと『幽霊たち』という作品】についての情報、そして歴史的状況【日本におけるアメリカ文学の受容や教育の歴史など】や社会的状況【現代の日本において外国文学研究ひいては文学研究全般が置かれている窮状】などを合わせて考えた時に、目の前にある文学テクストから、いかに豊饒なる解釈が産み出されるのかを想像してみてほしい。それこそが、ただ文学を「読む」際には意識されない観点を、意識的に導入しながら「読む」技法を学ぶことを通して得られる、通常であれば得がたい経験の最たるものであるといえる。

　さて、ここまでは、専門としてのアメリカ文学に固有の状況というよりも、専門としての文学の教育全体に関わる話をしてきた。ここからは、わた

しが実際の授業で用いた文学テクストのいくつかを用いつつ、アメリカ文学
の専門的な教育の場において、日々おこなわれている営みの一端をお示しし
たいと思う。ちなみに、授業においては、当然のことではあるが、作品を原
著のままで扱うことがほとんどである。つまりは、英語で書かれた作品を英
語のままで読むというのが、現代の日本で受けることができるアメリカ文学
の授業の基本的な方針である。したがって以下では、作品からの引用を英語
のままで記載する。専門的にアメリカ文学を学ぶ際に出くわす英語がどのよ
うなものか。それを楽しんでいただくという期待をこめて。

3 意図的なスローダウン：『幽霊たち』を読む

文学の授業において実践される多様な読み方を、単純化を恐れずにひとこ
とでまとめるとしたら、意図的に「読み」をスローダウンすることと、「読
み」をスピードアップすることという、相反するかのようにも思われる二つ
の原理として表現することができる。これらの原理は、ある時には個別に、
またある時には同時に働いて、文学的な読みを駆動する。アメリカ文学作品
を通して、それを確認してみよう。そのための素材として、まずは1986年
に出版された Paul Auster (1947-) による小説 *Ghosts* を用いたい。日本語に
訳すと『幽霊たち』。そう、すでに前のセクションに登場したあの作品であ
る。

上記の原理のひとつめ、スローダウンを極端に突き詰めるとしたら、まず
は通常であれば過ぎ去ってしまうであろう、この「Ghosts／幽霊たち」と
いうタイトルに用いられている言葉それ自体について、時間をとって考える
ということになるだろう。この言葉が、作品内外における誰／何を指したも
のなのかという点が気になるが、それを考えるためには"ghosts"の"s"
に注意が必要である。「【特定であり、**そのひとりの**】幽霊」＝"the ghost"
と、「【不特定であり、**あるひとりの**】幽霊」＝"a ghost"、そして「【不特
定かつ、**複数／多数の**】幽霊たち」を指し示す"ghosts"というそれぞれの
語の違いは、読者のみなさんが既に学んできた英語の文法を基準にして考え
ると、定冠詞／不定冠詞／複数形という区分によって表されるものである。
ここから、それぞれの言葉が指し示す対象へと注意を移すと、実は、その指

示対象の「あいまいさ」という点においては、"the ghost" ／ "a ghost" というふたつの例と、"ghosts" という例との間には、非常に大きな差が存在していることに気づくだろう。特定の存在であろうとなかろうと、個別の幽霊を指し示すのとは異なり、複数形の "ghosts" の場合には、幽霊が2人であるという可能性もあれば、100人であるという可能性もある。たとえ10000人の幽霊がいたとしても、"ghosts" という言葉によって、それは言い表すことが可能だ。何を当然のことをと思われるかもしれない。しかし、小説のタイトルにおけるこの指示対象の「あいまいさ」が、実のところ、最終的な作品全体の解釈のひろがりを担保する重要な要素のひとつとなり得ているのである。

　そのことを示すために、さきに少しだけ、小説の内容について話をしよう。この『幽霊たち』という小説は、探偵を職業とする主人公の男性、ブルーが、ある男を見張るという仕事の依頼を受けるところからはじまる：

> First of all there is Blue. Later there is White, and then there is Black, and before the beginning there is Brown. Brown broke him in, Brown taught him the ropes, and when Brown grew old, Blue took over. That is how it begins. The place is New York, the time is the present, and neither one will ever change. Blue goes to his office every day and sits at his desk, waiting for something to happen. For a long time nothing does, and then a man named White walks through the door, and that is how it begins. (Auster 137)

上は『幽霊たち』の冒頭である。本稿ではじっくりと議論をする紙幅がないが、このみじかい文章にすら、スローダウンして検討すべき点がいくつもある。例えば、なぜ名前が色なのか（Blue ／ White ／ Brown）、なぜ "That is how it begins"（「このようにして、それははじまる」）というフレーズが繰り返されているのか、そしてそもそもこの "it" は何を指しているのだろうか、なぜホワイトは、明らかに暇そうな探偵ブルーに、あえて仕事を依頼してきたのだろうかなど。実際の授業では、参加者各自がこれらのような問いに対する自分なりの答えを示し、議論をおこなうという場面が多くある。さて、見張りと

はおそらく一般的な探偵のもっとも基本的な業務のひとつであるが、この小説の探偵ブルーが置かれた状況がいちじるしくことなるのは、見張りの対象がいかにもあやしげななんらかの事件に結びつきそうなことをしないという点においてである。そもそも、なぜ見張るのか、何が謎なのか、何を解決せねばならないのかなど、見張りの根拠となるべき諸要素の一切が欠けているのである。情報が与えられず、状況だけが用意された彼の振る舞いのひとつひとつが、伝統的な探偵小説における探偵のそれを模倣しつつ、ことごとく空振りに終わる。このような奇妙な仕事に関わるなかで、彼は知人とも恋人とも疎遠になり、気がつけば社会に存在しながら、いかなる者もその存在を意識することがない個人になってしまうのである。このような存在こそが、この小説において「幽霊」という言葉で指し示される対象である。

　このたいへん特異な「探偵小説」は、伝統的な探偵小説の核となる「論理による真実の把握／暴露」という目的が、ジャンル的な期待を裏切るかのように、失敗に終わるさまばかりを描きだしているということから、「反-探偵小説」と言い表されることもある。真実への到達ではなく、その失敗を描きだすこの作品の焦点は、ブルーが上のような意味で幽霊化する過程によりそい、それを言語化することにあてられていると言えるが、実のところ、小説内にあらわれる幽霊は彼ひとりではない。それどころか、自分自身を探偵に見張らせることで唯一の存在証明を得ていたのだということが判明する依頼人ホワイトや、作品内で言及される 12 年間ものあいだ部屋に閉じこもり作品を書きつづけた作家 Nathaniel Hawthorne (1804-1864)、あるいはその作家が創作した、幸せに暮らしていた家庭をとつぜん離れ、20 年以上も帰宅することがなかった男 Wakefield (1835 年に雑誌掲載され、1837 年に短編集 Twice-Told Tales に収められた短編 "Wakefield" より) など、この作品は幽霊にあふれているのである。まさに、作品内で主人公と依頼人との間で交わされる "Ghosts. / Yes, there are ghosts all around us (Auster 176：太字による協調はわたしによるものである)" という言葉の通りなのである。この引用部分の "ghosts" という語は、複数形である必然性がある。それにより、この語は、数の確定をくじくかのような幽霊たちの横溢する複数性――まさに「わたしたちのまわりにあふれている」様子――を表現しているのである。そして、

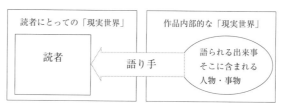

読者にとっての「現実世界」　作品内部的な「現実世界」

読者　←　語り手　←　語られる出来事
そこに含まれる
人物・事物

読者と作品の基本的な関係性

　それらの幽霊たちの多くに共通する境遇として、都市における圧倒的な「孤独」があるのだということに気がつくとき、読者たちは次のようなより大きな問いへと誘われるのかもしれない：もしかしたら、都市環境に暮らすわたしたち自身も"ghosts"の複数性の一部を成す存在に、つまり作品内の幽霊たちと同様の存在になりうるのではないか。文字の上では"s"がつくかつかないか、文法的には複数形か単数形かという違いにすぎないが、文学作品のなかでその違いについて時間をかけて、スローダウンして考えることは、作品全体の解釈におおきな影響をもたらしうるのである。そして、時に、そのような作品の解釈を介して、読者のそれぞれが自身の置かれている立場について、新たな理解を得るということもある。

　ところで、上の例にあるような文学テクストが読者の立場に与える影響のあり方とは、みなさんが作品をじっくりと読むなかで身を持って経験するものであると言える。文学作品の読者とテクストとの関係性は、基本的には、上のような図式によって描きだすことができる。

　作品の語り手（narrator）とは、語り手自身を取り巻く作品内部的な現実世界から、語るべきものを取捨選択して、それに言葉を与える存在である。読者の側は、読者自身を取り巻く通常の現実世界にありながら、語り手が語る言葉を聞く／読むことになる。そして、語り手と作者は必ずしも同一人物ではない。例えば『幽霊たち』の語り手は、物語内部的な現実世界における1947年のニューヨークシティにて探偵が巻き込まれる一連の出来事を、まるで探偵のかたわらでつぶさに観察していたかのごとく語るが、作者のポール・オースターは通常の現実世界における1947年に誕生した作家である。語り手の言葉を介して、読者は物語内部的な現実世界に触れることになる。

このような関係性において、安定的な読者の立場とは、つねに物語内部的な現実世界からは隔絶されたものであるはずだ。しかし、上で示した例にあるように、読者が自身にとっての通常の現実世界に対して持つ認識に、文学テクストが介入し、何らかの変容を及ぼすとき、その境界が乗り越えられているのだと言うことができる。文学作品を読み、その細部にまで着目をして分析をするとき、思いがけずこのような大きな変容を経験する——その経験は、文学を専門として学ぶ醍醐味のひとつである。

4　意図的なスピードアップ：『幽霊たち』から読む

「読み」のスローダウンと対になる、「読み」のスピードアップとはいかなるものなのであろうか。単に大量の文学作品を速く読む必要があるなどと主張するために、わたしはこの表現を用いたわけではない。もちろん、いちどアメリカ文学を学びはじめれば、つねに大量の未読作品があることに気づかされずにはいられないし、アメリカ文学の作品だけを読んでいれば事足りるなどということは決してなく、つねにことなる国の英語文学、ことなる言語の文学についても知る必要性があるのだから、大量に速く読むための能力はあるに越したことはない。しかし、わたしがここで取り上げるスピードアップとは、目の前にある文学テクストを、第一に、ことなる時代にことなる場所で産み出された別の文学テクストと関連づける作業のこと、第二に、文学テクストの背後にあるコンテクストと関連づける作業のことを指している。ここでのスピードアップとは、したがって、ある文学テクストを時間と場所という隔たりを超越して、別の文学テクストあるいはコンテクストと大胆に接続することの喩えである。

『幽霊たち』の冒頭の引用に戻ろう。それを特徴づけているのは、主人公の探偵を含めた主要登場人物たちの名前が色であるという点である。このような名づけの効果のひとつは、匿名性であると言える。『幽霊たち』という作品においては、名前がもたらす匿名性が、誰もがそれらの人物と同じような境遇に陥りうるのだという作品から受ける印象と、奇妙にも響き合っている。この匿名性という問題を、『幽霊たち』のテクストのみを通して考察していくのではなく、別の作品に存在する匿名性と突き合わせて考察するとい

うのが、スピードアップの一例となりうる。例えば、2015年に出版された Alexandra Kleeman（1986-）という若き作家による小説 *You Too Can Have a Body Like Mine* の登場人物たちには、BやCというアルファベットのみが名前として与えられている。ちなみに、主人公自身は名指しされることがないため、名前がAなのか、それ以外であるのかということは明らかではないが、いずれにせよ主要登場人物たちは匿名性を付与されていることに変わりはない。消費社会において、食をはじめとする人々の営みやそれによって形成される身体に、マスメディアの言説や、それ以外の社会的、文化的な言説が介入するさまを描くこの小説において、名前がもたらす匿名性はいかなる役割を果たしており、それが『幽霊たち』における名前のあり方とどのように類似しているのか／異なっているのかを考えるとき、両者を個別に論じることのみによっては獲得されえなかった理解や解釈がもたらされる可能性がある。このような方法で、文学テクストを介して読者が越えるべき時間と場所の隔たりは、過去に向けても同様に開かれている。アメリカ文学において最も有名な小説のひとつ、Herman Melville（1819-1891）によって書かれた *Moby-Dick; or, The Whale*（1851）の冒頭では——アメリカ文学で最も有名な冒頭であるといっても過言ではない——語り手が、次のように読者に語りかける：Call me Ishmael（3）．旧約聖書、創世記に登場するイシュマエルと同じ名前のこの登場人物であるが、あくまでも「イシュマエルと呼んでくれ」と語りかけていることに注意が必要である。白鯨を追った壮大な航海の唯一の生き残りかつ語り手であるこの重要な登場人物の名前が、実は匿名であるという可能性があるのだ。この小説のようなアメリカ文学史にその名を残す大作でさえ、現代の『幽霊たち』と合わせて論じることが可能な点を持つのかもしれない。「真の名を隠す」という観点を設定することにより、時間も場所も内容もことなる文学テクストが、思いがけないかたちでつながる。このたぐいの、無数の文学テクストのあいだにある、いまだ可視化されていないネットワークを発見していくという作業もまた、文学を専門として学ぶことの醍醐味である。

　『幽霊たち』という小説は、それほど長い作品ではなく、非常に素晴らしい翻訳も出版されている。また、この小説自体が、アメリカ文学史へのイン

トロダクションともなっているので、ぜひ読者のみなさんには実際に手にとって、本稿でとりあげた読みの方法が、あなたがた自身にはどのような解釈をもたらすのだろうかということを確認していただきたいと思う。したがって、内容のすべてをここで紹介することは避けたいのだが、本稿のまとめとして、この小説の終わり方についてもうひとつだけ指摘をしておきたい。依頼人ホワイトの見張りからようやく解放をされたブルーが、作品の結末で向かった場所——あるいは、方角と言ったほうが適切だろうか——に注目しよう：

I myself prefer to think that he went away far away, boarding a train that morning and going out West to start a new life. It is even possible that America was not the end of it. In my secret dreams, I like to think of Blue booking passage on some ship and sailing to China. Let it be China, then, and we'll leave it at that. For now is the moment that Blue stands up from his chair, puts on his hat, and walks through the door. And from this moment on, we know nothing. (Auster 198)

ブルーが向かったのは "West"「西」である。そのように、語り手は信じる。それはアメリカの内側であるのかもしれないし、アメリカの外側である中国にまで、彼が向かった場所の可能性はひろがってもいるのであるが、とにかく「新たな生活をはじめるために」ブルーが向かったと信じられるのは「西」なのである。この方角が、なぜ「西」でなくてはならないのか。『幽霊たち』のテクストのすみずみまで、どれほど時間をかけて探しても、それに対する答えは見つからない。あるいは、テクストの外部を探してみたところで、唯一のただしい答えには到達しえないのかもしれない。しかし、このテクストの外部には、少なくともこのラストシーンと響き合いそうな他のテクストや歴史的・文化的コンテクストが多く存在していることは確かだ。日本でもっとも有名なアメリカ小説のひとつであると言える J. D. Salinger (1919-2010) による *The Catcher in the Rye* (1951) の主人公ホールデンは、作品の終盤で、彼を決して受け入れることがない、そして彼自身が決して受け入れる

ことができない場であると彼がみなす社会と、そこに生きる多くの人々を後に残し——奇しくも、『幽霊』たちの舞台でもあったニューヨークシティにおいて、ホールデンはそう決意をするのであるが——ひとり「西」へ旅立つことを夢見る："I'd start hitchhiking my way out West"（213）. 彼がアメリカ合衆国の東端から夢想する「西」とは、どのような場所なのであろうか。それは、『幽霊たち』の語り手が想像する「西」と、どのように似て、どのように異なっているのだろうか。

　現在からさかのぼること、ほんの400年ほど前には、後にアメリカ合衆国とよばれることになる土地の東端に、植民地を建設すべくやってきたイギリス人たちがいた。初期の植民者たちにとって、「西」とは未知なる荒野であった。彼らを脅かしつつ魅了した「西」を、徐々に既知のものとしていく過程が、国家としてのアメリカ合衆国の発展の歴史のひとつの側面であり続けた。この動きに同調するなかで、あるいは、この動きに抵抗するなかで、アメリカ合衆国の作家たちは、さまざまなかたちで「西」を描きだそうと試みてきた。上のふたつの例をはじめとして、現代のアメリカ文学作品を読み、そこに描かれた「西」に関心を持ったとすれば、あなたがたは、アメリカ文学の歴史に流れる水脈のようなものに触れたのだといえるのかもしれない。アメリカ文学に限らず、文学テクストを様々なコンテクストとの関連で考察することとは、文学テクストを、そのような大きな歴史／社会／文化やその他の流れのなかに位置づける作業である。

5　最後に

　さて、この文章では、アメリカ文学を専門的に学ぶとはどのようなことなのかという点について①個別の文学テクストをどのようにして読むのか②個別の文学テクストをどのようにして、他のテクストあるいは他のコンテクストへとつなげていくのか、ということについてわたしの経験をふまえつつ見解をのべさせていただいた。

　さいごに、この文章の読者のみなさんに、ひとつだけ実際的なアドバイスをしたい。大学に入り、自身の専門を決定する前に、かならずあなたがたが所属する学校・学部・学科に、どのような教員がいるのかを調べよう。この

文章の冒頭で、「一般的にはアメリカ文学の専門家とみなされるわたし」といういい方をしたが、実は、アメリカ文学全体を専門としている研究者に出会うことはまれである。大学のホームページなどで、ある教員のプロフィールや業績を調べると、多くの場合、「～世紀の女性作家」や、「～（作家名）の小説における人種の扱われ方について」など、研究の内容を限定し、アメリカ文学を細分化して示すための、多種多様な表現に出会うはずだ。そこから得られるのは、個々の教員が、これまでにどのようなコンテクストと関連づけて、アメリカ文学のどのような作家・作品について専門的に研究をしてきたのか／これからしていくのか、ということに関する情報である。そして、あなたがたが教員の存在を介して、国内外でこれまでに積みあげられてきた様々な研究成果に基づいて、専門的な教育を受けることのできる内容も、そこには示されているのだ。ぜひ、積極的に「アメリカ文学」という言葉の一歩先にある、より詳細な内容をできる限り踏まえた上で、あなたがたがどのような専門的教育を受けるのかということを、自らの意志に基づいて決定をしていただきたい。

参考文献

第 1 節　イギリス文学

竹村和子『フェミニズム』（2000 年、岩波書店）

マイケル・レヴァンソン『モダニズムとは何か』荻野勝編，下楠昌哉監訳（2002 年、松柏社）

レイ・ストレーチー『イギリス女性運動史 1792-1928』栗栖美知子，出渕敬子監訳（2008 年、みすず書房）

Bibliography

Kinchin, Juliet. "Interiors: Nineteenth-Century Essays on the 'Masculine' and the 'Feminine' Room." *The Gendered Object*. Ed. Pat Kirkham. Manchester: Manchester UP, 1996.

Massey, Doreen. *Space, Place and Gender*. Cambridge: Polity, 1998.

Nightingale, Florence. *Notes on Nursing: What It is, and What It is Not*. 1859. Ed. David P. Carroll. Philadelphia: Lippincott, 1992 ［フロレンス・ナイチンゲール『介護覚え書き――介護であること介護でないこと［改訳第 7 版］』薄井担子他訳．現代社．2017］.

Ruskin, John. *Sesame and Lilies*. 1865. Ed. Deborah Epstein Nord. New Haven: Yale UP,

2002［プルースト＝ラスキン『胡麻と百合』吉田城訳，筑摩書房，1990］.

Walker, Lynne. "Home Making: An Architectural Perspective." *Signs*. 27.3 (2002) : 823-35.

Weinstein, *Arnold. Recovering Your Story: Proust, Joyce, Woolf, Faulkner, Morrison.* New York: Random House, 2006.

Wigley, Mark. "Untitled: The Housing of Gender." Sexuality and Space. Ed. Beatriz Colomina. New York: Princeton Architectural Press, 1992. 327-89.

Woolf, Virginia. *A Writer's Diary.* Ed. Leonard Woolf. London: Hogarth Press, 1975［ヴァージニア・ウルフ『ある作家の日記』神谷美恵子訳，みすず書房．2015］.

――. "A Sketch of the Past." 1938. *Moments of Being: Autobiographical Writings.* Ed. Jeanne Schulkind. London: Pimlico, 2002［ヴァージニア・ウルフ「過去のスケッチ」『存在の瞬間』J. シュルキンド編，出渕敬子他訳，みすず書房．1983］.

――. *To the Lighthouse.* 1927. Ed. David Bradshaw. Oxford: Oxford UP, 2008［ヴァージニア・ウルフ『灯台へ』御輿哲也訳，岩波書店，2004］.

川本静子『〈新しい女たち〉の世紀末』（みすず書房，1999年）.

第2節　アメリカ文学

折島正司『機械の停止：アメリカ自然主義小説の運動・時間・知覚』（松柏社、2000年）

柴田元幸『アメリカン・ナルシス：メルヴィルからミルハウザーまで』（東京大学出版会、2005年）

巽孝之『アメリカ文学史：駆動する物語の時空間』（慶應義塾大学出版会、2003年）

平石貴樹『アメリカ文学史』（松柏社、2010年）

藤井光『ターミナルから荒れ地へ：「アメリカ」なき時代のアメリカ文学』（中央公論新社、2016年）

Auster, Paul. *Ghosts*. 1986. *The New York Trilogy*. Faber and Faber, 2011.

Kleeman, Alexandra. *You Too Can Have a Body Like Mine*. 2015. Harper Perennial, 2016.

Melville, Herman. *Moby-Dick; or, The Whale*. 1851. Penguin, 2003.

Salinger, J. D.. *The Catcher in the Rye*. 1951. Penguin, 2010.

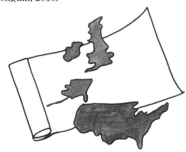

第3章　社会学

第1節　社会学の扉を開いてみよう

1　はじめに

　「社会学」を「社会科」、しかも、暗記科目のイメージでとらえてしまったら、もったいない。複数の意志で構成され、刻々と変わりゆく「社会」という巨漢にたいして、あなたが持っている「好奇心」、あたりまえを疑う「問い」という究極の武器で挑む学問である。

　「社会学者の数ほど定義がある」と社会学を学ぶ人たちは教わってきたし、そうした言説は続いていくであろう。また、社会学の入門書を読むと、同じような書き出しから始まっていることに気づくであろう。本書においても、多くの先行書と同じように、多くの社会学者が人生をかけて挑み続けた研究業績を尊重して、一言で答えるような乱暴なことはしたくない、というかできない。

　ひとまず、社会の秩序がどのように成り立っているのか、その社会における人の行為によって作られる関係、現象、問題を対象とする学問であるとしておきたい。それは、万事が一度で解決する魔法のような「答え」がない「問い」に挑みつづけるものだと言っておこう。たとえば、算数で学ぶ「1＋1」が「2」になることの証明の手立ては難しく複雑だが、答えはみんなが知っている。社会学はそうした算数ではなく、どちらかといえば、証明できても「ゆえに解なし」という「答え」が出ることもある数学と同じである。つまり、複数の意志によって動かされる社会の場合、すべてに共通する簡単な「正解」がないという「答え」がある。

　そのような無責任で曖昧な「答え」しか出せない一方、「社会」に興味を

持ち続け、その「答え」を探し続ける限り、他の学問分野には申し訳ないが社会学ほど興味深くて面白い学問はない。逆にいえば、「社会」に関心を持たなければこれほどつまらない学問もない。

　ただ、その社会学を面白くするには少々「コツ」がいる。社会学の扉を開いたものの、社会に関心が持てなくて、いやいや社会学と付き合っている学生に出会うこともあるが、そうした学生であっても、社会に生きている以上、社会に無縁でいるわけにはいかない。おそらく、社会に関心を払う技術を持っていないか、単に気づいていないだけだと考えている。さらにいえば、どんなことが学問／社会学の対象になるのかがわからないということもあるであろう。ここで次の二冊の本（写真参照）を紹介したい。

　どちらの書籍も、非常に興味深いタイトルであるが、こうしたことが学問や研究になるのかということを疑問に思う人もいるかもしれない。

　「ドーナツ」を穴だけ残して食べる、果たして、食べた後に穴という形が残るのか不思議な話だが、インターネットに溢れる言説だという。そこに疑問をもった大阪大学の学生さんたちが、プロジェクトを作り、大阪大学に所属する文系／理系各分野の研究者に原稿執筆依頼をして、書籍化したものである。ここには社会学の研究者の分析はないが、仮に社会学者が原稿を寄せるとしたら、「穴だけ残して食べる」方法やその可能性の有無を考えるのではなく、「穴だけ残して食べる」方法がもたらす社会的影響や、その言説にとりつかれた人々の現象を研究対象とするであろう。

　もう一冊は、道端に何気なく落ちていたバナナを発見した筆者が、マンガの古典的「お約束ギャグ」はいつ始まったのかという疑問を抱き、洋の東西を問わず、徹底的にそのルーツや使

写真　世の中の不思議を学問する二冊

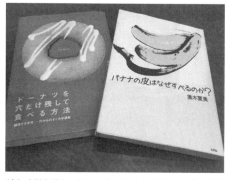

（左）大阪大学ショセキカプロジェクト『ドーナツを穴だけ残して食べる方法　越境する学問―穴からのぞく大学講義』（大阪大学出版会、2014）（右）黒木夏美『バナナの皮はなぜすべるのか？』（水声社、2010）

われ方を探ったものである。社会学でバナナを扱うと、マンガをメディア論で分析する以外にも、おそらくアグリビジネス、モノカルチャー経済の農業国と消費国の国際的な収支構造の非対称性を論じたり、くだものをめぐる食生活や栄養の変化を追っていったりするであろう。

　両方とも社会学の手法を用いた書籍ではないが、学問や研究をはじめるきっかけ、日常のふとしたことから始まるということを表している良い例であろう。このように、何気ないところから社会との繋がりは始まる。

　仮に社会や人との付き合いの煩わしさがきらいだ、そのように思う人がいたとしても、社会がそう簡単には放ってくれないし、かりに一人になれたとしても完全な一人ぼっちとなることは難しい。たとえば、海難事故で離れ小島にひとりぼっちとなったロビンソン・クルーソー（注／イギリスの小説家ダニエル・デフォー作の冒険小説の主人公、1719年刊）が、遭難前の不自由ない社会と漂流後の境遇とを対比することで自分の中に「社会」を作っていたように、完全に社会と無縁に生きることはできないからである。

　こういってしまうと、社会には「仲間外れ」「排除」「排斥」「差別」「格差」「無縁化社会」「孤独死」といった、様々な、一人ぼっちを作り出す社会問題があるではないかという鋭い指摘が予想される。もちろん、当事者はネットワークからの孤立で苦しんでいたり、逆に逃れたくても逃れられない苦しい状況を何とかしたいと思っていたり、解決しなければならない問題は山積みである。一方で、その孤立や煩わしさを放っておかない、もしくは、放っておけない、何とかしたいという社会（とそれを支える人間、関係）も少なからずあり、その両者を結びつけることができれば救いが残されているといえるだろう。

　社会学を始めて見ると、その答えの多様性と、決定打のなさゆえにいやになるかもしれないが、社会と付き合わなければならないのならばむしろ、学問的好奇心を持って、徹底的に付き合ってみることを考えてみてはどうだろうか。そのひとつの手段として、社会学の扉を叩いてみることをお勧めしたい。

2 社会学で大切なこと―「あたりまえ」を疑う

ここまで読んでみても、なんとなく、暗記の「社会科」のイメージに引きずられるであろう。「社会学」が「社会科」と決定的に異なるのは、これまで起きたものを「覚える」のではなくて、現にある「社会」の現象や問題について問いかけ、何がそこにあるのか、つねに「考える」ことを求める点である。そのためには、強いて努める「勉強」から、問うて学ぶ「学問」への旅立ちが必要である。

もちろん、これまでに教わってきた、もしくはいま学んでいる社会科も、社会を知るための道具として教わってきたであろうし、中学や高校で社会科に携わる先生の多くは、単に教科書「を」教えるのではなく、教科書「で」教えるということに力を入れ、社会に関心を持たせているであろう。一方で、試験や受験という目的のために、機械的に試す、覚えるということが繰り返され、学び手の失望をもたらしてきたように思う。

しかし、社会学で必要なのは、単に覚えるのではなく「『あたりまえ』を疑う」ということである。専門的に言えば「自明性の理を問う」ということだが、「『あたりまえ』を疑う」のは思った以上に難しい。また、「非常識であれ」ということを求めているのではない。「あたりまえ」となっているだけでなく、そう思っている自分を含めた世界に常に疑問をなげかけ、再構成することが必要なのである。

たとえば、世の中にある凶悪犯罪をすべてなくすにはどうしたらよいか。「あたりまえ」から離れれば、答えは簡単である。すべての法律を無くしてしまえば、犯罪はなくなる。だが、犯罪が世の中から無くなっても、トマス・ホッブスが『リヴァイアサン』(1651)でいったように自然状態での「万人の万人に対する闘争」という無秩序な状態になってしまい、安心して暮らせる社会は消滅する。つまり、答えは簡単でも実現は難しい。そのため人々が安心して暮らすためには、あらかじめ罪となるものを罰する法律を「あたりまえ」として定めなければならない。また、法律を作っただけでは犯罪の防止にはならない。なぜかというと、刑法には罪は規定されていても、「罪を犯してはいけない」とは書いていないからだ。ただそう書いていなくても、多くの人が犯罪に手を染めないのは、近代国家という「暴力装置」(マ

ックス・ヴェーバー『職業としての政治』）が実行者を処罰することにより、相互信頼を保てるような強制力が働き、一般的には犯罪に手を染めないということが「あたりまえ」になってきたと考えることもできるだろう。

　しかし、「あたりまえ」が定着、強化されていくと、問題となるものをすべて排除しようとするばかりか、それ以外の自由な領域も「あたりまえ」のものとして包含し、取り締まってしまうおそれがある。

　みんなが「あたりまえ」をいうなかでそれをひとり疑うのは難しい。同じように「『あたりまえ』を疑う」には、あたりまえだが、対象としての「あたりまえ」を知らなければならない。また、「『あたりまえ』を疑う」ことにより、「あたりまえ」が分かってしまうと、「あたりまえ」を要求するこの社会に生きづらさを覚えるかもしれない。

　そこには、読者のみなさんが生まれ育った家族や地域社会、学校で教わってきた「社会科」をはじめとした知識体系、経験や体験といったものが積み上げた「あたりまえ」があるし、そのバイアス（歪み、偏り）を受けている。その「あたりまえ」の自明性を分解していくことから社会学を始めてみよう。

3　「あたりまえ」を知るために

　「これって『常識』だよね」とか、「こんな『常識』も分からないのか」という「あたりまえ」を前提とした言い方がある。「『あたりまえ』なことを聞くな」と叱られるかもしれないし、聞いた人に不愉快さをもたらすかもしれないが、その「常識」の内容や理由をあえてしつこく聞いてみると、法律やルールで決められていることではなく、その多くが「なんとなく、みんながそうしているから」という答えにたどり着くことに気がつくだろう。

　なぜ他人と同じように行動することを求めるのだろうか。人は成長過程で、「社会化」というプロセスを経て、「一般化された他者」（ジョージ・ハーバート・ミード（米 1863-1931））になり、われわれが構成する「社会」の「常識」、つまり「あたりまえ」という価値観を身につけた（ということを前提とした）人となっていく。「常識」外れとして行為が非難されるのは、そうした規範からの逸脱が問題とされるからである。しかし、その「社会」にとって

の正解は、他の社会と比較してみたり、同一の「社会」であっても、時代が異なったりすると、間違いとなることもあり、せいぜい自分が生きている時代付近で自分が接触できる範囲内での常識や正解でしかない。

　また、一方で、「あたりまえ」を求めつつ、その「あたりまえ」が通用しないというところに興味深さがあるといって良いだろう。

　たとえば、「『歩きスマホ』はやめましょう」というメッセージを知らない人は、今の日本ではおそらく少ないであろう。なぜこのメッセージはあるのか、大勢の人が「あたりまえだ」と考えるように「危険」だからである。実際に死亡事故やトラブルが数多く起きている。しかし、知識としては「危険」であることが浸透し、多くの人に認識されているにもかかわらず、メッセージは消えることなく、むしろ日々強化されているといってもよい。知識が行動に繋がっていないからである。仮に「あたりまえ」が浸透して、通用するならば、「歩きスマホ」のメッセージはこの世の中からすでに消え去ってしまっていなければならない。

　なぜ、消えないのか、心理学の用語で「正常性バイアス」という言葉がある。「自分には関係ない」「大したことがない」「自分は大丈夫」という意識が働くことである。

　「歩きスマホ」で大ケガをしたり、命を落としたりしている人たちは運が悪いだけなのではなく、潜在的な危険性と同居しながらたまたま事故に遭遇していないだけと考えるしかない。労働災害の経験則で「ハインリッヒの法則」というものがあり、1：29：300という比率で、死亡を伴う大規模事故、小規模の事故、ヒヤリ・ハット（危険だという認識）が発生する。おそらく、多くの人々は自分とは関係のないことと勝手に判断しているとしか考えられない。つまり、情報としては「あたりまえ」に知っているし、ちょっとヒヤッとしたことがあっても、それを重大事故に繋がるから回避行動をしなければならないという「あたりまえ」がなく、不幸が連鎖的に繰り返される世の中があるということである。

　なんとなく、状況の説明はできても、なぜそうした非合理的な現象や行動が起きるのか、そこに学問的な「問い」が生じる。社会学はそうした身近な問題を材料として始められるし、みんなが「あたりまえ」だと疑いもしない

ことに愚直に「問い」をなげかけていくことが興味深い。

第 2 節　社会学を学ぶにあたって

1　人々の「意志」は、ままならない

　誰でも弱さは持っていて、自分の意志でも自分の行動や考えがままならないことはある。親やきょうだい、ましてや、友だちやクラスメート、恋人、パートナーにたいして自分の意志が通じないといった経験は多数持っていると想像できる。なおさら、全く知りもしない他人にたいしては、コントロールが効くものではない。「社会」はそうした複数の意志の集合によって作られ、運営されているが、さまざまな現象や問題が起きてくる。それを社会学は対象とする。

　先ほど例に出した「歩きスマホ」でも、「やめてほしい」「やめなければならない」という意志が社会のなかにある一方で、「そうは言われても、やりたい」「ちょっとくらいなら大丈夫」という自分を中心とした意志が働き、それが固まって「あたりまえ」になるので、結局、ままならなくなる。たとえば、「歩きスマホ」をしている友だちに、あなたは危険だから止めさせることはできるだろうか。

　そうした他人の意志をどのように考えていけばよいのか、そこには「ダブル・コンティンジェンシー（二重の偶発性）」という考え方がある。

　オー・ヘンリー原作で『賢者の贈り物（The Gift of the Magi）』（1905 年刊）という貧しい夫婦の話がある。クリスマスが明日に迫り、夫は妻の長い髪の毛をとかす「鼈甲（べっこう）の櫛（くし）」を買うために代々受け継いだ金の懐中時計を売り、一方で妻は夫の懐中時計につける「プラチナの鎖」のために自慢の髪を売ってしまうという話である。夫婦の仲睦まじい様子や愛情を示すエピソードだが、行為がもたらした結果は意味をなしていない。

　こうしたダブル・コンティンジェンシーの問題について、アメリカの社会学者タルコット・パーソンズは、『行為の総合理論をめざして』（1951）のなかで、他者が抱いている期待にたいして、自我の行為を同調させていくという「期待の相補性」と報酬と処罰による「規範による志向の相互性」で解決

されると説明している。

　同じ考え方について、ドイツの社会学者ニクラス・ルーマンも、このコンティンジェンシーがどう解決されるのかという問いをたてている。『社会システム理論』(1984) のなかで、自己と他者がダブル・コンティンジェンシーに由来する二重の不確実さに直面し、これが結合したときに、新たな確実さが生まれるという説明をしている。

　夫婦のエピソードを例に喩えると、形式上は、お互いの行為が残念な結果で終わってしまう。互いに「役に立たない」プレゼントを受け取ったとき、短絡的な夫婦ならば、この「愚かな」行為で破綻するだろう。この夫婦の場合は、今後、「誤解」が生じようとも、いかなる境遇にあっても、お互いのことを思う絆で結びつけられているという新たな確実さの証を得た賢い人々とされている。

　このように愛情に支えられた二者の間でも「意志」はままならないのだから、「絆」の確証が持てない多数の人間がまとまった「社会」においては、それを一つの方向に結びつけることは難しいと考えられるかもしれない。

　ところが、その複数の意志が別の理由によって強固にまとまることがある。たとえば、ドイツの社会学者、フェルナンド・テンニースは『ゲマインシャフトとゲゼルシャフト』(1887) のなかで、「意志」を出発点に関係や社会形態を説明している。

　「本質意志」によりつくられる「ゲマインシャフト」（家族、村落、自治共同体、中世の都市や教会）は、人の繋がりが有機的であり、自生的に根付いていて、そこにいる人々はさまざまな分離がありながら、感情的な一体性をもって結合している。

　一方で、「選択意志」によりつくられる「ゲゼルシャフト」（大都市、国民国家、知識人の共和国）では、個人が孤立しており、人の繋がりも機械的なもので、人間味のない打算的な結び付きにしかなく、さまざまな結合があるにもかかわらず、分離していると指摘している。

　テンニースは、近代の資本主義の発達により、「ゲマインシャフト」が破壊されて、「ゲゼルシャフト」への移行は歴史的な流れとなるが、「ゲゼルシャフト」が「ゲマインシャフト」を包含して、さらに成員の自由な契約に基

づく「ゲノッセンシャフト」(「ゲノッセンシャフト」を用いたのはオットー・フリードリッヒ・ギールケ（独1841-1921、歴史法学者）で、職人組合や協同組合などを意味する。）にアウフヘーベン（止揚）するとした。

やや難しい説明であるが、ゲオルク・ヴィルヘルム・フリードリッヒ・ヘーゲル（独1770-1831）が弁証法的に用いた「アウフヘーベン（止揚、揚棄）」とは、2017（平29）年に東京都知事が使ったことで有名になった。これはたとえば、性質が異なる酢と油はかき混ぜてもいずれ分離してしまうが、そこに卵黄を加えるとマヨネーズという別物として固定される。このように、相反する命題（テーゼ）と反命題（アンチテーゼ）が合わさり、まるで異質の次元にある真の命題（ジンテーゼ）に止揚（アウフヘーベン）するということである。

それと同じように、複数の意志がまざりあう社会において、互いの立場や考え、意見の違いを超えて、止揚した、よりよいまとまりのある社会の形態が生まれてくるのかもしれない。

2　すべての人は公平になりきれない

社会学も科学なので、客観性は必要である。「○○と思う」という主観的な言葉はよほど信望のある語り手でなければ説得力に欠けるが、「△△だから○○と考えられる」と導き出されれば、説得力のある科学的、学問的知見（結果）となる。

科学は、その「△△だから」という証拠が求められるが、それは単に思い込みではなく、「追試」という作業によって「再現可能性」や「トレーサビリティ」があるかどうかを試される。「トレース（痕跡）」＋「アビリティ（能力）」の合成語で作られるこの言葉は、具体的に考えてみるとわかりやすい。

たとえば、「とんかつ」という料理をレストランで食べるときに、その具材がどこで作られ、もしくは、誰に育てられたものだろうか、ということを考えてみると良い。小麦粉、卵、豚肉、皿に盛られたキャベツといった食材、ソースや各種の調味料が世界中から集められてくるだけでなく、実際に調理する鍋や水、ガス、厨房機具や食器が必要になる。また、調理をする人の労働や蓄積されてきた技能、その人が働いている場所の建設やそのお店の

財政基盤など、さまざまな成果の集積が必要となる。それらを一つ一つ検証することは難しいが、口に入るものだから、まずは食材だけでも安全かどうかということは気にはなるだろう。そうした軌跡をたどれるようにするのが「トレーサビリティ」であり、食の安全という面から導入されてきている。

　科学は先人たちの先行研究の知見をもとに、信用できる部分を積み重ね、その妥当性や信頼性について批判的検証を行いながら成長していくものである。すでに明らかにされている知見については、それが信頼できるものであるという前提で、次の知見が組み立てられている。万一、依拠した先行研究が間違っているということになると、せっかくの業績が台無しになってしまう。そのため、科学的な研究については、ある一定のプロトコル（手順）や文法に基づいて執筆されているし、そこには科学的な知見を裏付ける方法論や資料・史料、参考文献等が記述されている。それらのトレーサビリティが保証されていれば、その業績に依拠して、次の作業に取りかかることができるということになる。

　前述したように社会学も科学であるので、この結果は正しいのであろうか、だれがどのように導き出したものであろうかということが辿れないと困ってしまう。理科の実験で、同量の水の入ったフラスコをＡさんとＢさんが同じ熱量で熱すれば、同じ結果を得られなければならないが、双方のフラスコの温度が違う場合は、どこかに間違いが含まれていると考えなければならない。社会学も同じように、得られた知見にたいして、同様の方法論で同様の資料・史料・データを用いて検証すれば、同じような結果を得られなければならない。

　一方で、「科学」を偽装するものもある。たとえば、コップの水に、よい言葉をかけると美味しくなったり、反対に悪い言葉をかけるとまずくなったり、という言説がある。しかし、水は物質であり、そこに人間の声の周波数帯の音波という物理的な刺激を与えても、変化は起きない。水には感情を判断する脳はないので、思っているような変化は科学的には考えられない。これと同じように音楽を聴かせた飲食物という触れ込みの商品があり、通常よりも付加価値のついた値段となっている。こうした販売方法は、違法ではないし、消費者が合理的に納得して購入している限り特段の問題はないが、科

学の裏付けがあるものではないし、味に
よい変化をもたらすとも考えられない。
このほかにも、健康を願う人々をターゲ
ットにした食品や錠剤、飲料なども多く
販売されているが、その多くは臨床試験
を経た医薬品ではないため効能効果をう
たうことはできないし、科学的根拠に裏
付けられた証拠（エビデンス）に乏しいこ
とがある。

**図表1　擬似科学とされるものの
　　　科学性評定サイト**

　明治大学科学コミュニケーション研究所が解説しているウェブサイト「疑
似科学とされるものの科学性評定サイト」(http://www.sciencecomlabo.jp/index.
html) は、世の中にある非科学性を科学的に検証したプロジェクトであるの
で、一読してみてほしい。

　このように、手続を踏まえて科学的に実証していくということが、信用を
得るために重要であることは理解できたと考えるし、一方で、残念ながらデ
ータを捏造したり、虚偽の報告をしたりということで、学界から追放された
科学者たちもいる。

　そうした信頼の蓄積のうえに社会学という学問が作られているが、それだ
けでは十分ではなく、社会学を学ぼうとする人、研究する人、社会学が対象
とする社会、そしてそれを構成する人々にさまざまなバイアスが存在してい
ることを考慮しなければならない。

(1)　ジェンダーのバイアス

　生物学的な区分ではなく、社会的、文化的、歴史的に作られる区分として
のジェンダーがある。生物学的な区分も長く先天的な雌雄の別と考えられて
きたが、その区分に苦しむ人の存在がクローズアップされてきたため、相対
化する必要があると提唱されている。ひとつは持って生まれた身体的な特徴
と精神的な特徴が一致しない「性別違和」（以前は「性同一性しょうがい」）であ
り、もうひとつは性器の発達形状や性染色体の状態など、生物学的に二元論
的に捉えられない「性分化疾患」である。ここに性愛の嗜好が加わるとさま
ざまな組み合わせの可能性が考えられる。つまり、男性と女性の異性愛が

「普通」「大部分」「正常」とし、それ以外を「異常」と考えるのは早計であって、当事者一人ひとりの「自然」を考慮する必要がある。それを受容できない社会や制度、直線的で硬直的な判断が、さまざまな境遇の人々を傷つけて、生きづらさを作り出してきている。

　また、社会的、文化的、歴史的に作られる区分としてのジェンダーによるバイアスもある。フランスの作家で批評家のシモーヌ・ド・ボーボアール（仏 1908-1986）が『第二の性』（1949）で「女に生まれるのではなく女になるのだ」と指摘したように、生まれてきた社会により「あたりまえ」が作られる。ここにある「らしさ」という要求水準と、「のくせに」という乖離（かいり）・ギャップにたいする非難が作られる。これは先に述べたように、社会化というプロセスにおいて、「一般化された他者」となる過程でこのバイアスのある「あたりまえ」が作られてくるからである。

　ジェンダーにたいする深い理解は、生きづらさを抱えている当事者においてのみの解決策というだけでなく、社会全体の寛容さにつながることで、すべての人々にとっての生きやすさに繋がる。ただ、このことは異なるジェンダーとの関係だけでなく、同じ属性を持つ人との間でも考える必要がある。つまり、同じ属性だからこそその厳しさ、不寛容さを求める場合があるからである。

　そのような前提に立ったうえで、社会においての「あたりまえ」を疑ってみるとどのように考えられるか。

　たとえば、「保育園が不足して困っている」という言説は、男女共同参画社会において女性の社会進出を妨げる障壁であるという考え方で捉えられているが、なぜ子どもをもった「お母さん」の話になってしまうのであろうか。また、女性の就労人口を年齢別の表にすると結婚や出産／育児によりキャリアを中断させるという「M字型就労」というモデルができる。この谷間

図表2　**『男女共同参画白書〔平成29年版〕』より「女性の年齢階級別労働力率の推移」**

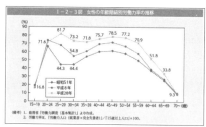

が緩やかになり、逆Ｕ字型になってきたとはいえ、なぜ男性には発生せずに、女性に顕著に起きるのだろうか。

　ここには、少しずつ改善されているとはいえ、「男性稼ぎ主モデル」という制度が厳然として残っていることに理由がある。

　男女ともに労働者として働いてきたが、産業革命以後、男性をより長時間労働に従事させるために、多少の賃金増加を踏まえて、家事や育児といった家庭内の私的な部分を女性に担わせることをイギリスの経営層が望み、これが「専業主婦」の誕生を生む。そこで作られたモデルが「男性稼ぎ主モデル」である。現在の男女共同参画社会においては入り口こそ平等に作られるが、実質的には「男性稼ぎ主モデル」が制度的に維持されているため、夫の「扶養家族」として女性がキャリアを中断／中止することで家計を維持するという選択が増える。ところが、その分の賃金上乗せや税制控除が十分かというとそうではないし、また、これは正規職にある夫に養われているということが前提となるので、非正規職が多くなっている昨今では、そもそもそのモデルの恩恵にあずかれないことがある。また、性や年齢、未婚、離婚・死別を問わずにシングルであることには不利な制度となり得る。なおさら、キャリア中断後の女性の働き方は、就労人口数ではＭ字の右肩になり得るが、非正規職としての復帰となることが多いし、働き方も限定されやすい。

　こうしたことから、少子高齢社会のなかで、出産／育児がしやすい環境が求められているにもかかわらず、保育園の待機児童の問題は依然として女性の問題としてしか取り上げられないし、「Ｍ字型就労」の谷間が緩やかになったからといって女性が働きやすくなっているかというと、そうとは言えない問題が残っている。もちろん、制度設計や変更には多大な労力と綿密なシミュレーションが必要となるが、そうした社会問題を根本的には改善できていない社会の状況を読者の一人ひとりはどう受け止めているだろうか。

(2)　社会階層のバイアス

　身分が固定化されていた属性主義的な階級社会においては、生まれながらにして死ぬまでの一生が決まってしまい、支配-被支配の構造が固定化されているので、多くの人々に理不尽さをもたらしてきたということが想像できるだろう。

　では、身分が固定的な階級社会ではなく、業績主義に基づく階層移動が可能になった社会は、豊かで多くの人々が幸せになったと考えられるだろうか。もちろん、生まれながらに決まってしまうという理不尽さからは解放されたかもしれないが、競争社会という別の理不尽さが待っている。

　この本を手に取っているあなたが進学を考えている高校生ということを前提に述べてみると、中等教育から高等教育への足がかりを作り「学問」の力を得て、より広い可能性にチャレンジしていると想像できる。もちろん、将来を見据えた中学生の読者もいるだろうし、日本の高校に通わずに海外で学んでいる人、フリースクールで学んでいる人もいれば、高等学校卒業程度認定試験を目指して勉強している人もいるだろう。

　ピティリム・アレクサンドロヴィッチ・ソローキン（露／米 1889-1968）は『社会移動論』（1927／1959）のなかで、「水平的」「垂直的」に分化された社会階層において、諸個人の二つの地位軸での移動を「社会移動」と示している。

　身分などにより固定化された封建的な「階級」とは異なり、現在の社会においては相対的に社会移動のチャンスがあるため、流動的な社会ととらえることができる。しかし、その一方で、狭き門を目指す熾烈な競争が常にあり、そのスタートラインや競争条件が平等であると考えたいところだが、実際には有利／不利が存在する。たとえば、大都市に暮らしているならば、本人が好んで使うかどうかは別の問題として、図書館や美術館、劇場、映画館、コンサートホール、体育施設など各種施設が充実していて、人口が閑散な地区に暮らしている人に比べて、そうした施設へのアクセスが容易である。仮に読みたい本があるとしてそれを入手しようとしても、大規模な本屋さんが並んでいる都市と、遠く離れた町の小さな書店に注文で取り寄せてもらうのでは、同じ学習条件とは言いがたい。もちろん、本人の意思や努力で克服してきた人もいるだろうし、図書館でレファレンス相談をすれば、近所の小さな公共図書館から専門家の力を借りて世界へ繋がるネットワークを利用できるし、インターネットを通じた販売や物流の発達・普及がそうした地理的条件を克服しつつあるのでがっかりする必要はない。

　それ以上に深刻なのは子どもの貧困問題である。近年、新聞や雑誌の記

事、ドキュメンタリー番組などで、この問題がクローズアップされてきている。飢餓に苦しむ発展途上国の話ではなく、世界的にも豊かであるとされてきた日本の社会での問題である。かつて「一億総中流社会」といわれ、社会主義国よりも貧富の格差が少ないといわれてきた日本であるが、厳然たる「格差」が社会問題となっている。漫画「三丁目の夕日」的な時代を懐かしむ考え方があるかもしれないが、日本全体が貧しかったからであり、右肩上がりの経済成長を遂げ、全体の社会階層が上がったのではなく、幅が広がったのだととらえれば、単純にその時代が良かったとすることもできない。

　本来ならば、本人の努力によって社会階層の上昇移動が可能なはずなのだが、それが実現できていない。このとき、上位校への進学が人生の決定的要因ではないし、成功の唯一の指標ではないはずだが、学歴社会の直線的な一つの競争においては有利性の要因となり、機会均等であるはずの業績主義に、生まれ育った環境によって左右される属性主義的な要素が加わることで、さらに難しい条件が加わると考えられる。

　子どもたちの貧困が問題とされるのは、経済的な要因により学習機会が不平等となり、「学力格差」が生じることで垂直的な階層移動を困難にする懸念があるからである。家庭教師、学習塾や予備校への登校など、補修的な学びの機会において経済的な差が作られやすいといわれる。その結果、世代内および世代間の社会階層の垂直移動がより固定化されることになり、社会階層の流動性がなくなることが問題にされる。

　ところで、この競争において、本人たちの努力が足りないという「自己責任」に帰する意見もあるが、果たしてそうであろうか。個人責任説と社会構造説のどちらの立場を使うかということにもよるが、たとえば、高等学校や大学の学費無償化や、奨学金返還に困っている人達のための助成制度を導入しようとすると、その機会に巡り会えなかった世代などから強烈な反対論が起きることがある。

　これは身の回りにある不幸の最大化をもたらす「相対的剥奪」の現象で、絶対的な剥奪状況にたいする格差の不満よりも、待遇の小さな差が非常に大きな不満に繋がるもので、他人にたいする「ねたみ」や「そねみ」から境遇の悪さを本人の「自己責任」と非難する傾向につながりやすい。

　この「相対的剥奪」の理論とは、第二次世界大戦中のアメリカ軍兵士の昇任満足度に関する研究から明らかにされたもので、敵機撃墜などで昇任機会の多い航空隊と、そうした機会の少ない憲兵隊との間で、昇任にかんする満足度を測ったところ、航空隊での不満が大きくなるという。なぜそうなるのかというと、身近な不幸の最大化ということである。昇任機会が自らの部隊と比べてゆるやかな憲兵隊との間での比較ではなく、自らの部隊内での比較がなされるためであり、瞬間的な昇任の有無が不満を生みやすい状況を作り出す。

　考えなければならないのは、憲兵隊との間の絶対的な格差に注目するよりも、同僚の功績にもとづく昇任の有無のほうが最大の関心事になるということである。自らが恵まれた状況にかんしては省みられずに、置かれた状況が不幸であると感じるものである。ドングリの背比べのような状況で憎しみが増幅する。

　このことは貧困問題を考えるときに大事なことで、生活保護の水準は、健康で文化的な最低限度の水準であるはずだが、しばしばそこに届かない状況、たとえば年金生活者や最低賃金による労働者が生活保護の水準を下回ってしまい、生活保護受給者にたいして非常に冷たい感情を抱かれることがある。そのことにより、生活保護水準を下げるという政策選択にたいして非常に強い賛意がもたらされるが、ここで考えなければならないのは、最低限であるはずの生活保護水準の切り下げを求めるのではなく、年金受給者や最低賃金労働者の改善を図りつつ、絶対的な格差社会にたいする改善を求めなければならないということのはずだが、そうはならない。

　そうしたなかで、逆境であっても困難に打ち勝つレジリエンス（精神的回復力）を持ち、競争にチャレンジできて目標を達成できる個別のケースはあるが、それ以上に、子どもの時点から平等な競争が成立していないので、単純に「自己責任」と個人責任説で捉えることは難しい。つまり、今の社会階層はなるべくしてなったものではなくて、社会全体の構造や環境によって左右されるものである社会構造説で考えていく必要がある。

（3）　いま、この社会に暮らしているというバイアス

　この本の読者の多くが日本に暮らしているということを前提とすると、他

国の領土と直に接した国境を有していないために、以前に海外に暮らしていたり、海外旅行や留学（もしくは海外の出自で日本に滞在している読者は母国への帰国）したりということを考えない限り、日本と他国の交錯を日常生活で意識することは少ないであろう。

　一方で、そうはいいつつも、日常的に他国の人と接することは非常に多くなっている。単に旅行者が増えているというだけではなく、コンビニエンスストアやファミリーレストランといったサービス業では他国の人々が従事していたり、私たちが日常的に使っている品物の多くは海外で製造されたりと、外国とのつながりなしには成り立たないといってもよい。また、地域によっては集住する人々との接点が多いところもある。

　グローバルが日常的になっている一方で、インターネットを中心として、「ヘイトスピーチ」が起こり、差別的で排外主義的な運動につながるといった、きわめて偏狭的な考え方や行動が世界中で広まってきている。人や物の移動、情報の交換がこれほどまでに活発になったにもかかわらず、相互理解や共存が難しいのはなぜなのだろうか。

　インターネットは、これまでのマスメディアとは異なり、技術的にも費用的にも、身近な社会から世界全体へ簡単につながる可能性を示しつつも、実際にはそうなっていないと疑う必要がある。なぜならば、利用者のもつこれまでの経験のなかでのひろがりしかもたらさないおそれがあるからである。このことは、インターネットが一般利用されるはるか以前、20世紀半ばの社会学や社会心理学、マス・コミュニケーション等の研究において、情報の需要過程のなかですでに明らかにされてきたことである。

　態度変容理論のなかにある認知的一貫性という考え方である。

　人々は自らに都合の悪い情報に接したときに、何となくもやもやとした「認知的不協和」を生じるため、都合のよいものだけを選び取る「選択的接触」、最も意味のあるメッセージを長く記憶し、都合の悪い物は忘れる「選択的記憶」、都合のよいように受けとめ、メッセージの意味合いを変えてしまうことで不協和をなくす「選択的知覚」という「選択的過程」を辿る。

　つまり、自分の意見に合わない新聞や雑誌の記事、放送番組ははじめから接触しないか、受け取ったとしても都合のよいように記憶を変えてしまった

り、意味合いを変えてしまったりするということである。このことはマスメ
ディアの時代にもさんざん論じられてきたことであり、インターネットはそ
の傾向をより加速化してバイアスを増強するおそれがある。

　アメリカの政治学者のキャス・サンスティーン（米 1954-）は『インターネ
ットは民主主義の敵か（原題 Republic.com）』（毎日新聞社、2001）のなかで、「サ
イバー・カスケード（多段の滝）」という概念でこのことを説明しており、イ
ンターネットが過激主義の温床となっており、同じ意見に繰り返しさらされ
るなかで、集団分極化や高度の分断をもたらすものと評している。

　この現象は、インターネットの検索機能と利用履歴に基づくリコメンド
（推奨）機能が影響している。インターネットの検索窓は当初は何ももたらさ
ない自由な地平／空間であるが、ユーザーにより検索語が加えられると、た
ちまち不自由な世界に落とし込まれる。それはあたかも自由を与えられた旅
人がある一方向に進むにしたがって、引き返したり、他方向へ行くチャンス
を失ったりするのと同じであり、ユーザーがもともと持っている世界に導き
出された検索語が他の世界を消滅させ、より偏狭な物に固定化していく。

　このことはインターネットの活動家であるイーライ・パリサーも『閉じこ
もるインターネット：グーグル・パーソナライズ・民主主義』（早川書房、
2012）のなかで、あたかも「フィルターバブル」に囲まれた世界に閉じ込め
られてしまうと警鐘をならしている。

　結局のところ、テクノロジーの発達が政治的、宗教的なイデオロギーの対
立を寛解し、人間相互の理解や共存を可能とし、精神的自由の拡張に繋がる
のか、という疑問にたいして、実態だけを短期的に捉えると、悲観的になら
ざるを得ない。しかし、だからといって、それらの可能性を閉ざしてしまう
と、未来がないので、そうした情報環境にあることを踏まえたうえで、捉え
ていくことが必要であろう。

　そのうえで、私たちは、どのような世界のとらえ方をしているであろう
か。この本の読者にも、帰国子女であったり、留学経験者であったり、日本
で生まれ育っているが日本国籍をもたない在留外国人がいると考えられる。
そうした人たちであっても、いま、日本社会に暮らしているということの影
響を少なからず受けていると考えられる。そのこと自体が悪いというのでは

なく、そのことを考慮したうえで、世界を捉える必要があるということである。たとえば、読者は「日本人」をどう捉えるであろうか。世界各国に明治以来の日系人が暮らしていてその子孫が日系○○人と呼ばれることはあるが、その逆はあるだろうか。日本に暮らす「在留外国人」という言い方はあっても、「○○系日本人」という言い方はなかなかない。社会学者の見田宗介は、「アメリカ系日本人」になりたかった留学生が、いつまでたっても「いつ帰るのですか？」と周囲から聞かれ続け、その夢が破れたというエピソードを紹介している（見田宗介『社会学入門―人間と社会の未来』（岩波書店、2006）, pp. 102-103）。

　また、2017（平29）年に就任したアメリカ合衆国のドナルド・トランプ大統領によるメキシコ国境への壁建設や特定国からの移民受入拒否の政策について、世界中から非難の声があがったが、日本は経済的理由による移民だけでなく、政治的理由による難民申請を含めて、国籍取得が難しい国の一つである（一方で国籍離脱の自由は憲法で保障されている）。なぜ、この国の難民にたいする姿勢については国内で言及されないのであろうか。

　2008（平16）年の1億2808万人をピークとして人口減に向かっているなかで、外国からの低賃金の労働力に頼り、新たな消費者として期待し、納税を義務づける一方で、永住権や国籍取得、安定した雇用政策や生活保障、医療・福祉、教育を受ける権利、選挙権など、社会生活に必要な制度設計については不十分なところがある。

　留学やビジネス、観光客などの一時的な滞留者を除き、いま日本に同じように住んでいるにもかかわらず、なぜ生まれた「国籍」の違いだけでこのように「差異」が作られるのであろうか。

(4)　言葉から考えるバイアス

　また、日本語や日本から発信される情報に依拠することのバイアスも考えられる。

　新聞や出版、放送などのマス・メディアは世界中に取材網を張り巡らすために、情報拠点を置いたり、世界各地から情報提供を受けるために各国の通信社と契約をしていたりする。だが、どの国や地域のメディアにおいても、その場所に依拠し、利益を尊重した情報になりがちであり、外交・軍事上で

緊張した局面を迎えるほど、その傾向が加速しやすい。

　では、インターネットならばそうした呪縛からは逃れられるのだろうか。残念ながら単純にはそうとはいえない。

　インターネットの情報は、単に利用者人口からすれば英語や中国語が中心であり、Internet World Stats（http://www.internetworldstats.com/stats7.htm）のインターネットにおける上位10位言語の調査（2017（平29）年6月現在）によっても、日本語は2000（平12）年以後に急激にユーザー数を伸ばし上位7位（1億1800万人）に位置するものの、それでも英語圏（9億8500万人）や中国語圏（7億7100万人）のユーザー数にはるかに及ばない。

　つまり、日本語で作られた情報はマス・メディアであろうと、インターネットであろうと、日本に住んでいる発信者が主に日本向けのユーザーを想定して執筆し、発信しているものと考えることができる。また、そこで発信する人々がこれまでに述べたように、社会化の過程でその国や地域に育ったことによる影響を受けていると考えられる。さらにいえば、中央集権体制により標準化された「国語」教育を受けた「日本語」のなかでの思考となる。

　そのため、発信者および受信者において、同じ枠組みのなかでの思考に陥ることのおそれがある。公平に情報を得ようとすれば、すくなくとも他言語や他国で発信されている情報を複合的に把握して自らのバイアスを意識しながら理解しなければならないのではないか。

（5）　国籍や「エスニシティ」のバイアス

　2020年には1964（昭和39）年以来、56年ぶりに夏季オリンピックの東京大会が開かれる。もともと、東京オリンピックは1940（昭和15）年に第11回ベルリンオリンピックに続く第12回大会として招致され、万国博覧会とともに紀元2600年記念式典（神武天皇即位を起点とする「皇紀」）の一環として開催される予定であったが、戦争の激化等を理由として中止となっている（万国博覧会は後に1970（昭和45）年に大阪で開催）。

　そもそも、この記念行事は国威発揚のために企画されたのだが、オリンピックをはじめとして、各種の大規模なスポーツや文化行事はナショナリズムや愛国心と結びつきやすいといわれる。

　ここで、ラグビーの日本代表のメンバー（選手・スタッフ）を確認してほし

い。公益財団法人日本ラグビーフットボール協会 (https://www.rugby-japan.jp/
japan/member/list/)。

　2020 年東京オリンピックに先立ち、2019 年には日本でラグビー W 杯が開
催された。ラグビーの「日本代表」は、日本以外の出身者が多く含まれてい
る。ラグビーの国際統括機関「ワールドラグビー」によると、①その国・地
域で生まれた、②両親または祖父母の一人がその国・地域で生まれた、③
36 か月以上、その国・地域、のいずれかをクリアしていればよいという。
この背景には、ラグビーが 1995 (平 7) 年までアマチュア競技であったこと、
英連邦内で盛んになったラグビーを移り住んだ先でも楽しめるようにとの思
いがあるという (朝日新聞 2015 (平 27) 年 9 月 23 日付朝刊「外国出身 10 人、日本の
ために　ラグビー W 杯」参照)。

　また、別の例を確認してみよう。お笑いタレントの猫ひろし (本名・滝崎邦
明) さんは、2011 (平 23) 年にカンボジア国籍を取得し、2016 (平 28) 年開催
のリオデジャネイロオリンピックで同国の男子マラソン代表として参加し、
完走した。もともとはテレビ番組の企画であり、周囲の冷笑もあったほか、
国際陸上競技連盟から国籍変更に伴う条件不足を指摘されて 2012 (平 24) 年
のロンドンオリンピックには出場できなかったが、本人の努力の積み重ねに
より、夢を実現した (読売新聞 (東京) 2016 (平 28) 年 6 月 3 日付夕刊「猫ひろしさ
ん五輪切符　カンボジア代表」、読売新聞 (東京多摩) 2017 (平 29) 年 12 月 7 日付朝刊
「猫ひろしさん　マラソン指導　八王子の小学校＝多摩」)。

　この他にも、本人もしくは親が海外にルーツを持つ日本選手たちの存在が
紹介されている (朝日新聞 (東京) 2017 (平 29) 年 10 月 29 日付朝刊「日本代表　故
郷は『世界』」) し、大相撲ではモンゴルをはじめとして色々な国からの力士が
活躍している。

　こうしてみてみると、国を単位とする競技と出自とは必ずしも一致しない
し、むしろ、選手は活躍の場を求めて、世界各国に移動している例が色々な
競技で確認できる。

　一方で、各種の競技に一定の人数に限る「外国人枠」(逆にいえば、自国人の
出場枠の確保) が設定されたり、サポーターによる差別的な言動が各国で問題
になったり、他国選手に対する侮蔑的な行動につながったりする。また、マ

ス・メディアのスポーツ報道もしばしば国別の対抗意識のなかで、自国選手へのひいき、勝負至上主義やメダル獲得に重きが置かれてしまうことがある。そのことが選手達の活動の困難さをもたらし、競技自体をゆがめることに繋がっていく。

こうした問題の根底にあるのは、国籍や「エスニシティ」(共通の出自、慣習、地域、宗教、身体的特徴等をもとに特定の同一集団ととらえる考え方)を重視するあまりのことであり、そこに、「エスノセントリズム」(自民族中心主義)や「国民国家」を絶対視する考え方が加わる。

しかし、考えてみると、世界の国や地域の住人は、それほど単純には構成されていない。

自然による隔たりも含めて境界により区分けされた土地(領土)と、そこに住む人々(国民)、そしてその人々を統治するシステム(統治機構)の三要素があり、「国」が構成される(国際法上、他国による外交承認を要件とする考え方もある)。一つの国が一つのエスニシティで構成されるという「国民国家」という考え方が18世紀以後に作られてきたが、それまでは統治体制や領土の確定、「国民」の属性が一致してはいなかった。それが20世紀に繰り広げられた二つの世界大戦期には、この「国民」や「国民国家」同士が国益をめぐって衝突した。

しかし、現在にいたるまで同一の民族が一つの国家を形成している実例はほとんどないし、仮に「同一民族」とされてきたなかでも、中央集権的な力により、国家の形成過程において、少数の言語や方言、文化、民族の同化政策(場合によっては弾圧)が行われてきたと考えられる。

民族や国家を重要な柱とする「ナショナリズム」(民族主義、国民主義、国家主義)という感情やイデオロギーの集合が、一つの文化的共同体である「国民国家」を絶対化し、強化するが、これは想像の産物に過ぎないという考え方がルース・ベネディクトの『想像の共同体』(1983)である。

先ほどのスポーツの事例で考えてみると、なぜ同じ国の代表選手やチームの応援に熱くなれる(逆にいえば、他国に冷たくなれる)のだろうか。また、異国に旅行をしたときに、現地で同じ国からきた人に会ったというだけで、なんとなく親和感を持つという話に接するのはなぜだろうか。

　同じ地域や国に住んでいても、実際に行ったことのない場所や現実に会ったことのない人達の方が多いはずである。というよりも、限られた人生において実際に行ける場所や会える人の数は限られていると考えた方が良いであろう。今の時代であれば、地図や上空からの写真（航空写真や衛星写真）や映像を簡単に入手することができるが、私たちは、自分が暮らしている場所の形を自らの身体機能で確認することはなかなか難しい。ところが、同じ場所に住んでいるというだけで親近感を覚えることがある。

　なぜそうなるのか。ベネディクト・アンダーソンは「国民とは〔イメージとして心の中に〕想像されたもの」であり、国境という限られた範囲のなかで、主権的なものとして想像されるからだとしている。そして、「たとえ現実には不平等と搾取があるにせよ、国民は、常に、水平的な深い同志愛として心に思い描かれる」のであり、「この同胞愛の故に、過去二世紀にわたり、数千、数百万の人々が、かくも限られた想像力の産物のために、殺し合い、あるいはむしろみずからすすんで死んでいったのである」と指摘している。

　現実には、人工的に作り出された同じ国家のなかでさまざまな利害対立があり、集団が分解するような葛藤は常に存在しているのだが、「内集団」（われわれ）が、共通の目標や「外集団」（かれら）という仮想敵を持つと、内部統合が高まるという傾向がある。このことは、アメリカの社会学の基礎を築いたウィリアム・グラハム・サムナー（米 1840-1910）が、『フォークウェイズ』（1906）のなかで、希少資源をめぐる紛争があるとき、内集団の凝集性や内集団にたいする愛着、外集団への敵意が強く関連すると指摘している。

　これを 21 世紀の世界で考えるとどうであろうか。第二次世界大戦後の冷戦期において米ソの軍事力、経済力の強力な支配のもとに作られていた秩序が 1989（平1）年に崩壊しはじめ、それまで圧殺されてきた民族問題や独立運動、局地紛争が表面化するようになったこと、全人類的な環境問題のなかで天然資源に頼った開発が危機的状況をもたらしたり、過酷な資源獲得競争を引き起こしたりすること、先進国などが経済的な発達に限界を抱えていることやグローバル化の中、各国で体制が崩壊しかねない矛盾や葛藤を数多く抱えている。

　こうした状況において、内部統合を図るための外敵の利用は、貧困な政治

手法として用いられやすく、周辺国との外交・軍事的な緊張関係が増幅しや
すいし、アイデンティティを高めるために、大規模なスポーツや文化行事は
政治利用されやすい。2019年のラグビーW杯や2020年の東京オリンピック
が進められていく様子や、また、2025年に開催予定の万国博覧会がどのよ
うな社会的影響を与えているのかをよく観察し、考えてみてほしい。

第3節　身近さにある社会学

1　身近なところからはじめるのが面白い

　ここまでに、人にはさまざまな「バイアス」があることを説明してきた
が、こうしたことを踏まえて社会におきている現象や問題を捉えて、そこか
ら自らの「問い」をたてて「答え」を導き出すことが必要である。といって
も、冒頭で述べたように**「答え」がない「問い」**に挑みつづけるものである
し、現時点での最善の答えを出すということの繰り返しになる。ここまで読
んできて、はじめて社会学に挑もうとしても、専門的な用語や抽象的な理
念、概念などがならび、本を読んでもよくわからないということが予想され
る。また、「社会」を知るといっても、私たち一人ひとりの知覚や認識にか
んする身体機能には限界がある。さらに、時間と場所という制約もあり、
「社会」と向き合おうとしても自ずと限界がある。単に「社会に関心を持つ」
といってもなかなか難しい。

　学問はとかく抽象的な概念や理論に固められがちで理解しにくいと感じる
かもしれないが、社会学は実際の生活から広がる社会に即したものを対象と
しているし、具体的な事例をあてはめて考えるとわかりやすい。そこで、身
近にあるものを取り上げてみよう。このときに大事になるのは、チャール
ズ・ライト・ミルズ（米 1916-1962）が提唱した「社会学的想像力」という考
え方である。この想像力は、個人に起きる私的事項を社会構造に結びつけ、
巨大な歴史的な状況と諸個人の生活史との関係を把握するというものであ
る。

　なにが学問になるかではなくて、どのように学問にするのかということが
大事である。

　それでは、実際に使っているかどうかは別として、普及がめざましいスマホ（スマートフォン）を例にとってみよう。

　スマホはもともと「電話」である。通信・電話の技術発達は、離れた二地点間のコミュニケーションを成立させるが、単に「電話」としての利用をしているだけではない。むしろ、インターネットの技術を利用していることの方が多いであろう。

　日本で高いシェアをもつ iPhone（iOS の所有率は 68.3％、Android の所有率は 26.9％　MMD 研究所、2016 年 10 月 19 日 https://mmdlabo.jp/investigation/detail_1610.html　2018 年 1 月 7 日アクセス）を例にとってみると、アメリカのアップル社の製品であり、Designed by Apple in California　Assembled in China と背面に刻印されているように、カリフォルニアで設計されて、中国で組み立てられているが、部品供給には日本や韓国の技術力が必要であるとしている（高山武士「組立は中国で、設計はカリフォルニアで〜iPhone の価値とは？」http://www.nli-research.co.jp/report/detail/id=39477?site=nli　2018 年 1 月 7 日アクセス）。さらに、アップル社だけではなく ICT 企業が多く集まるカリフォルニア州のシリコンバレーには、グローバル時代において多くの国から優秀なエンジニアが集まっている（朝日新聞（東京）2015（平 27）年 4 月 15 日朝刊「（経済気象台）高校生の『挑戦』」）。

　また、スマホだけではなく携帯電話や多くの電気製品の製造に必要な原材料は遠くから集められてくる。タンタル、タングステン、スズ、金などの多くの「レアメタル（希少金属）」が使われているが、これらの貴重な資源をめぐってアフリカのコンゴでは、資源争奪の紛争がおきたり、少年が労働者として動員されたり、女性にたいする性暴力が蔓延している（朝日新聞 2016（平 28）年 8 月 24 日付朝刊「紛争鉱物、断てぬ世界　日米で規制の動きも調達元の特定困難　コンゴ東部ルポ」）。このほかに、同地では動物の生息地が荒らされたり、食されたりすることでゴリラなど絶滅の危機に瀕しているという報告もある（朝日新聞 2010（平 22）年 10 月 16 日夕刊「携帯電話回収、ゴリラを守れ　レアメタル産地・コンゴ、絶滅の危機　日本の NGO」）。

　私たちが便利さを追求し、新機能や新製品を求める一方で、それに苦しむ状況もある。ただだからといって、単純に使用することを止めればよいのか

というとそれほど単純でもない。原材料供給による経済効果は武装勢力にも及ぶが、現地の生活を少なからず支えている実態もあり、単純に止めるだけでは経済困窮を招き、問題解決に繋がらないので、丁寧な解決が必要になる。

　また、消費者が支払っている代金が原材料にまで遡るとごくわずかしか行き渡らないということもあり、同じようなことは私たちが口にしている飲食物や衣類、日用品などをめぐっても起きている。ここには、輸送や商品取り扱いに関わる中間マージンの問題が指摘されるが、一つ一つの動きにおいては問題がなくても、重なることで国際的な搾取構造となってしまう。

　こうした状況のなかで、フェアトレードは、消費者が原材料提供者と可能な限り直接取引を行うことで、利益の還元をめざすもので、徐々に広まっているが全体に比べるとごく一部の動きにしか過ぎない。

　このように自分の身近な現象は、世界と繋がっていることが多いのだが、そこにどのように社会学的想像力を働かせられるかが、大事である。そのつながりは存在していても意識していないとなかなか気づかないことが多いので、ちょっとした訓練でそのコツを修得していくと、あなたの世界観は非常に広がってくる。

2　「社会学」の面白いところ

　現在では、ほぼすべての学問が人文科学、社会科学、自然科学の三つの体系に含まれている。この三つの円のなかでそれぞれが重なり合いながら、独自の学問領域を作り出しているが、最近では、従来の「一般教養」「専門教育」が知識偏重であるという批判から、「リベラルアーツ」といって、ギリシャ・ローマ時代の「自由7科」（文法、修辞、弁証、算術、幾何、天文、音楽）を意識したカリキュラムを特徴にしている大学もある。

　社会学は社会を相手にするという意味では、経済学、法学、政治学、教育学、歴史学、文化人類学といった同じ社会科学の他分野の学問となんら変わるところはない。「社会学」は比較的新しく、生まれたばかりの学問ということができる。それはあたかも料理と同じであり、同じ材料であっても、調理人や調理方法が異なれば、材料が一緒でも盛りつけや味が変わるのと一緒

である。社会学という独自の調理方法にしたがった新メニューであり、取り揃えている大学も少ない。

　では、他の学問とは何が違うのか。複数の人間の意志、行為や関係がもたらす社会現象や問題を取り扱うという意味では、他の学問と同じである。初期の社会学においては、オーギュスト・コント（仏 1798-1857）やハーバート・スペンサー（英 1820-1903）らは、すべての学問分野を包括する「総合社会学」「百科全書的社会学」ともいわれる考え方をしていたが、ゲオルク・ジンメル（独 1858-1918）はこれを批判し、人々の相互作用の産物としての社会の「社会化」の形式を明らかにする「形式社会学」を提唱し、個別科学、専門科学としての学問の確立を目指し、のちの社会学に大きな影響を与えてきた。

　ただ、理論的にはそうであっても、実際の社会学の対象は他の学問分野と大きく重なってくる。たとえば、医療社会学、教育社会学、家族社会学、犯罪社会学、都市社会学、経済社会学、法社会学……といったように、「社会学」の前に「○○」という領域を加えていくことで、より特化した領域、他の学問分野の領域を扱うことになる。これらは、カール・マンハイム（墺匈／独／英 1893-1947）が示した「連字符社会学（ハイフン社会学）」というもので、社会学的な考え方、分析方法を用いる点では共通しつつも、さまざまな領域を網羅しているし、それぞれが専門特化した領域を作り出している。では、他の学問領域との関係はどうなのであろうか。

　前出の見田宗介は、社会学について「領域横断的」なものではなく、結果的に「越境する知」になるとしており、大切な問題を自らに誠実に追求し続けることでやむにやまれず境界を突破し「領域横断的」になると説明している。その先において、他の分野と融合をしたり、反発をしたりして、相互作用のなかで研究蓄積を続けてきたといえるであろう。

3　「社会学」の仕方

　冒頭でも述べたように、社会に関心を持たなければ社会学はなじめないが、それでは実際にどのように関心を持てばよいのであろうか。実践には「コツ」が必要なので、ここで方法論について簡単に述べておきたい。

　もっとも原初的かつ究極的に言えば、自分の身体能力のすべてを使って、自らの力で社会を把握してほしいし、自分の中に入っているものをすべてさらけ出してほしい。

　ブレーンストーミングでアイデアを出したり、マインドマップを使ってキーワードを書き出したりする方法はあるが、ここでは地理学者で文化人類学者の川喜田二郎（日 1920-2009）が提唱した「KJ 法」という方法を使ってみよう。

　自分の関心のあることを探して、思いを巡らせていると、次々と移りゆく考えのなかで、はじめの頃に何を考えていたかを忘れてしまいやすい。

　そこで、頭の中の考えを具体的に書き出すことによって、外形化していくと整理しやすいが、すぐに文章やメモを書き始めると、その書かれたことに引きずられてしまって、後々で整理できなくなるので、ひとまず、剥がしやすい糊付きの短冊形付箋（ふせん）を使って、一枚に一語、思いつくかぎりキーワードを書き込んでいく。

　次に、その付箋を並べ替えて、似通ったキーワードをまとめてグループ化していくと、まずは大きいグループと小さいグループに分かれていき、そのいずれにも属さない孤立した言葉が残るはずである。

　そのグループ同士の繋がりをみてみると、現時点での関心の広さが面積で表れてくるはずである。そして、そのキーワードが表すなかに関係性が見出され、疑問がフレーズ化してくる。ただ、この時点では、事前に入力され、知っている言葉に限定されているので、そこから様々なツールを使って調べだしていき、疑問をさらに深めていく。

　そのなかで漠然とした「問い」が浮かび上がってくるが、それを「社会学」ではどのように筋道をたてて「答え」を導き出すのか。

　すでに述べたように、「社会学」は科学であるので、単に自分が「○○と思う」ということではなく、客観的に「答え」を出さなければならない。そこには理論から現象へと演繹的につなげて導き出すか、現象から理論へと共通する性質や理論化をもとめる帰納的な導き出し方かの違いはあるが、基本的には他の科学と同様な道筋で明らかにしていくことになる。

　さらに、先行研究の検討を踏まえたうえで、あらかじめ明確化された「仮

説」を調査により検証するもの（仮説検証型）と、漠然とした状況のなかで問題意識や仮説を明確化していき、後の研究のために「仮説」を構築していく探索型（仮説構築型／仮説策出型）で調査していく、二種類におおまかに分けられる。そこで、どのようなプロセスを辿るかを仮説検証型を例にして説明していこう。

　研究の流れにおいて、最も重要なのは「問い」の設定である。ただ、漠然とした「問い」では、莫大な時間と労力を費やしても答えにたどり着けないし、社会現象や問題を漠然と把握するだけでは、事実の報告になってしまう。そこで、「問い」を限定することが必要になってくる。

　イギリスの社会学者アンソニー・ギデンズ（英 1938-）『社会学』の説明を借りていうと、問題を詰めていく手立てとして、①何が起きているかを問う「実態の問い」、②同時代において普遍的に起きているのかという「比較の問い」、③いつから発生して、どのように発達してきたかを問う「発達の問い」、そして④その現象や問題には共通するものがあるのかを問う「理論化の問い」という四段階の問いかけが必要である。

　「ダイエット」を例にして考えてみよう。新聞、雑誌、テレビ、インターネットの記事・番組や広告には、日々、「ダイエット」情報や宣伝がかなり存在していることが確認できるであろう。また、身の回りにも関心を持っていたり、ダイエットに励んでいる人を知っていたり、実際に自分でやってみた経験を持っている人もいるであろう。

　ここで一つの記事（東京新聞 2014（平 26）年 12 月 25 日付朝刊「二極化の風景　温泉付き断食道場　Ⅹマスの炊き出し」）を紹介したい。

　約 7〜12 万円かかる温泉付の断食道場（6 泊 7 日）に女性客の人気が集まる一方で、食べる物に困る 200 人以上の元労働者を支援する炊き出しの様子が報じられている。同じ国（日本）のなかで、一方では食べ過ぎに困り、一方では食べることに困っている状況がある。

　この記事を取り上げたのは、食べられない人たちがいる一方で、食べ過ぎている人たちが大金を払ってまでダイエットをすることを批判するためではない。改善のための高度なプログラムやサービスに一定の費用がかかることは当然であり、一つの最適解である。食べ物が棄てられる「フードロス」が

問題になるほどの日本で、食べ物が偏在していのはなぜなのか、なぜ食べられない人がいる一方で食べ過ぎという「不健康」という状態が生まれるか、ということに関心を向けてほしいからである。そのうえで、先ほど指摘したように、「不健康」でない人たちまで、必要以上のダイエットに駆り立てられるのはなぜか、これが一つの「問い」になる。

　もう一つの例を考えてみよう。NHK「クローズアップ現代」(2015(平27)年10月5日放送)の「ニッポンの女性は"やせすぎ"！？～"健康で美しい"そのコツは～」の報告 (http://www.nhk.or.jp/gendai/articles/3711/index.html　2018年1月8日アクセス) では、日本人女性の8人に1人が痩せすぎであり、第二次世界大戦直後の食糧難よりも低い摂取エネルギーで、過度なダイエットにはげむ女性たちが増えており、本人のみならず、次の世代の健康にも悪影響を及ぼすおそれがあることに警鐘をならしている。

　なぜダイエットがこれほどまでにもすすんでいるのだろうか。先ほどの四段階の問いかけをしていくと、①「ダイエット」情報や宣伝が蔓延しているのはなぜなのだろうか、また、なぜ痩せなければならないのだろうか、どこまで痩せる必要があるのだろうか、②飢えに苦しむ人々がいる一方で、ダイエットを求める人がいるのは、日本でも世界でも同じなのだろうか、③食糧難のときには「ダイエット」はあり得ないはずであるので、いつから「ダイエット」情報が溢れるようになったのだろうか、④「ダイエット」を求めている人々には共通するものがあるのだろうか、となる。

　その結果、「ダイエット」に興味を持っている人は、生命維持に必要な最低限の一定以上の食事を摂取しており、健康状態に関心がありながら時に生命に深刻な悪影響を及ぼすほど体型や体重を気にしている矛盾を抱えた人であると考えられる。

　もちろん、成人病や摂食にかんするトラブルなど、医学上の理由で「ダイエット」を進めなければならない人もいるが、健康な人が必要以上に励む社会現象には謎が隠されている。

　それでは、どのように裏付けていくのか、再びギデンズ『社会学』の説明を借りると、「問題の限定」→「先行研究の検討」→「仮説の明確化」→「調査方法の選定」→「調査結果の分析」→「結果の報告」というルートを

辿っていく。

　ようやく限定された「問い」について、まずは、知的財産権（著作権）という一定のルールに則って、先人たちの苦労を借りていくことが必要である。ただし、先行研究が多すぎるとすでに答えが出ていて独自性を作り出すのは難しいし、少なすぎても手がかりになりにくいという意味で研究がしづらい。でも、あきらめる必要はない。手垢のついた研究分野であっても、現在の社会に妥当性があるかという検証は可能であるし、新しい現象であっても過去の事例を比較することで方向性を探すことができる。

　そのうえで、仮説を明確にし、それを実証するための調査が必要となる。まずは事例の積み重ねで全体像を把握するために質的なデータを求めるか、全体の総量的な傾向を裏付けるために量的なデータを求めるかという違いがある。社会学において、仮説や理論を検証するための主な調査には、インタビューや参与観察によって行われる「エスノグラフィー」や「フィールドワーク」、質問紙などを用いて量的なデータを調査する「統計調査」がある。このほかに一定の条件を設定して、そこに起きる現象を観察する「実験」や、すでに存在する資料や歴史的な史料を分析する「資料（史料）調査」がある。

　ダイエットに励む人々の全体の意識を知りたければ量的調査を実施する必要があるし、ある人々の人生においてのダイエットがもたらす意識変化を知りたければインタビューが必要であろうし、フィットネスジムに通う人々の行動形態を分析したいということであれば、参与観察という方法もあろう。もちろん、ある器具を使えば本当に痩せるのかという「実験」も成り立つが、それは器具の試験であって社会学の対象にはならない。自らの問いや仮説の検証にふさわしい調査方法を選び出し、設計し、実施、分析することで、ようやく「問い」にたいする「答え」が導き出されることとなり、それを報告する。おそらく「ダイエット」にかんする「問い」にたいして何らかの答えがでていることであろう。ただし、「答え」は出したものの明らかにできなかった要素やあらたに発生した「問い」があれば、次の研究プロセスにうつり、同じような方法論で明らかにしていくことになる。

　ここで注意しておかなければならないのは、インターネットやスマートフ

ォンなどにより集積された「ビッグデータ」(コラム参照) によりすでにある
現状を分析する調査方法と、社会学が実施する社会調査とは大きな違いがあ
るということである。

　たとえば、おいしいラーメンを食べてみたいというときに、読者のみなさ
んはどのようなことを考えるであろうか。多くの人は、おいしいと評判のお
店で食べたいと考え、評価サイトやブログの書き込みを活用することが多い
と思う。たしかに、同じ料金を払って食べるのならば、まずいものよりはお
いしいものを食べたいと考えるものであるし、長時間並んでまで失敗したく
はないであろう。多くの人の意見を参考にするのは、すでに経験した人の失
敗を回避したいからである。そのため「おいしい」とされるデータが蓄積さ
れていく。

　しかし、本当に「おいしい」のだろうか。社会学はその「あたりまえ」を
疑ってみる。すでに行動がデータ化しているビッグデータは、すでに存在す
る動向をつかむものであり、現時点で大多数の人たちが「おいしい」と感じ
ているのだから問題はないのかもしれない。「無い物ねだり」かもしれない
が、もしかしたら世の中には存在していないところに新しい味の領域 (真の
「おいしい」) があるかもしれないと考えるからである。

　「おいしい」と感じている人たちがすべて不満を持たずにそう感じている
かというとそうではなく、むしろ、漠然とした味の不満を抱えているかもし
れない。社会学で実施する社会調査では、そうした「無い物ねだり」を想定
しつつ、現象としての「おいしい」ラーメンを分析していくことになる。な
ぜ現状の分析だけでは足りないのか、そのような面倒なことをしなければな
らないのか。

　小さな弾み車が、とてつもなく巨大で集合的な動きへと変動し、社会が思
わぬ方向へと向かってしまうかもしれないからであり、実際にそうなってし
まった歴史があるからである。

　エーリッヒ・フロム『自由からの逃走』(1941) は、第一次世界大戦後、当
時、もっとも民主的とされていたヴァイマール体制にあったドイツで、な
ぜ、ヒトラーが率いるナチスが熱狂的に受け入れられたかを社会心理学的に
分析している。ドイツは敗戦後、インフラの破壊に加え、巨額の戦時賠償等

で国家経済が破綻しており、失業者が多く存在していた。旧秩序からの解放があったにもかかわらず、ヴァイマール体制の「自由」を自らのものとできず、「孤独」感や「無力」感に変質してしまい、そうしたなかで強固な新秩序を与え、喧伝するヒトラーのカリスマ性に惹きつけられた有権者により民主的に、合法的に選出され、後に独裁体制を築いていったと分析している。

　「ラーメンぐらいで大げさな」と思うかもしれないが、もし、「あたりまえ」を疑うことをしなかったら、気付かないままに間違った導きにごまかされるかもしれない。そうした疑問を発する人を非常識だと捉え、非難する社会がなんとなく「あたりまえ」になってしまうし、それを疑うことすら許さなくなるかもしれない。

　身近な現象から社会や世界に疑問をはじめ、投げかけ続けることはめんどうだけれども大事である。読者一人ひとりが自ら何者であるかを探すことになるし、他の人や社会と真剣に向き合うことにもなる。それが可能となる社会学にチャレンジしてみてはいかがであろうか。

コラム　「無料」は本当に「無料」なのか

　インターネットの動画サイトを見ていて、本来ならば有料であるはずの動画が「無料」であることに心を惹かれたり、有料であると忌避したりしてしまうのではないだろうか。また、同じような機能ならば、格安よりも「無料」のアプリ（アプリケーション）に心を惹かれることはないだろうか。

　この本の読者には、すでにアルバイトの経験があって、給料をもらった（ている）経験を持っている人がいるかもしれない。また、将来は大きく稼ぐために、自ら起業したり、安定した大企業に勤めたりすることを目指して進学を目指している人がいるかもしれない。

　なぜ稼ぎたいのかの理由は様々と考えられる。ドイツの社会学者ゲオルク・ジンメル（1858〜1918）が『貨幣の哲学』（1900）でいっているように、私たちは「まだ所有もせずまた享楽しないものを欲求する」のであり、ここにある距離が「価値」を生み、「貨幣」は「価値」ある他人の所有物を「交換」するためにあるという。その「交換」の可能性を高めるために、私たちは日々、稼ぐことを考え、実践しているといってもよい。

　ちょっと難しい説明かもしれないが、何かの目的のために「働いて稼ぐ」はず
だったのにふさわしい対価を得られなければ大きな不満になるし、現に給与や残
業代の未払いなどが社会問題になることがある。

　それでは、私たちの社会で通信手段としてよく使われている SNS（ソーシャ
ル・ネットワーク・サービス）が「無料」で提供されているのはなぜなのだろう
か。SNS というサービスを提供しているのは、個人ではなく、企業である。そ
れらの多くは企画・開発・営業、エンジニアなど大勢の人々が実際に働いてその
成果物としてまとめて提供している。企業はその人たちを雇用したり、外部の協
力会社や個人に業務委託していたりする。当然その労働力や事業活動への対価を
支払わなければならないし、経営者はそれをどこからか融通してこなければなら
ない。カール・マルクス（独 1818-1883）が『資本論』でいう労働力という商品
と経営者の持つ貨幣の交換である。ごくまれに慈善事業や社会貢献で提供されて
いる場合もあるかもしれないが、多くは営利目的のビジネスとして成り立ってい
る。乗客の減少でどんなに惜しまれても赤字ローカル線やバス路線が維持できな
いのと同じように、黒字をつくるビジネスモデルでなければならない。では、鉄
道やバスが有料でも存続できなくて、なぜ SNS は無料でも維持できるのであろ
うか。

　その答えは、利用者のもつ属性や利用動向というデータの価値にある。利用者
がサービスを利用することでデータ入力という膨大な労働力を提供しているし、
自らの個人情報や行動履歴を喜んでデータ化して提供しているということにあ
る。ただ、そうはいっても実際に利用していてそのような意識は持っていないで
あろうし、労働力を提供しているといってもピンとこない。ましてや好んで個人
情報やプライバシーを漏えいさせているとは考えないであろう。

　しかし、実際には利用者が調査の対象になっていて、属性や履歴、行動といっ
たデータが売り買いされていて、そこで利益が上げられるからこそ、実際の利用
者には無料でサービスが提供されていることになる。

　もう少し違った形でいうと、広告放送（CM）を実施して無料で番組を提供し
ている民間放送を考えてみると良い。放送局は莫大な制作費を投入して番組を制
作し、放送しているが、視聴者から直接対価を得ているわけではない。広告主が
広告代理店を通してその放送局の時間枠を購入し、自社製品や役務（サービス）
の宣伝をすることで商業的な情報を提供し、それが視聴者の購買意欲に繋がるこ

とによって間接的に費用を回収するからこそ成り立っているビジネスである。その
ため、視聴者は直接的には費用を支払わなくても番組を見ることができるとい
うモデルが作られてきた。もっとも近年、このビジネスモデルは劇的な環境の変
化に呑み込まれつつある。

　インターネットや SNS などのサービスの多くが無料で提供されているのは、
利用者の属性や利用履歴等のデータが有益な価値を生み出すからに他ならない。
そこで集積される「ビッグデータ」をマーケティングや社会調査の一環として収
集し、利用したい企業等に売却することにより利益を得ているからこそ利用者負
担がなくても無料で成り立っている。利用者は薄気味悪い思いをするかもしれな
いし、そのようなデータ提供を承諾した覚えはないかもしれない。しかし、その
ように提供されるサービスを利用し始める前に、利用者は「同意」を求められて
いる。その「同意」する内容は利用規約に書かれているものの、広範囲で曖昧な
書き方であり、詳細な実態把握は困難といって良い。「同意」がなければ始めら
れなかったり、途中の規約改訂時に利用できなくしまったりするために、利用し
たい人は「同意」せざるを得ないのだが、そこから先は膨大な情報が収集され、
解析され、利用動向が把握される。

　「タダより高いものはない」と良く言われるが、実質的な「無料」の陰には膨
大な利益の取引が隠れている。利用者のデータは、利用者が実際に享受する利益
の数倍から数百倍で売られていると考えた方がよい。そうした実態に抵抗するこ
とができるだろうか。有料で提供されるサービスもそうされていない保証はな
い。多くの場合、利用者は提供事業者の言いなりという非対称な立場に置かれて
いると考えなければならない。自らのデータが販売されたり、利用することで不
利益を被ったりしても、利用者の多くは異議申立をすることが難しい。そのた
め、製造責任を追及する消費者運動や消費者主権を求める社会運動が起きたよう
に、サービス利用者の主権を確立する運動が求められるかもしれない。

参考文献（本文中のほか）
宇都宮京子編『よくわかる社会学〔第2版〕』（ミネルヴァ書房、2009）
奥村隆『社会学の歴史Ⅰ　社会という謎の系譜』（有斐閣、2014）
篠原清夫・栗田真樹編著『大学生のための社会学入門』（晃洋書房、2016）
見田宗介『社会学入門―人間と社会の未来』（岩波書店、2006）
早川洋行編著『よくわかる社会学史』（ミネルヴァ書房、2011）

アンソニー・ギデンズ／松尾精文他訳『社会学〔第 5 版〕』（而立書房、2009）
田中正人編著『社会学用語図鑑』（プレジデント社、2019）

第4章　政治学

第1節　政治学的な視点とは何か

　日本では若年層を中心に「政治離れ」が指摘されて久しく、実際にこの本を手に取っている読者の中にも、政治は遠い世界の出来事で自分には何の関係もないことだと思っている人は少なくないであろう。しかし、その一方で、新聞やテレビで政治に関するニュースを見聞きしない日はなく、ワイドショーなどでも、国政選挙や政争、国際紛争などの大きな政治イベントや、政治家のスキャンダルなどが発生するたびに、それらが大々的に取り上げられる。また、近年はSNS（ソーシャル・ネットワーキング・サービス）の発達によって、誰もが瞬時に政治情報を得ることができると同時に、それを主体的に発信することもできるようになっている。

　このように、「政治離れ」がさかんにいわれる一方で、世間には多様なメディアを通じて、政治に関するさまざまな情報が溢れており、むしろ私たちの身近なところに政治は存在している。しかし、そうした情報の中には、何の根拠も伴わない印象論や、「政治（あるいは政治家）とは、こうあるべきだ」という規範論（べき論）が散見され、私たちの政治に対する理解にも多大な影響を及ぼしている。

　ここで、近年の日本における首相のリーダーシップに関する議論を振り返ってみよう。首相の言動は常にメディアの注目の的であり、個人としての首相は日本で最も有名な人物といっても過言ではない。しかし、首相が政治過程において実際にどれだけリーダーシップを発揮しているかということになると、議論は実に場当たり的である。たとえば、2012年12月の衆議院議員総選挙の結果、2009年9月に続いて再び政権交代が起こり、野田佳彦内閣

（民主党政権）に代わって第 2 次安倍晋三内閣（自公政権）が成立し、それが長期政権になっていくと、首相の権力が強すぎるとして、「安倍一強」、「一強多弱」などという批判が聞かれるようになった。

　しかし、それ以前はどうであったかというと、2006 年 9 月に成立した第 1 次安倍内閣以降、ほぼ 1 年おきに首相が交代したことや、2011 年 3 月に発生した東日本大震災からの復旧・復興が遅々としていたことなどもあって、逆に「決められない政治」が嘆かれ、むしろ首相の強いリーダーシップこそが求められていた。いうまでもなく、首相のリーダーシップはその個人的な資質によるところもあるであろうが、留意しなければならないのは、第 2 次安倍内閣の成立前後に首相の権限を直接強化するような制度上の改革があったわけではないことである。その観点からすると、世間における首相像はあまりにも眼前の政治状況に引きずられたものであるといえよう。

　そうした政治評論的な政治理解とは異なり、政治学では、まず首相がどのような制度的基盤のもとにあるかを正確に理解しようとする。なぜなら、近代的な立憲主義国家においては、権力の抑制という観点から、首相が有する権限は憲法や内閣法などによって明示的に規定されているとともに、首相はそれら諸ルールに則って統治を行わなければならないからである。また、政治学はそのような事実確認だけにとどまらず、ある政治現象がなぜ生じたのかという因果的な推論、すなわち原因の探求を行う。たとえば、仮に「安倍一強」というスローガンが象徴するように、日本の首相が強大な権力を持っているとするならば、なぜ第 1 次安倍内閣も含めて、第 2 次安倍内閣が成立するまでの内閣は短命に終わることが多かったのか。政治学ではそうした問い（リサーチ・クエスチョン）を設定したうえで、それを説明する仮説を導き、客観的なデータに基づいてそれを検証する。

　こうした政治学的分析によって得られた知見は、政治現象に対する理解を深めるものであると同時に、政治のあるべき姿を規範的に議論するうえでの根拠ともなる。また、政治学的なものの考え方を身につけることは、情報化が高度に進展する現在、ますます重要な意味を持つ。情報化社会においては、情報の圧倒的な多さ、複雑さのゆえにかえって主体的に情報を選び取ることが難しく、世間の「常識」に流されやすくなると考えられる。これは何

も政治学に限られたことではないが、政治学を学ぶ重要な意義のひとつは、そうした「常識」を批判的に検討し、主体的に物事を考える力を養うことにある。また、政治学の習得を通じて涵養される論理的な思考力は、研究者になることを目指す読者のみならず、実社会において活躍しようとする読者にとってもきわめて有用な能力であるといえる。

　本章では、主に現代の日本における政治現象を題材として、政治学の基礎的な知見や考え方などを紹介する。ただし、本章のコラムでも指摘したように、政治学と一括りにいっても、それには政治思想もあれば、政治史や地域研究などもある。たしかに、政治現象に対する深い理解を得るうえで、民主主義やリベラリズムなどについて理論的に考えることや、古今東西とまではいかなくとも、戦後の日本や関係国における政治の歴史を知ることは重要である。しかし、それらを網羅的に扱うことはできないため、本章では主に政治制度と政治アクターの行動に焦点をあてて議論を進める。先に触れたように、政治も一定のルールに基づいて行われている以上、まずはその仕組みを正確に押さえることが政治理解の第一歩となるであろう。また、ここでは政治制度論の知見をもとに、政治家や官僚などの政治アクターが制度的な制約のもとでどう戦略的に行動し、その結果として、どのような政治的帰結がもたらされるのかを考察する。

　具体的には、続く第2節において現代日本の統治システムの根幹をなしている議院内閣制に注目し、アメリカの大統領制との比較を通じて、その特質を明らかにする。また、中央政府とは異なる政治システムを採用している日本の地方政府も対象とし、いわゆる二元代表制のもとで地方政府がどのように運営されているのかをみる。第3節では、同じく議院内閣制を採用する日本とイギリスの首相の在任期間を比較したうえで、選挙制度や議会制度にも触れながら、日本の首相のリーダーシップを構造的に抑制する要因について検討する。第4節では、代議制民主主義を実現するうえで不可欠な制度としての議会が、現代社会においてどのような役割を果たしているのかを検討する。また、日本の国会を対象として、その権能と立法過程の特徴を踏まえたうえで、国会が実際にどう機能しているのかを多面的に考察する。

第2節 現代日本の政治制度

1 大統領は強く、首相は弱い？

　日本では、アメリカの大統領は強い権力を持つと一般に広く考えれている。2008年11月のアメリカ大統領選挙において、「チェンジ」を訴えた民主党のバラク・オバマ候補が当選したとき、日本でも変革への期待が大きく高まった。また、オバマ大統領の後任を決める2016年11月の大統領選挙において、環太平洋パートナーシップ（TPP）協定やパリ協定からの離脱、メキシコ国境への壁建設などを主張した共和党のドナルド・トランプ候補が当選したときは逆に国際社会や日米関係の行方を不安視する声が多く聞かれた。

　そこには、アメリカの大統領は強いリーダーシップを持って自らの政策を推進できるというイメージがあり、それとは対照的に、日本の首相は短期間で交代する非力な存在だと思われていた。両者の差がどこに由来するのかといえば、大統領は国民の選挙に基づいて選ばれるために、民意を背景に国政を強力に主導できるが、首相は国民による選挙ではなく、国会から指名される一方、衆議院の内閣不信任決議によって解任されることもあるために、権力の行使に大きな制約があると指摘される。そのため、日本でもアメリカやフランスの大統領と同様に、首相を国民の選挙によって選ぶ首相公選制を導入することによって、首相の権力を強化しようという議論がさかんになったことがあった。2001年から2002年にかけては、小泉純一郎内閣のもとで「首相公選制を考える懇談会」が開催され、その導入の是非が政府レベルでも検討された。

　しかし、アメリカの大統領制と、日本において採用されている議院内閣制の制度的な特徴をそれぞれ正しく理解するならば、「強い大統領」と「弱い首相」というイメージは一面的なものといわざるを得ない。以下、権力の分散と融合という観点から、大統領制と議院内閣制の特徴を浮き彫りにしていこう。

2　大統領制と議院内閣制

　大統領制（presidential system）と議院内閣制（parliamentary system）という二つの代表的な政治システムについて理解するには、近代国家がどのように成立したかを踏まえることが重要である。王権に象徴される絶対権力に対する抵抗を通じて成立した近代国家においては、市民の権利を保障するうえで、いかに国家権力の暴走を防ぐかということが重視された。そのために考え出されたのが国家権力を分割するとともに、それぞれの権力を別々の独立した機関に担当させ、たがいに牽制させることで権力の抑制と均衡（checks and balances）を図るという権力分立の概念であった。その最も一般的な形態が国家権力を立法権（legislative power）、行政権（executive power）、司法権（judicial power）の三つに分割する三権分立であり（行政権については、執政権とも呼ばれる）、現在、民主主義体制を採るほとんどの国においてそれを前提とした統治システムが構築されている。

　ただし、それぞれの権力を担当する機関の間の関係は一様ではなく、権力の運用は民主主義国の中でも大きく異なる。特に権力関係において重要であるのは、立法権を担当する議会と、行政権を担当して行政各部を指揮監督するとともに、国家意思の形成を主導する内閣との関係である。具体的には、権力分立の考えの通りに議会と内閣とを分立させて牽制させるか、それとも権力分立の原則からは逸脱するが、両機関を融合させて一体的、効率的に統治を担わせるかによって、国家統治のあり方は大きく異なることになる。

　大統領制は古典的な権力分立の考えに対して忠実に国家権力を分散させることによって、国家統治のあり方を防ぐために企画された政治制度である。図1に示したように、大統領制においては、行政府の長たる大統領と議会とが別々の選挙によって選出され、両機関の間に信任関係が存在しないことがその大きな特徴となっている。アメリカは大統領制を採用する代表的な国であり、その歴史は1788年にアメリカ合衆国憲法が発効したときにまで遡る。アメリカにおいては、大統領は連邦議会の意思にかかわりなく国民によって（間接的に）選出される一方、上院、下院の両議院からなる連邦議会の議員もまたそれぞれ国民によって選挙される。大統領と連邦議会はともに国民の意思を代表する機関であるため、大統領は連邦議会に対して解散権を行使する

図 1 大統領制

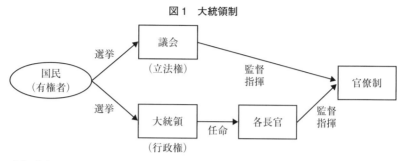

出典：筆者作成。

ことができず、また連邦議会も原則として大統領を解任することができない（ただし、アメリカには大統領弾劾制度があり、大統領は反逆罪や収賄罪などで下院から弾劾訴追を受け、すべての上院議員が裁判官となる弾劾裁判において 3 分の 2 以上の多数によって有罪判決を受けると罷免される）。その間に信任関係は存在せず、両機関は分立的に国家の統治を担うことになる。

　アメリカの大統領については、先述したように、しばしば強いリーダーシップを行使して国政を主導していると考えられるが、もともと大統領には議会多数派の専政を抑止するという役割が期待されていた。そのことは連邦議会が可決した法案に対して、大統領が「拒否権（veto）」を持つことにも表れているが、一方でそれは連邦議会が立法権を占有する中での例外的な措置であり（しかも、議会は大統領の拒否権を両議院の 3 分の 2 以上の多数によって覆すことができる）、法案の提出権や審議権はあくまでも議会に独占され、大統領には法案提出権すら認められていない。また、アメリカでは日本とは異なり、予算も法律の形式をとっており、議会によって立案され、審議のうえで決定される。

　したがって、大統領が大きな改革に取り組む際にはもちろんのこと、日常的な国政運営を行ううえでも議会との協調が不可欠となる。しかし、議会の信任に基づかない大統領を議会が支える保証はなく、仮に大統領が所属する政党が上下両院の多数を占めている状況（これを「統一政府（unified government）」という）においても、大統領が議会の指導部をコントロールできるわけではない。しかも、現実には 1945 年 1 月から 2016 年 12 月までの

72 年間（第 79 議会〜第 114 議会）のうち、統一政府であったのは 28 年間に過ぎず、それ以外の時期は、大統領の所属政党が上下両院の両方、もしくは片方において過半数の議席を持たない状況（これを「分割政府（divided government）」という）であった。この分割政府においては、大統領を支持しない野党が議会の多数を占めているために、大統領が議会の支持を得て政策を推進することはますます困難となる。

　アメリカ国内外から多くの期待を集めて大統領となり、2009 年には「核なき世界」の実現を期待されてノーベル平和賞を受賞したオバマが必ずしもそれに応える十分な政治的な成果をあげることができなかった背景には、その政治家としての資質というよりも、大統領のリーダーシップを抑制する構造的な要因があることを考慮する必要があるであろう。また、その観点からすると、選挙中に過激な主張を繰り広げたトランプが大統領に就任したからといって、何でも意のままにできるとは限らないことを示唆している。以上のように大統領制を理解するならば、首相公選制の導入は首相の権力を強化するよりも、むしろ制度的にはその抑制を図るものであるということができる。

　大統領制に対して、立法権と行政権を融合させることによって、効率的な統治を指向しているのが議院内閣制である。議院内閣制はもともとイギリスにおいて、議会が国王の統治権に制約を加える中で次第に形成され、19 世紀になる頃にはその基本的な原則が確立した。それは議会の信任のもとに首相を長とする内閣が成立し、その存立が議会の支持に依存するというもので

図2　議院内閣制

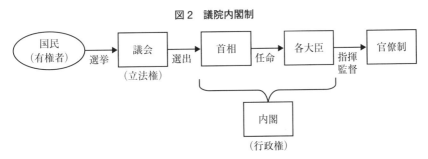

出典：筆者作成。

あり、両機関の間には信任関係が存在する。これは三権分立の理念からは大きく離れているといえるが、図2に示したように、国民から直接付託を受けた議会が内閣を組織し、その内閣が行政各部を指揮監督して統治を担うという権力の委任の連鎖がみられることも議院内閣制の大きな特徴である。

　戦後、日本国憲法の制定によって議院内閣制を採用した日本では、国会が国会議員の中から首相を指名し、その首相が各大臣を任命することによって合議体としての内閣が組織される。先に国会は首相を解任できることに触れたが、通常、首相には国会において多数の議席を占める政党の党首が選出されるため、衆議院の内閣不信任決議案が可決されることは実に稀である。ちなみに、衆議院はこれまでのところ（2020年2月時点）、4件の不信任決議案を可決しているが（具体的には、1948年12月の第2次吉田茂内閣、1953年3月の第4次吉田内閣、1980年5月の大平正芳内閣、1993年6月の宮沢喜一内閣に対する不信任決議）、いずれの内閣もそれを受けて総辞職はせず、衆議院の解散を選択している。

　首相は国会多数派（通常は与党）を掌握しているかぎり、解任されることはなく、むしろその支持を頼りに自らが望む政策を実現する際に必要となる法案を成立させることができる。たとえば、小泉首相は長年の持論であった郵政民営化を実現するため、与党内の激しい抵抗に直面したものの、最終的には2005年10月に郵政民営化関連法案を成立させた。また、安倍首相は2014年7月の閣議決定によって、一定の条件下で集団的自衛権を行使できることを確認し、翌2015年9月には野党やメディアの激しい反発を押し切るかたちで安全保障関連法案を成立させた。これらは、いずれも首相が非常に強いリーダーシップを行使した事例としてあげられるが、議院内閣制における首相の制度的な権力を考えれば、特異な現象とはいえない。

3　地方政府と二元代表制

　このように、日本は中央レベルでは議院内閣制を採用しているが、地方の政治制度はそれとは大きく異なっている。なお、一般に地方自治体もしくは地方公共団体と呼ばれている都道府県と市町村（および市に準ずる扱いを受ける東京都の特別区）について、政治学ではそれらを中央政府（central government）

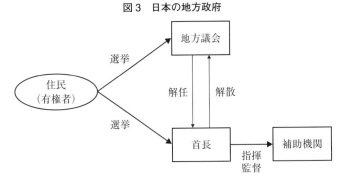

図3　日本の地方政府

出典：筆者作成。

に対して、地方政府（local government）と呼ぶことが多いため、ここではその名称を用いる。地方政府は、議決機関としての議会（地方議会）と、執行機関としての長（都道府県の場合は知事、市町村の場合は市町村長であり、ともに首長と呼ばれる）、およびその補助機関（都道府県庁職員、市役所職員、町村役場職員など）によって構成されている。その制度上の大きな特徴は、図3に示したように、議会だけでなく、首長もまた住民の直接選挙によって選出されることであり（憲法93条2項）、これが国の議院内閣制との最も大きな違いとなっている。このように、住民が直接、議会と首長を選出することによって、二つの機関にその意思を代表させる仕組みを二元代表制と呼ぶ。

　日本の地方政府における二元代表制は、行政部の長が議会によって選出されないという意味で、アメリカの大統領制と類似しているが、一方で議院内閣制的な要素も多分に含んでいることに注意が必要である。第一に、図3にあるように、地方議会は不信任決議を通じて首長を解任することができる。不信任は総議員の3分の2以上が出席する本会議において、その4分の3以上が賛成すると成立し、首長は10日以内に辞職するか、議会を解散するかを選択しなければならない（地方自治法178条）。なお、後者の場合、選挙の後に初めて開かれる議会において、過半数の議員が不信任決議に賛成すると首長は失職する。第二に、首長は単に政策を執行するだけにとどまらず、予算や条例案を作成して、議会に提出することができる。政策推進の主導権は首長にあるといえ、事実、条例のほとんどは首長提案条例である。

　このように、首長は議会との関係でいえば、アメリカの大統領よりも多くの裁量を持つといえるが、一方で政策の推進には、予算や条例の議決権を有する議会との協調が不可欠になる。その際、地方政府においても問題となるのが、首長を支持する勢力が議会において過半数に満たない分割政府の発生である。これはアメリカの大統領制と同じく、有権者が首長と議会とを別々に選出する以上、避けることのできない構造的な問題であり、分割政府においては、いかに首長といえども、議会多数派との妥協を模索しながら慎重に行政運営を行うことを余儀なくされる。

　これに関連して、近年では大都市を中心に首長が自ら政党（いわゆる地域政党）を立ち上げ、積極的に議会の多数を確保しようという動きがみられる。たとえば、2008 年 1 月の大阪府知事選挙において当選した橋下徹は当初、自民党と公明党の協力を得て府政を運営していたが、2010 年 1 月に府と市の「二重行政」を解消するとして公表した「大阪都構想」などをめぐって両党との対立を深めた。それを受けて、橋下は同年 4 月に自身を代表とする大阪維新の会を結成し、翌 2011 年 4 月の統一地方選挙で大きな勝利を収め、大阪維新の会だけで大阪府議会の過半数の議席を確保することに成功した（そのほか、大阪維新の会は大阪市議会と堺市議会でも最大会派となった）。さらに、2012 年 9 月には大阪維新の会を母体として、日本維新の会を立ち上げ、国政にも進出を果たしたが、「大阪都構想」については、2015 年 5 月に大都市地域特別区設置法に基づいて実施された住民投票において、反対票が僅かに賛成票を上回ったために廃案となった。

　また、東京でも、2016 年 7 月の都知事選挙で小池百合子がその出身政党である自民党の推薦候補などを破って当選し、翌 2017 年 7 月の都議会議員選挙に向けて都民ファーストの会を設立した。都民ファーストの会はそれに大勝し、公明党などと併せて与党が都議会の過半数を確保した。周知のとおり、小池もまた同年 9 月に都民ファーストの会を足がかりに希望の党を結党し、都政のみならず国政でも主導権を握ろうと試みたが、翌月の総選挙においてそれを実現するだけの議席を得ることはできなかった。

　このように、近年は国政政党だけでなく、地域政党の動きからも目が離せなくなっているが、その結党もまた二元代表制のもとで首長が戦略的な行動

をとった帰結であったといえる。

第3節　日本の首相のリーダーシップ

1　日本とイギリスの首相

　前節で確認したように、議院内閣制の特徴は立法府と行政府の近さにあり、立法権と行政権とは、議会多数派に支えられた内閣の長たる首相のもとで融合している。しかし、議院内閣制が首相の強いリーダーシップを保証する政治制度であるならば、つぎのような疑問が生まれてくる。すなわち、日本は議院内閣制を採用しているにもかかわらず、すべての首相が小泉や安倍のように長期にわたって政権を担当し、強いリーダーシップを行使することができたわけではないのはなぜかということである。

　表4は日本が議院内閣制を採用した 1947 年 5 月（日本国憲法の施行）以降の日英の首相の一覧である。そこから明らかなのは、日本の首相の在任期間の短さである。日本では多くの首相が 2 年ほどで交代しており、2006 年から 2012 年に至ってはそれが 1 年おきになっている。しばしば、「回転ドア」と揶揄される所以である。また、日本では長期といえる 5 年にわたって内閣を率いた小泉ですら、イギリスにおいては平均的であり、サッチャーやブレアは在任が 10 年を超えている。

　いうまでもなく、在任期間と政治的なリーダーシップとが相関しているとは限らないが、重要政策の実現や社会諸制度の改革には一定の期間が必要となるのも確かであろう。また、政策的な成果をあげることが国民の支持につながり、それが長期政権をもたらすとも考えられる。いずれにしても、首相のリーダーシップを制度的に保証するはずの議院内閣制を採用している日本において、なぜ多くの首相がリーダーシップを行使することもなく退任を余儀なくされたのかを検討していこう。

2　与党問題と強い第二院

　首相のリーダーシップを抑制する要因として、第一に考えられるのは、政党（特に自民党）のまとまり（凝集性）の弱さである。議院内閣制において首

表 4　日英の首相一覧（1947-2020）

日本	イギリス
片山哲（日本社会）：1947-48	クレメント・アトリー（労働）：1945-51
芦田均（民主）：1948	ウィンストン・チャーチル（保守）：1951-55
吉田茂（民主自由→自由）：1948-54	アンソニー・イーデン（保守）：1955-57
鳩山一郎（日本民主→自民）：1954-56	ハロルド・マクミラン（保守）：1957-63
石橋湛山（自民）：1956	アレック・ダグラス゠ヒューム（保守）：1963-64
岸信介（自民）：1956-60	ハロルド・ウィルソン（労働）：1964-70
池田勇人（自民）：1960-64	エドワード・ヒース（保守）：1970-74
佐藤栄作（自民）：1964-72	ハロルド・ウィルソン（労働）：1974-76
田中角栄（自民）：1972-74	ジェームズ・キャラハン（労働）：1976-79
三木武夫（自民）：1974-76	マーガレット・サッチャー（保守）：1979-90
福田赳夫（自民）：1976-78	ジョン・メージャー（保守）：1990-97
大平正芳（自民）：1978-80	トニー・ブレア（労働）：1997-07
鈴木善幸（自民）：1980-82	ゴードン・ブラウン（労働）：2007-10
中曽根康弘（自民）：1982-87	デービッド・キャメロン（保守）：2010-16
竹下登（自民）：1987-89	テリーザ・メイ（保守）：2016-2019
宇野宗佑（自民）：1989	ボリス・ジョンソン（保守）：2019-
海部俊樹（自民）：1989-91	
宮沢喜一（自民）：1991-93	
細川護熙（日本新）：1993-94	
羽田孜（新生）：1994	
村山富市（日本社会）：1994-96	
橋本龍太郎（自民）：1996-98	
小渕恵三（自民）：1998-00	
森喜朗（自民）：2000-01	
小泉純一郎（自民）：2001-06	
安倍晋三（自民）：2006-07	
福田康夫（自民）：2007-08	
麻生太郎（自民）：2008-09	
鳩山由紀夫（民主）：2009-10	
菅直人（民主）：2010-11	
野田佳彦（民主）：2011-12	
安倍晋三（自民）：2012-	

注：括弧内は首相の所属政党を指す。芦田の民主党と、鳩山、菅、野田の民主党は同名ではあるが、何の関係もない別政党である。
出典：筆者作成。

相が強いリーダーシップを行使するための基本的な条件は、国会多数派が首相の統制下にあることである。議院内閣制においては、内閣を支える立場にある与党が国会多数派となっていることがほとんどであり、事実、1955 年11 月の結党以来、1993 年 8 月に非自民、非共産の 8 会派からなる細川護熙

内閣が成立するまで一貫して政権の座にあった自民党はそのほとんどの期間、単独で両議院の多数を占めていた（1955年から1993年までの自民党一党優位体制を「55年体制」という）。その自民党長期政権下においては自民党の党首である総裁が首相に就任していたが、そのすべてが長期政権を樹立し得たわけではなく、特に1970年代には2年ごとに首相が交代した。

　自民党が長期単独政権を維持する一方で、自民党総裁としての首相が頻繁に交代した背景には自民党内の激しい派閥対立がある。そもそも自民党は自由党と日本民主党というライバル関係にあった二つの保守政党が合併（保守合同）してできた政党であるために、当初から党内に派閥的対立を抱えていた。派閥は自民党の総裁・首相を目指す、もしくはそれを経験した有力議員によって率いられ、離合集散を繰り返しながら、1970年代には田中（角栄）派、大平（正芳）派、福田（赳夫）派、三木（武夫）派、中曽根（康弘）派の5つ（それぞれの一字をとって「三角大福中」と呼ばれる）に収斂していった。しかし、派閥対立は激しさを増し、先にもあげた大平内閣に対する不信任決議の可決も、「大福戦争」とも呼ばれた大平派と福田派による党内抗争によって、身内から造反が出たことが原因であった。

　このような派閥対立の中で、首相は派閥に配慮した政権運営を余儀なくされた。その中でも重要であったのが人事であり、自民党の幹事長、政務調査会長、総務会長（以上を党三役という）などの党役員人事はもちろんのこと、本来、首相の専権事項であるはずの閣僚人事も各派閥の推薦リストに基づいて行われた。首相からすれば、あえて自身の人事権を封印しても、派閥の推薦を受け入れる代わりにその支持を取りつけることが政権維持のために重要であった。その意味で、自民党は単一政党でありながら、派閥の連合体としての側面を強く持つ政党であったということができる。

　なお、自民党内において派閥が影響力を持った原因として考えられているのが選挙制度である。自民党長期政権下で衆議院の選挙制度として採用されていたのは、中選挙区制（単記非移譲式投票制 = SNTV）であった。それはひとつの選挙区から基本的に3〜5名の議員を選出する一方で、有権者が投票できるのは1票だけであり、その1票は同じ政党の他の候補者に移譲できないという世界的にも珍しい選挙制度であり、日本ではそれが1925年から一時

期を除いて長く採用されていた。中選挙区制のもとで自民党が単独で衆議院の過半数を占めるには、同一選挙区に複数の候補者を擁立する必要があるため、各選挙区では自民党の候補者同士による熾烈な選挙戦が繰り広げられた。そこでは自民党の公約を掲げても他の自民党候補と差別化を図ることができず、また党本部も特定の公認候補だけを支援するわけにはいかなかったため、自民党の候補者はそれぞれ個人後援会を組織するとともに、たがいに異なる派閥の支援を受けて選挙を戦った。派閥の側としても、選挙支援を通じて勢力の拡大を狙い、他派閥に対して総裁選や人事などで優位に立とうとした。

　ただし、派閥が中選挙区制という選挙制度を前提とするものであったとすれば、その変更は派閥の影響力にも大きな変化をもたらす。実際、1994 年に細川内閣のもとで実現した政治制度改革によって、選挙制度が中選挙区制から小選挙区比例代表並立制に代わると、派閥の力は急速に失われていった。特に、ひとつの選挙区から 1 名の議員を選出するという小選挙区制の導入は総裁や、選挙を指揮する幹事長など、それまで派閥の合従連衡のもとにあった自民党の執行部の影響力を増大させた。すなわち、小選挙区制では 1 議席をめぐって、各政党が候補者を一人に絞り込んで選挙を戦うために、同じ政党の候補者による同士討ちはなくなり、選挙は基本的に政党間の争いとなる。そのなかで相対的に最も多くの票を得て当選するには、主要政党の公認候補になって、その全面的な支援を受けることが前提となり、その際、誰に公認を与え、どれだけの資金援助を行うかを決定する党執行部が党内で強い影響力を持つことになる。また、政党間競争が基本の選挙では、党の公約に加えて、党首に対する有権者のイメージが重要な意味を持つため、選挙において党首が果たす役割が大きくなる。

　このように、1990 年代の選挙制度改革は派閥の存立基盤を切り崩す一方で、政党の凝集性を高め、通常、国会多数党の党首を兼ねる首相の権力を大きく強化することに貢献した。小泉首相が派閥の推薦を受けつけることなく閣僚人事を断行することができたのも、また 2005 年 9 月の総選挙 (いわゆる「郵政選挙」) において、郵政民営化に反対する自民党議員を公認せず、その選挙区に「刺客候補」を送り込むことができたのもその改革があったればこ

そであった。

　しかし、日本には首相のリーダーシップを構造的に抑制する第二の要因がある。それは第二院としての参議院の強さである。日本はイギリスと同様に、二院制（bicameralism）を 1890（明治 23）年 11 月の議会開設時から採用し、現行憲法下でも第一院としての衆議院と、第二院としての参議院という二つの議院によって国会を構成させているが、その制度的な権力は日本とイギリスで大きく異なる。イギリスの第二院は貴族階級を代表し、非公選の議員によって構成される貴族院（house of lords）であり、当初は国王および第一院の庶民院（house of commons）とともに主権を共有する主体であったが、民主化の進展とともに権限を縮小されていった。特に、1911 年議会法によって貴族院は立法上の拒否権を失い、庶民院が可決した法案の成立を引き延ばせるだけとなった。

　一方、日本においても参議院に対して衆議院が優位にあることを意味する「衆議院の優越」が指摘されている。たしかに、現行憲法は、①首相の指名（67 条 2 項）、②予算の議決（60 条 2 項）、③条約締結の承認（61 条）に関して、参議院が衆議院と異なる議決を行った場合、一定期間内に両院協議会においても意見の一致をみなければ、衆議院の議決を国会の議決とみなすと規定している。また、内閣に対して法的効果のある不信任決議を行うことができるのは衆議院に限定されている（69 条）。

　しかし、法律の制定に関しては、憲法はあくまでも両議院における可決を原則とし（59 条 1 項）、仮に衆議院の可決した法案を参議院が否決した場合、衆議院の再可決によってそれを成立させるには、出席議員の 3 分の 2 以上の多数による賛成を求めている（59 条 2 項）。このことは、衆議院においてその多数派が形成されないかぎり、参議院が立法上の拒否権を持つことを意味する。その多数派形成は実際には容易ではなく、たとえば、戦後、単独で衆議院の 3 分の 2 を超える議席を有した政党は存在しない（2020 年 2 月時点）。また、立法における両議院の対等的な関係は、予算と条約に関する衆議院の議決の優越規定を実質的には意味のないものにする。すなわち、実際に予算を編成し執行するには、赤字国債を発行するための特例公債法案など、その裏づけとなる予算関連法案の成立が不可欠であり、条約を発効させるうえにお

いても国内関連法案の整備が必要になる。

　このように、参議院は一般に考えられているよりも強い権限を憲法によっ
て制度的に保障されている。しかし、首相のリーダーシップとの関連でいう
ならば、より重要な問題は、参議院が首相を中核とする内閣と信任関係を結
んでいないことにある。先述したように、首相の指名に関しては、衆議院の
議決が参議院のそれに優越しているため、内閣は参議院の支持、不支持にか
かわらず、衆議院の支持のみで成立し得るが、それを失えば、たちどころに
存立の基盤を失う。衆議院選挙が政権選択選挙といわれる所以である。それ
に対して、内閣は解散権の行使で衆議院に対抗することができるが、参議院
に対してはそれが及ばない。議院内閣制は議会と内閣の間に信任関係が存在
することを大きな特徴とするが、それは内閣と衆議院との関係において成り
立つことであり、参議院との関係はむしろ大統領制における大統領と議会の
関係に類似している。

　ここでみえてくるのは、内閣と参議院の不均衡な関係である。つまり、参
議院は内閣に対して法的効果のある不信任決議を行うことはできないが、内
閣からも解散されることなく、議員は 6 年間の任期を保証されている。その
一方で、参議院は強い立法権限を行使することによって、国政運営に不可欠
な法案だけでなく、内閣の命運が懸かった重要法案の成立も阻むことができ
る。政治的に行き詰まった内閣は総辞職する可能性が高いため、参議院は制
度のうえでは直接、首相や大臣を解任することはできないものの、事実上、
その存立を左右することができる存在といえる。ここでも何度か言及した郵
政民営化を実現するための関連法案は、一度は与党から造反が出たことによ
って、2005 年 8 月に参議院の本会議で否決された。それを受け、小泉首相
は国民に郵政民営化の是非を問うとして、衆議院を解散し、総選挙に大勝す
ることで結果的にこの危機を乗り越えることができたが、仮に選挙に敗北し
ていた場合、内閣の存続は見込めなかったと思われる。

　また、2007 年 9 月以降、首相が一年おきに交代した背景には、同年 7 月
の参議院選挙において発生した「分裂議会 (divided Diet)」の常態化がある。
分裂議会とは、衆議院の多数を占める与党が参議院においては過半数の議席
を持たない国会状況を指し、一般には「ねじれ国会」とも、「衆参ねじれ」

とも呼ばれている。そこでは、内閣を支持しない野党が参議院の多数派となって議事運営を主導しているため、内閣が参議院から閣法（内閣提出法案）に対する支持を得ることは、衆議院とともに参議院の多数を与党が占める「一致議会（unified Diet）」の状況と比較して容易ではない。これはアメリカの分割政府とよく似た政治状況といえるだろう。

　いずれにせよ、現在の日本の統治ルールにおいては、衆議院の多数を確保して内閣を組織したとしても、参議院の多数を確保しなければ、法案が国会を通過する保証はなく、国政運営に大きな支障が出ることになる。その意味で、日本の議院内閣制は権力の融合を基本としながらも、参議院という権力分散的な制度を内包しているといえる。

3　「強い首相」の条件とは何か

　ここまで日本の首相のリーダーシップを構造的に抑制する要因について検討してきたが、それは逆に日本の首相がどのような条件のもとでリーダーシップを発揮できるのかを明らかにしている。

　第一の条件は、自身が率いる政党、すなわち与党から全面的な支持を取りつけることである。これは 1990 年代の選挙制度改革の結果、党首への集権化が進んだために、比較的容易になったといえるが、2009 年 9 月に誕生した民主党政権はかつての自民党政権と同様、激しい党内対立に苦しんだ。その結果、民主党政権下では 2010 年 6 月に鳩山から菅、2011 年 9 月には菅から野田と、毎年首相が交代したうえ、与党議員の支持を得る手段として、内閣改造（閣僚の交代）が繰り返された。それにもかかわらず、2012 年 7 月、消費税率の引き上げなどをめぐって民主党は分裂に至り、同年末に野田首相は衆議院の解散・総選挙に打って出たが大敗し退陣を余儀なくされた。政治主導を実現するうえで与党内の結束がいかに重要であるかは、民主党政権の挫折から学ぶべき教訓のひとつである。

　第二の条件は、総選挙だけでなく、参議院選挙でも勝利して、両議院で多数を確保することである。これは庶民院の選挙しかなく、その任期も 5 年と長いイギリスと比較してきわめて厳しい条件といえる。衆議院の任期は 4 年であるが、基本的に衆議院は任期途中で解散されており、総選挙から 2 年を

超えると、いつ解散されてもおかしくないというのが政界の常識となっている。それに加えて、日本では3年ごとに参議院議員の半数改選がある。そのため、近年はほぼ毎年、衆議院か参議院の選挙が行われており、そのすべてに勝利しなければ政権交代が起こるか、もしくは分裂議会の状況になる。

　このように、首相が強いリーダーシップを行使するうえで前提となる条件を整理してみると、2012年12月の政権交代以来、安定的に政権を運営することに成功し、2019年11月には通算在職日数が歴代最長となった安倍首相は二つの条件をともにクリアしていることがわかる。

　まず、安倍の憲法観や安全保障政策などには賛否両論あるものの、自民党内に総裁である安倍に対して批判的な立場をとる派閥はほとんど存在せず、2015年9月の総裁選では安倍が無投票で再選された。また、本来、自民党総裁の任期は党則によって2期6年とされ、安倍の自民党総裁としての任期は2018年9月までとなっていたが、2017年3月の自民党大会でそれを3期9年に変更することが決まり、2018年9月の総裁選では安倍が石破茂を破って3選を果たした。つぎに、安倍は2012年12月の総選挙に大勝して以降、2013年7月の参議院選挙、2014年12月の総選挙、2016年7月の参議院選挙、2017年10月の総選挙、2019年7月の参議院選挙にいずれも勝利し、常に与党で両議院の過半数の議席を占めることに成功している。

　約7年の間に6度の国政選挙に連勝することは至難の業といえるが、これは現在の日本で首相が長期にわたって政権を維持し、リーダーシップを行使することの難しさを示している。また、そのことは、「安倍一強」といわれる安倍政権であっても盤石な政治的基盤が常に保証されているわけではなく、政権を維持しようとするかぎり、絶え間なく有権者の審判を仰がなければならないことも意味しているのである。

第4節　現代民主主義と議会

1　行政国家化と議会

　ここからは、民主主義における基幹的制度である議会について考えよう。民主主義を国民の意思に基づいて国家統治を行うことと捉えるならば、国民

を直接代表する議会の役割はきわめて大きい。すなわち、民主主義において
は、国民から直接選出された議員によって構成される議会こそが国政を主導
すべきであるとされており、そこでは、議会が自ら公共政策を立案して決定
し、それを行政部が忠実に執行するというモデルが想定されている。また、
政治学においても議会が行政部、とりわけ官僚制に対して、どれだけ民主的
統制を加えられているかが重要な研究課題とされている。ところが、日本の
みならず、強力な連邦議会を持つアメリカにおいてさえ、「議会政治の危機」
が叫ばれて久しい状況にある。ここでは、まず先進民主主義諸国における議
会の位置づけを歴史的に振り返ることとしよう。

　市民革命を経て近代国家が成立した当初、議会の力は強大であった。イギ
リスでは、議会が君主から統治権を徐々に奪っていく過程において、ついに
は「議会主権」が確立し、議会はその他の国家機関よりも優位な地位を占め
た。また、イギリスから独立したアメリカにおいても、ジェームズ・マディ
ソン（1751-1836）やアレクサンダー・ハミルトン（1755-1804）をはじめとする
憲法制定者たちは、議会の多数派による専政を危惧して、きわめて権力分散
的な統治システムを設計した。

　その当時、議会が国政を主導することができた背景には、それが革命にお
いて果たした役割も関係しているであろうが、政府の活動範囲が相対的に限
られたものであったことも考慮されなければならない。近代国家は市民の私
的領域に介入した絶対王制を打倒することによって成立したために、その役
割は国防や治安維持などに限定されていた。そうした「小さな政府」におい
ては、その言葉の通り、政府の規模自体が小さく、たとえば、建国当初のア
メリカの行政組織は国務、財務、国防の 3 省を備えるのみであったという。
そのような状況において、議会が国家の政策を直接、立案して決定し、それ
を行政部が忠実に執行するという統治が実現した。

　しかし、市場経済の発達は政府のあり方を劇的に変化させる契機となっ
た。それは国の工業化を飛躍的に進展させる一方で、経済問題、労働問題、
環境問題、富の偏在など、さまざまな社会経済問題を惹起した。その中で
も、不況の長期化および深刻化は多くの失業者を生み出し、資本主義体制の
根幹を揺るがした。特に、1929 年 10 月のニューヨーク証券取引所の株価大

暴落を引き金として大恐慌が発生すると、政府は従来からの市場経済に不介入の立場を保つことが許されない状況となった。

大恐慌に対して、アメリカではフランクリン・ローズヴェルト大統領がケインズ主義的なニューディール政策を実施して、国民生活の救済や経済復興などにあたった。それが一定の成果を得てからは、市場経済を採用する国においても政府がマクロ経済に積極的に介入し、その安定を図ることがいわば常識となった。また、20世紀に勃発した二つの世界大戦も、それが職業軍人のみならず、一般国民をも動員する総力戦の形態をとったために、政府が国民生活に直接介入するきっかけとなった。

このように、急速に国家の役割とそれに対する国民の期待とが増大するなかで、公共政策は著しく複雑化、専門化していった。議会は多くとも数百人規模の構成員しか持たず、また皆が政策のスペシャリストであるとは限らないため、その変化に十分対処することが不可能であった。一方で、国家が経済問題や社会問題にも積極的に関与する「大きな政府」へと変貌してゆくのに従って、その行政部は拡張されていき、アメリカでもローズヴェルト政権下で大統領直属のホワイトハウス・オフィスが整備されるとともに、現在の中央省庁体制の基礎が形成された。また、官僚制がその専門的技能や組織力を活かして政策執行だけでなく、政策の企画・立案や利害調整なども担当するようになり、政策形成過程において果たす役割を増大させた。そうした中で、行政部が議会に対して相対的に優位に立っている国家のことを「行政国家（administrative state）」と呼ぶようになった。

2 議会の類型

第二次世界大戦後、先進民主主義諸国において一般にみられた行政国家化の進展は、たしかに国の政策形成過程における行政部の影響力拡大をもたらす一方，議会がそこで直接的な役割を果たす余地を狭めた。しかし、議会の成り立ちは国によって多様であり、またその機能は憲法や議会関連法など、議会の活動を規定する諸ルールや、選挙制度や執政制度など、議会以外の政治制度との関係によって異なるものとなる。そこで、ここでは現代の政治過程において議会がどのような役割を果たすのかについて、アメリカの政治学

者であるネルソン・ポルスビーによって提唱された議会類型論をみておこう。

　ポルスビーは議会を大きく変換型とアリーナ型とに分けて論じる。まず、変換型とは、議会が積極的に社会に存在する多様な要望を吸い上げ、それを政策としたうえで法律に「変換」するという機能を果たす。議会はまさに「立法の府」として立法を主導しており、その典型として、アメリカの連邦議会があげられる。第 2 節でも述べたように、アメリカの大統領制は権力の分散を特徴としており、大統領には法案の議会提出権すら認められておらず、議会が独占的に立法権を行使する。そのため、アメリカではすべての法案が議員提出、いわゆる議員立法であり、法案は分野別に設けられた常設の委員会において審査され、そこでほとんどが不成立となり、かろうじて議会を通過した法案も多くは修正を免れない。近年、アメリカにおける法案の成立率は 5 ％を下回っており、特にオバマ政権期においてそれは 3 ％前後で推移した。

　つぎに、アリーナ型とは、議会が与野党による政策論争の舞台となって、国民に政策的な争点を明らかにするという機能を果たす。そこで立法を主導するのは内閣であり、議会は「言論の府」としての側面が強くなっている。その典型としては、イギリス議会があげられ、イギリスは権力の融合を特徴とする議院内閣制を採用している。そこでは、議会多数派（通常は与党）によって組織される内閣の各大臣が法案を議会に提出し、与党の支持をもとにそれを効率的に成立させる。それに対する野党は通常、数で与党に劣っているために、法案の成立を妨げることは難しい。それよりも野党は議会での論戦を通じて、内閣の法案の問題点を指摘したり、対案を提示したりするなどし、次期選挙に向けて国民の支持を得ようとする。議会はさながら与野党が次の政権の座をめぐって、競い合う「アリーナ（闘技場）」となっているのである。

　では、この二つの議会モデルを踏まえたうえで、日本の国会はどのように位置づけられるのかを検討しよう。日本はイギリスと同様に議院内閣制を採用しているために、その国会はアリーナ型の要素を多分に含んでいる。具体的には、日本でも内閣が積極的に立法を推進しており、閣法が提出件数、成

立件数ともに議員立法を大きく上回っている。また、野党は国会での予算や法案の審議を最大限利用して、政府・与党の政治姿勢やその政策の問題などを追求し、有権者の支持を自党に向けようと腐心している。

　しかし、日本は1945年の敗戦後、アメリカを中心とするGHQの統治下において、新憲法や国会法を制定し、議会を帝国議会から国会に転換させた。そのため、日本の国会には、アメリカの連邦議会にみられるような変換型の機能も少なからず組み込まれている。たとえば、国会には各省庁に対応するかたちで両議院にそれぞれ常設の委員会が設けられ、法案審議は本会議中心から委員会中心のものに変化した。衆議院には、内閣、総務、法務、外務、財務金融、文部科学、厚生労働、農林水産、経済産業、国土交通、環境、安全保障、国家基本政策、予算、決算行政監視、議院運営、懲罰の17の常任委員会があり（2020年2月時点）、国会に提出された法案は所管の委員会において実質的に審査され、原則、そこで可決されたものが本会議に上程されることとなった。

　また、国会は内閣がその議事運営に直接関与することを厳しく制限している。すなわち、内閣は国会に法案を提出することはできても、ひとたび国会へ提出したのちは、イギリスのように議事手続きに介入することはもちろん、それを自由に修正したり、撤回したりすることも許されていない。その結果、日本の国会はアリーナ型の議会と比較して、内閣に対し高い自律性を持つことになった。このように考えると、日本は議院内閣制を国家統治の基本としながらも、アリーナ型と変換型、双方の要素を併せ持つ混合型の議会を置いているということができる。

3　国会の権能と立法過程

　以下では、主に日本の国会を対象として、それがどのような権能を有しているのかを整理したうえで、日本の立法過程を概観し、その特徴を浮き彫りにしていく。

　日本国憲法は前文において、「日本国民は、正当に選挙された国会における代表者を通じて行動」すると宣言したうえで、国会を「国権の最高機関」に位置づけている（41条）。国会がその他の国家機関よりも上位に位置づけ

られているのは、国会が主権者たる国民を直接代表しているという正統性の高さに由来するものであり、実際、国会にはそれに相応しい権能が付与されている。

　第一に、国会は行政部の権力行使に正統性を付与する。先にも述べたように、国会において成立する法案のほとんどは内閣によって提出された閣法であるが、その成立には「国の唯一の立法機関」としての国会の議決が不可欠となる (59条)。また、国政を担う内閣には、予算の作成権 (73条5号) と条約の締結権 (73条3号) が付与されているが、国会は予算の議決権 (86条) と条約締結の承認権 (61条) を行使して、両者に民主的な統制を加える。さらに、日本銀行総裁や公正取引委員会委員長、NHK 経営委員会委員など、主要な公的機関の幹部は政府が任命することになっているが、それには両議院の同意が必要とされている (国会同意人事という)。

　第二に、国会は政府を形成する。これまでに詳しく述べたように、国会は国会議員の中から首相を指名することを通じて (67条)、内閣を生み出すとともに、衆議院が内閣に対して法的効果を伴う不信任決議権を持つことによって (69条)、内閣を実質的に統制する。その他にも、国会には国政調査権 (62条) や弾劾裁判所の設置権 (64条)、憲法改正の発議権 (96条) など、国政に関わる重要な権能が備えられている。なお、憲法改正の発議には、両議院において総議員の3分の2以上の賛成が必要とされており、1947年5月の憲法施行以降、これまでに一度もそれが発議されたことはないが (2020年2月時点)、2016年7月の参議院選挙において、安倍首相を支える与党に、憲法改正に積極的とされる野党を加えた議席が参議院の3分の2を超え、さらに翌年10月の総選挙でも与党が3分の2以上の議席を確保したことで、国会による発議がそれまでになく現実味を帯びた。

　以上のように、国会にはさまざまな権能が憲法によって制度的に付与されているが、国会は立法府とも呼ばれるように、法律を制定することがその主たる役割である。では、現代の日本で法律はどのように作られているのであろうか。

　まず、国会に法律案を提出できるのは、両議院の議員と内閣である。衆議院議員提出法案 (衆法) と参議院議員提出法案 (参法) をあわせて議員立法、

図5 閣法の立法過程（衆議院先議の場合）

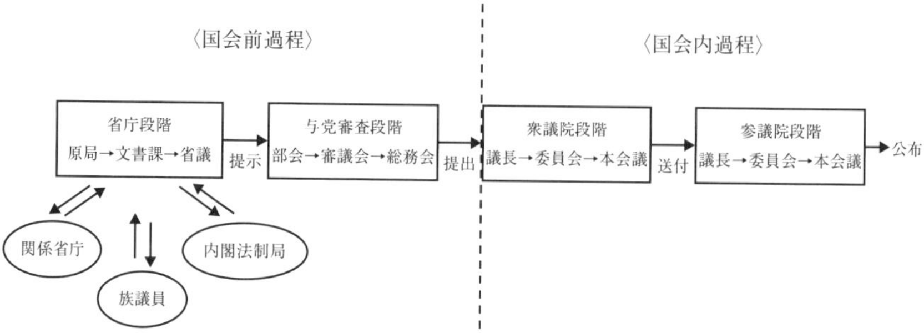

〈国会前過程〉 〈国会内過程〉

```
┌──────────┐    ┌──────────┐   ┌──────────┐   ┌──────────┐
│ 省庁段階   │    │ 与党審査段階 │   │ 衆議院段階  │   │ 参議院段階  │
│原局→文書課→省議│提示│部会→審議会→総務会│提出│議長→委員会→本会議│送付│議長→委員会→本会議│→公布
└──────────┘    └──────────┘   └──────────┘   └──────────┘
```

```
┌────────┐        ┌────────┐
│ 関係省庁 │        │ 内閣法制局 │
└────────┘        └────────┘
        ┌──────┐
        │ 族議員 │
        └──────┘
```

出典：筆者作成。

内閣提出法案を閣法とそれぞれ呼ぶ。なお、議員立法はひとりの議員では行えず、衆議院では 20 名以上（予算が伴う法案については 50 名以上）、参議院では 10 名以上（同じく 20 名以上）の賛成がそれぞれ必要とされる。両議院で要件が異なるのは定数の違いにより、衆議院の定数が 465 であるのに対して、参議院は 248 である（2020 年 2 月時点）。

　一般には、法案が国会に提出されてから立法過程がスタートすると考えられているが、特に閣法の立法過程には、図 5 に示したように、その前段階として、法案が国会に提出されるまでの国会前過程が存在し、そこが法案の成否に大きく関係している。通常、閣法は政策分野ごとに所管の省庁によってその原案が作成される。所管省庁は法案に関係している他の省庁や、族議員と呼ばれて、特定の政策分野に強い影響力を持つ国会議員などとの調整を通じて原案を完成させる。関係者間の利害調整が終わって原案ができあがると、それは内閣法制局によって、条文の表現や現行法制との整合性などに関して、主に立法技術的な観点から審査を受ける。

　こうした行政部内の手続きを終えても、法案はまだ国会に提出されない。閣法は内閣の閣議決定を経て国会に提出されるが、閣議に先立って与党による審査を受けることになっている。このいわゆる与党事前審査は自民党長期政権下において確立した制度的慣行であり、閣法は与党たる自民党の政務調査会（政調）の部会および審議会、そして総務会の了承を得たうえで閣議に付される。このことは、与党が法案に同意しなければ、内閣はそれを国会に

提出できないことを意味し、与党は法案に対する拒否権を通じてその内容に
も実質的な影響を及ぼすことができる。

　こうした与党による事前審査制の定着には、前に指摘した日本の国会制度
が大きく関係していると考えられている。すなわち、内閣はひとたび法案を
国会に提出したのちは、それを自由に修正することもできないため、閣法を
実質的に作成している各省庁の官僚としては、国会運営の任にあたる与党を
重視せざるを得ず、閣法の国会提出に先立って与党に根回しを行い、その同
意を事前に得ておくことがきわめて重要になるのである。

　与党による事前審査を経て、その了承を得た閣法はようやく内閣によって
閣議決定され、国会に提出される。ここからの立法過程を国会前過程に対し
て、国会内過程という。内閣は衆議院、参議院のどちらに法案を提出しても
よいが、予算に関連する法案（予算関連法案）や重要法案のほとんどは衆議院
を先議院として国会に提出されている。先に法案を審議する議院の議長はそ
れを所管の委員会に付託する。委員会での法案審査は基本的に趣旨説明、質
疑、討論、採決の順に進められる。また、法案によっては公聴会や参考人か
らの意見聴取などが実施されることもある。委員会を通過した法案は本会議
に上程され、委員長報告や討論を経て採決される。本会議で可決された法案
は後議院に送付され、そこでも先議院と同様の審議過程を辿ることになる。
後議院においても可決されると法案は成立し、天皇によって公布される。

　こうした国会における法案の審議日程や議事手続きは、両議院とも常任委
員会のひとつである議院運営委員会によってそれぞれ決定されるが、実質的
にはそれに先立って行われる各党の国会対策委員会（国対）による折衝が重
要となる。そこでは、閣法の早期成立を図ろうとする与党国対と、それを阻
もうとする野党国対とが激しい「日程闘争」を繰り広げる。なぜそこで日程
が重要な意味を持つかというと、国会での法案審議には大きな時間的制約が
課せられているからである。そもそも日本の国会は一年中開かれているわけ
ではなく、会期制を採っており、予算や法案の審議は基本的にその会期内で
行われる。しかも、その会期は比較的短く区切られており、毎年の召集が憲
法によって義務づけられ（52条）、次年度の国の本予算などを審議する常会
（通常国会）の会期は国会法で 150 日と決まっている（ただし、常会の場合、一回

に限って会期を延長することができる）。また、衆議院の解散に伴う総選挙の直後には特別会（特別国会）を開かなければならないが（54条）、毎年ほぼ一回、内閣の必要に応じて召集される臨時会（臨時国会）と同様に会期はそれほど長くない。さらに、会期中であればいつでも本会議や委員会を開くことができるわけではなく、たとえば、衆議院本会議の開催は火、木、金、参議院本会議のそれは月、水、金というように、委員会の開催にもそれぞれ定例日が設けられている。

　このような窮屈なスケジュールに加えて、大きな問題となるのが、「会期不継続の原則」である。それは「会期中に議決に至らなかった案件は、後会に継続しない」（国会法68条）というものであり、会期のうちに成立しなかった法案は審議未了によって廃案となる。ただし、各議院の委員会は本会議の議決によって特別に認められた法案については国会閉会中も審査を続け、つぎに召集される国会に継続させることができるが（これを衆議院では閉会中審査、参議院では継続審査と呼ぶ）、それでも法案の成立は大きく遅れるため、内閣および与党としてはできるかぎり、閣法を会期内に成立させようとし、それに対する野党は審議の拒否や引き延ばしなどによって時間切れに追い込もうとする。

　そうした与野党の駆け引きが国対を通じて展開されてきたが、国対政治に対しては、その交渉過程が公的な議事録に残されるわけではないために、与野党間で不透明なやりとりが交わされているのではないかという批判や、それが法案の内容よりも、その審議スケジュールをめぐって争っているのではないかという批判が向けられている。それにもかかわらず、依然として国対が立法過程において重要な役割を果たしている背景には、裏舞台での交渉の方が与野党双方にとって政治的な駆け引きを行いやすいという側面がある。また、そうした「ウラ」での交渉があればこそ、「オモテ」の国会審議がスムーズに進行するということもあるが、一方でそれが「オモテ」における質疑や討論を低調なものにしているとの批判は根強い。

4　国会は機能しているか

　ここまでの議論を踏まえたうえで、日本の国会が実際に立法過程において

どれだけ機能しているのかを、相対する学説を比較する中で多面的に検討していこう。

　先にも確認したように、日本の国会は主権者たる国民を直接代表する機関であり、また憲法によって「国権の最高機関」に相応しい権能を制度的に付与されているが、国会がそれに応えるだけの機能を実際に果たしているかについては厳しい目が向けられている。特に、20 世紀以降の行政国家化の進展に伴って、国家の役割が複雑化、専門化している中、日々選挙に忙しく、政策には素人であることが多い政治家がその専門家集団たる官僚制を適切に指揮して、立法を主導できているのかという疑念が持たれている。また、近年、マスメディアなどを通じて、政局の裏舞台や政治家をめぐるスキャンダルが次々と明るみになっていることも、国会に対する評価を下げる大きな要因となっている。

　たしかに、日本では中央省庁の官僚が国政全般を主導していると一般に広く考えられている。テレビドラマ化されるなど、社会的にも話題となった城山三郎の政治小説、『官僚たちの夏』に登場する「国士型」の官僚をイメージする人もいるかもしれない。また、学説上も国会は官僚が作成した閣法に「お墨付き」を与えているに過ぎないという国会無能論（ラバースタンプ論ともいわれる）が根強く、それは官僚主導論と表裏をなしている。そうした国会無能論の根拠は以下のようにまとめられる。

　まず、国会に提出される法案の多くは、各省庁の官僚が原案を作成し、内閣が提出する閣法である。第 1 回国会（1947 年）から第 195 回国会（2017 年）までの 70 年間で、新規に国会に提出された閣法は 9,908 件であるのに対して、議員立法は 5,699 件となっている。また、国会において成立する法案の大半は閣法である。具体的には、国会に提出された閣法のうち、8,432 件が国会を通過して成立し、その成立率は 85.1% であるのに対して、国会に提出された議員立法のうち、成立したのは 1,552 件であり、その成立率は 27.2% にとどまっている。しかも、国会で成立した閣法のほとんどは原案のとおり国会を通過しており、衆議院が修正を加えた閣法は 1,435 件（国会に提出された閣法の 14.5%）、参議院が修正した閣法については 481 件（同じく 4.9%）に過ぎない。

　これらを証拠として、国会無能論は国会が期待された役割を果たしていないと批判し、議員立法の活性化や国会改革などを求めている。なお、前者に関して、アメリカの連邦議会を念頭に、議会事務局や政策担当秘書などの立法スタッフを拡充することによって、議員立法を増やすべきであるとの声がしばしば聞かれる。しかし、これまでに何度も指摘したように、厳格な大統領制を採用して、政府立法を認めないアメリカの制度を部分的に導入することが適切であるとは思われない。

　むしろ、1980年代以降の国会研究では、日本の国会制度を踏まえたうえで、通説的な地位を占めていた国会無能論に対し、国会は立法過程において大きな役割を果たしているという国会機能論が主張されるようになる。その代表的なもののひとつに、粘着性論（ヴィスコシティ論ともいわれる）がある。それはそもそも日本の閣法の成立率を高いとは捉えず、逆に、議院内閣制を採用している日本では内閣を支え、その政策を推進する立場にある与党が国会において基本的に多数の議席を占めていることから、すべての閣法が国会を通過しても不思議ではないと考える。粘着性論からすれば、それにもかかわらず、図6に示されているように、自民党が単独で両議院の多数を確保

図6　閣法の成立率の推移

注：審議結果は新規提出法案のみを対象とし、継続法案は含めていない。
出典：参議院議事部議案課「議案審議表」（第1回国会〜第195回国会）をもとに筆者作成。

し、長期政権を維持していた「55 年体制」下においてさえ、1970 年代を中心に閣法の成立率が 8 割を下回ることが珍しくないことの方が問題だというのである。

その観点からは、国会は容易に閣法を通過させてはおらず、十分に行政部に対するチェック機能を果たしていることになる。このことは、国会において通常、数で劣る野党が大きな影響力を持っていることを意味しており、粘着性論はその理由をつぎのように説明する。すなわち、日本の国会には、先に述べた会期制の他にも、二院制、委員会制、議事運営における全会一致の慣行など、「会期不継続の原則」の中で法案審議に時間的な制約を課す制度があることを指摘したうえで、それらが野党による法案の審議拒否や採決の引き延ばしなどの抵抗を有効なものにしていると主張する。

また、粘着性論以外にも近年では、国会多数派の影響力を強調する多数主義論が有力である。それは国会の意思決定ルールが基本的には多数決になっていることを重視し、議事運営における全会一致の慣行は「紳士協定」に過ぎず、しばしばそれが多数決によって反故にされていることを指摘する。そのうえで、法案をいつ審議し、どのタイミングで採決するかという議事運営を掌握する国会の多数派が立法過程において強い影響力を持つと主張する。また、多数主義論は官僚が法案を成立させるために、多数派の意向を忖度して原案を作成し、それに反するものについてはそもそも議題にもあげないとして、多数派が官僚による法案作成段階にまで影響力を行使していると考える。このような多数派の影響力は、官僚に対する直接的な影響力、すなわち明示的影響力（manifest influence）に対して、官僚の側に多数派の意向に添うような行動をさせているという意味で黙示的影響力（implicit influence）と呼ばれる。したがって、多数主義論は官僚主導論に対して政治主導論、より具体的には、与党が国会で多数派となっていることが通常であるために与党主導論を強く支持するものであるといえる。

一方で、多数主義論に対しては、つぎのような疑問も投げかけられている。すなわち、与党が多数派として強大な力を持つとすれば、なぜ与党はすべての閣法をさせることができていないのかということである。これに対して、多数主義論はそれを多数派の戦略的な行動の結果として解釈する。すな

わち、多数派は論争的な法案を強行採決などで成立させることによって得る
利益と、それによって生じる国民の反発などの代償とを天秤にかけ、後者の
方が大きいと判断すれば、法案の成立を断念するというのである。

　このことについて、安倍内閣を事例に考えてみよう。安倍は最初に内閣を
率いたとき、2007年の常会（第166回国会）において、教育改革関連法案や
社会保険庁改革関連法案、公務員制度改革関連法案など、いずれも与野党が
激しく対立する論争的な法案を、国会の会期を延長したうえで、いわゆる
「強行採決」によって立て続けに成立させた。その結果、閣法の成立率は9
割を超えて91.8％となったが、強引な国会運営は世論の反発を招き、同年7
月の参議院選挙で与党が大敗したことで分裂議会となり、安倍内閣はその後
まもなくして退陣を余儀なくされた。その一方で、2012年12月の政権交代
によって再登板した安倍は、そのときの反省を踏まえてであろうか、慎重な
国会運営に徹し、2013年7月の参議院選挙を控えた同年の常会（第183回国
会）では、無理に法案を成立させることなく会期末を迎え、会期の延長も行
わなかったため、その成立率は84.0％にとどまった。そのときは参議院の多
数を野党が占める分裂議会の状況であったことも考慮されなければならない
が、いずれにしても、参議院選挙は与党の圧勝に終わり、国会は分裂議会か
ら一致議会となった。

　以上は多数主義論の主張と整合的な事例ともいえるが、多数主義論は粘着
性論と同じく国会機能論として、国会の制度的権力に着目し、それが立法過
程において強い影響力を持っていることを主張する一方、その根拠を閣法の
成立率として現れた数字に求めていない点に特徴がある。

　このように、ここで紹介した学説はいずれも閣法の成立率という同じ事象
を、それぞれ別の観点からみることによって、異なる国会像を導き出してい
る。どの学説がより説得的であるかについては読者の判断に委ねたいが、こ
のことは政治現象を多面的に考察することの重要性を教えている。

コラム　政治学とは何か

　政治学は、法学や経済学、社会学など、他の社会科学と比較しても、その全体
像を把握することが難しい学問であるといえる。たとえば、日本の政治学研究者

の多くが所属する日本政治学会は、それぞれの会員が政治学の中でも特に何を専門としているかを明らかにするために、入会時に専門分野の申告を求めている。その際に学会が列挙している専門分野は、政治史、政治哲学・論理、比較政治・地域研究、国際関係・外交論、日本現代政治論、行政学・行政理論、地方自治・地域政治論、政治制度論、選挙分析・投票行動論、数理・計量分析など、実に57にのぼり、入会者はその中から自分の専門に合致するものを選択する（詳しくは、日本政治学会のホームページ（http://www.jpsa-web.org/field.html）を参照）。

　ここに例示したものをみると、政治学の中には、本章において依拠した日本現代政治論や政治制度論のように、いかにも政治学のイメージに合うと思われるものだけでなく、哲学の一分野である政治哲学や、歴史学の一分野である政治史、さらには数学としての数理までもが含まれていることがわかる。しかも、政治哲学に代表されるように、政治のあるべき姿を論じる規範的な研究もあれば、選挙分析・投票行動論のように、政治の実態を論じる実証的な研究もある。そのため、同じ政治学の研究者でも、その専門とするところが違えば、自ずと問題関心をはじめ、研究の対象やその手法なども大きく異なり、話が噛み合わないことも稀ではない。

　また、大学、特にその法学部や政策系学部には政治学に関連する授業がいくつも設けられているが、たとえば同じ「政治学」というタイトルがつけられた授業であっても、担当者の専門によってその内容が全く異なることもあり得る（したがって、授業の履修を決める際には、事前にシラバス（授業計画）を熟読して、その授業がどのような内容を扱うのかを確認することが重要である）。かくいう本章に関しても、初めて政治学に触れる読者を念頭に、実証的な政治学に依拠してその基本的な考え方や知見などを紹介したが、政治学全体を網羅的に扱っているわけではない。そのため、本章を通じて政治学に興味を持った読者には是非、章末に掲載したテキストなども参考に学習を深めてもらいたい。

　なお、政治学が社会科学にとどまらず、自然科学の分野における学問をも抱合するかたちで成立していることに関しては、否定的な意見も多い。すなわち、政治学は寄せ集めの学問であり、独自の体系的な理論や分析手法を持たないといわれる。また、実際に政治の現場にいる政治家やジャーナリストからは、政治はその時々の人間の感情で動くものであり、机上の理論ではその実態を明らかにする

ことはできないといわれることもある。

　しかし、複雑な政治現象を解明しようとするにあたり、他の学問分野の理論や手法を援用することに問題があるであろうか。また、人間は感情的な存在であるにせよ、一方で合理的に動く側面もあり、その政治行動や政治的帰結にどのような規則性や法則性があるのかを探ることは、政治現象に対する深い洞察力を得るのみならず、人間とは何かという人間理解にも大きく寄与するはずである。本章がそうした政治学の魅力とその奥行きに触れるきっかけとなればと願っている。

さらに学習を深めるために有益なテキスト

飯尾潤『日本の統治構造―官僚内閣制から議院内閣制へ』（中央公論新社、2007 年）

伊藤光利編『ポリティカル・サイエンス事始め（第 3 版）』（有斐閣、2009 年）

上神貴佳・三浦まり編『日本政治の第一歩』（有斐閣、2018 年）

北山俊哉・久米郁男・真渕勝『はじめて出会う政治学―構造改革の向こうに』（有斐閣、2009 年）

砂原庸介・稗田健志・多湖淳『政治学の第一歩』（有斐閣、2015 年）

竹中治堅『首相支配―日本政治の変貌』（中央公論新社、2006 年）

田村哲樹・松元雅和・乙部延剛・山崎望『ここから始める政治理論』（有斐閣、2017 年）

中北浩爾『自民党―「一強」の実像』（中央公論新社、2017 年）

平野浩・河野勝編『アクセス日本政治論』新版（日本経済評論社、2011 年）

待鳥聡史『代議制民主主義―「民意」と「政治家」を問い直す』（中央公論新社、2015 年）

松田憲忠・岡田浩編『よくわかる政治過程論』（ミネルヴァ書房、2018 年）

御厨貴編『歴代首相物語』増補新版（新書館、2013 年）

第5章　国際関係学

第1節　国際関係学とは何か

1　はじめに

　本章は、大学受験を控えた高校生や、大学編入を控えた専門学校生、また国際関係学に関心を抱く者への解説書となることを目指している。世の中には、多くの国際関係学（論）に関する入門書や解説書が存在するが、全く前提知識が無い状態では、実際には理解することが難しいことも少なくない。その理由として、他の専門科目と比較しても、国際関係学（論）が、非常に広範なテーマや事象を対象としており、分析手法も多様であることが挙げられる。

　以上の点を踏まえ、本章の目的は、第一に、初めて国際関係学に触れようとしている者のために、「国際関係学ではどのようなことを勉強していくのか？」というイメージを掴んでもらうことにある。その上で、国際関係学（論）の入門部分の中においても、今後更に国際関係学を学び易くするための基礎作りに重要となる部分を中心に解説を行う。具体的には、はじめに、国際関係学がどのような専門科目であり、研究対象は何か、といった国際間疫学の特徴を検討する。どのような専門分野においても、ある程度しぼられた対象と、その対象を理解するための方法が存在する。その上で、国際関係のこれまでの流れを概観し、次に国際関係の見方（様々な領域や国際関係理論）や仕組みに触れる。最後に、国際関係における重要な課題、とりわけ普遍的なものや今後さらに重要性を増すものについて、事実関係を解説しつつ、問題の所在を明らかにしていく。以上の作業を通して、本章は、国際関係学とはどのような学問であるのかという疑問に答え、国際関係の仕組みへの理解の出発点を提供する。

　また、今後、大学編入試験を目指す専門学校生は、広範で多様な国際関係学を学ぶに際して、今後、自身が「どのような分野・テーマを勉強していきたいのか」という点を頭の片隅に置きながら、読み進めることとをお勧めする。他の専門科目と比べて、国際関係学は体系的ではないが、その分、自分自身が現在の世界に抱く問題関心に突き動かされながら学ぶことが可能である。最初は漠然とした問題関心でも結構である。

2　国際関係学の特徴

(1)　「時事問題」は国際関係学か？

　国際関係学とは、簡単に言えば、国際社会における多様なアクター（行為主体）の相互作用によって生じる出来事を検討するものである。

　国際関係学を学びたいと考える者の多くは、国際情勢に興味を持つ者が多いのではないだろうか。もちろん、国際関係学を学ぶ上では、世界で起きている出来事を知ることは必要不可欠である。しかし、誤解してはいけないのは、国際関係学は、国際情勢や時事問題を追うことや知ること自体を目的としている訳ではないということだ。ニュースや新聞を読んで時事問題をウォッチするだけでは、一般常識の域を出ない。国際関係学は、国際情勢や時事問題を検討する上で、有益な分析の視座を学び、追究するためのものである。（むろん、国際関係学の研究テーマは、最新の国際情勢や、誰もが注目するような時事問題である必要性は全くない。）

　例えば、中東におけるテロの問題に注目するとしよう。この場合、今現在何が起きているのかという事実を詳細に知ることは当然重要であるが、国際関係学においては、その要因を歴史的背景、外交関係国際社会の関与や対応、様々な視点から考察していくこととなる。つまり、現在起きていることは、何故発生しているのかという説明を、説得性を持って提供することが求められるのである。当然、研究者によって、用いる理論や重点を置く視点、またアクセス可能な資料が異なれば、結論も異なる。これは、どれが間違っていて、どれが正しいのか、ということではなく、一つの事象であっても、多様な説明が可能ということなのである。

(2)　国際関係学とは何か

　それでは、国際関係学とは、具体的にどのような学問なのだろうか。この問いに対する説明は、容易ではないと指摘されてきており、これまで著名な学者も「わかるようで、わからない学問」と評してきた。これには様々な理由があるが、第一に「国際関係学」の対象とする範囲と分析の手法が非常に幅広く、多様である点が挙げられる。第二に、「国際政治」「国際学」などの近接した学問領域との境界線が曖昧であり、区別が難しいためである。例えば、現在、日本を代表する国際関係学の学会として「日本国際政治学会」があるが、その英語の正式名称はJapan Association of International Relationsとなっている。この英語名称を直訳すると、「日本国際関係学会」である。このことからも、国際関係学に関する用語や領域の区別は難しく、必ずしも明確に区分されていないことが分かる。更には、「国際関係学」と「国際関係論」も厳密には異なるとの見方もある。最近では「国際関係論」との表現を多く目にするが、これは、国際関係論が様々な学問・研究領域にまたがるものであるため、独立した「学」というより「論」であるといった考えである。以上のような、用語を巡る議論は突き詰めると非常に興味深く、また極めて重要な議論である。しかし、本章は、初めて国際関係学（論）に触れる読者をターゲットとしているため、こうした議論には今回は踏み込まず、便宜上、表現を全て「国際関係学」で統一することとする。

(3)　国際関係学の主なアクター（行為主体）

　国際関係学においては、主に以下のアクター（行為主体）の相互作用とその結果が研究の対象となる。伝統的には、国際関係学中心は主権国家であったが、冷戦の崩壊とグローバル化の進展により、非国家主体および国際機構の重要性が増しており、休止されている。

　(a)　主権国家　　現在、私たちは、当たり前のように「国」が存在する世界の中で生きている。多くの者は、「そもそも国とは何か？」と考えたことさえ無いのではないだろうか。普段、日常生活の中で、私たちが漠然と「国」と呼んでいるものは、国際関係学の中では「国家」と表現され、また、21世紀に生きる私たちにとって「国家」は「主権国家」を意味する。

　主権国家の主な要件や特徴は次の通りである。①国境によって他とは区分

された固有の領土を持つ、②他国や国際社会から内政について干渉を受けない、③対内的に当該国家領土（領域）を支配する最高かつ絶対的政治権力（何人からも制約を受けない）を持つことが出来る、④他国との関係を取り結ぶ対等な地位と交渉権限があることが挙げられる。また、主権国家は、その領土に属する「国民」から成り立っている。

(b) 国際機構　　国際機構とは、公的な協定に基づき設立された国際組織を指す。複数の国家及びその国民で構成され、国際的に活動を行なう組織である。国際機構の呼び方は、他にも国際組織，国際機関，国際団体などが挙げられる。一例として国際連合が挙げられる（国際連合の機能と役割については後述する）。

(c) 非国家主体　　主権国家及び国際機構を除くものを指す。具体的には、企業やNGO（非政府組織）、また、非合法な武装組織や国際テロ組織、海賊なども含まれる。特に、グローバル化の進展に伴い重視されるようになっている。（テロについては、後述する。）

(4)　「国際政治」と「国際社会」とは何か

国際関係について学ぶに当たり、「国際社会」や「国際政治」というキーワードが頻繁に登場する。ここでは簡単に、国際関係学において、これらの用語はどのように定義されているのかを解説する。

(a) 国際政治　　国際政治は、文字通り、国際社会における政治現象である。国際関係学においては、主に主権国家間の様々な政治的な関係の総称として用いられる。最近では、政治の概念を狭義に捉えるのではなく、国際的な文化交流や通商関係なども、国家間の協調や対立の要素となり得ることから、これらも国際政治の重要な要素と考えられている。

また、国際政治と言っても、国内政治が射程外ということではない。「対外政策決定過程分析」は国際関係学における重要な研究分野である。これは、対外政策の決定がどのような理由により、どのように行われたのかというものであり、国際政治の動向を分析する上で非常に重要である。とりわけ冷戦のキューバ危機を事例として発展した研究分野である。また、第2次世界大戦後は，国際政治が，国内政治に影響を与え，ときにはそれを左右する決定的要因となるような場合が多くなっている。

(b) 国際社会　　国際社会の定義は数多く存在するが、それらに共通するのは、国際社会とは国境を越えた交流の中に成立している社会であるという点である。国際社会とは、国家間の関係に限定されたものではなく、むしろ、非国家主体や個人による交流の積み重ねも重要な要素である。

　英国の国際政治学者のヘッドリー・ブルによると、国際社会とは一定の共通利益と共通価値を持つ国家から構成されるものであり、この国際社会の基本目標を維持する行動様式を国際秩序と呼ぶ。基本目標の代表的なものには、主権国家システム（主権国家を基本的なアクターとする世界の在り方）の維持が挙げられる。

第2節　国際関係の仕組み

1　国際関係の変遷（大きな流れ）

　現在、私たちが暮らす国際社会は、どのように形成されてきたのだろうか。国際関係学において重要なターニングポイントに焦点を絞りながら、国際社会の変遷の概要を辿る。より詳しく史実を学びたいものは、世界史の教科書や、文末に挙げた参考図書案内に目を通すと良い。

（1）　主権国家の誕生

　国際関係学における主要なアクターである主権国家が登場したのは、中世ヨーロッパにおいてである。16世紀のヨーロッパは、現在のように国家やその領土にわかれてはいなかった。16世紀に最盛期を迎えた神聖ローマ帝国は、イギリス及びフランスを除く西ヨーロッパに広がっていた。神聖ローマ帝国が上述のような主権国家であったかというと、そうではない。神聖ローマ帝国には皇帝が存在したものの、様々な領主（国王・公爵・伯爵・大司教などの各地域の有力者）が統治する大小350程の領邦で構成されていた。キリスト教という一つの宗教に基づいた共同体という側面が強かった。17世紀前半になると、ヨーロッパは、凶作、不況、疫病、人口停滞などに見舞われたことで人々の不満が蓄積し、各地で反乱や戦争が起こるようになった。中でも、神聖ローマ帝国においては、ハプスブルク家の神聖ローマ皇帝フェルナンド2世は帝国内のベーメンに対してカトリックの信仰を強要したが、それ

に反発した新教徒がベーメンの反乱を起こすと、ヨーロッパの新旧両国が介入して、全ドイツを戦場とする三十年戦争が勃発した。

この三十年戦争の講和条約であるウェストファリア条約は、世界最初の近代的な国際条約であり、ここで、主権国家を主要アクターとする近代国際社会が形成されたと言われている。ウエストファリア体制のキーワードは、①国際法（独立・平等な国家間のルール）、②主権国家（民族・領土を統一する絶対主義国家の誕生）、③勢力均衡（対立国家・同盟の均衡に基づく平和・独立）である。

(2) 第一次世界大戦と第二次世界大戦

二つの世界大戦では、技術革新による近代的な武器が導入されたこともあり、多くの犠牲者が出た。二つの世界大戦は、国際関係学の出自に大きく影響している。国際関係学は、こうした世界大戦を二度と繰り返さないための研究としてスタートしたからである。

第一次世界大戦は、1871 年に誕生したドイツ帝国がヨーロッパ内での覇権を求めて拡張し、地域内の勢力バランスが崩れたことをきっかけとする。これにより、独・伊・オーストリアからなる三国同盟と、英・仏・露による三国協商という集団防衛体制が構築された。1914 年、オーストリアによるボスニア併合に不満を持つセルビア人の青年が、オーストリア皇太子夫妻を暗殺した。この事件を受けて 1917 年にオーストリアはセルビアに宣戦布告し、両国の戦争は三国同盟と三国協商という 2 つの集団防衛体制間の衝突へと発展した。米国の介入により、1918 年に休戦が成立し、1919 年のパリ講和会議の開催とヴェルサイユ条約の締結により、戦後秩序が構築された。

1919 年のヴェルサイユ体制は、対独講和の実現と、国際連盟という史上初の集団安全保障体制の確立をもたらした。しかし、1929 年に世界大恐慌が発生すると、自国通貨圏外からの商品を排除するブロック経済化が進み、国際協調体制が崩壊した。1933 年、経済不況に苦しむドイツでヒトラー政権が成立すると、国際連盟から脱退して再軍備を進めた。同年、日本も満州国をめぐる対立から国際連盟から脱退し、日独伊からなる新しい集団防衛体制が構築された。1939 年、ドイツのポーランド侵攻を受けて英・仏がドイツに宣戦布告を行い、第二次世界大戦が勃発した。戦争は日独伊の枢軸国と英米仏中露の連合国との全世界規模での衝突に発展し、1945 年の終戦まで

に軍人・民間人合わせて 5 千～8 千万人ともいわれる犠牲者が出た。

(3) 冷　戦

　第二次世界大戦の終結により、国際社会は平和と安定に向かうことが期待された。しかし、第二世界大戦後の間もない時期から 1990 年まで、国際社会は「冷戦」という新たな対立を抱えることとなった。冷戦とは、イデオロギーを巡る、社会主義の東側陣営（ソ連などが中心）と自由主義の西側陣営（米国などが中心）との対立である。

　「冷戦」とは「冷たい戦争」の略語であり、直接軍隊と軍隊が交戦しないという意味で「冷戦」とされた。しかし、実際には、米国とソ連の直接的な軍事衝突が発生しなかっただけであり、朝鮮戦争やベトナム戦争など、各地で代理戦争が繰り広げられた。また、1962 年には、米国の都市を核攻撃できる弾道ミサイルをソ連がキューバに配備したとされることによるキューバ・ミサイル危機が発生した。結果的に危機は回避されたが、世界が最も核戦争に近づいた瞬間と言われている。

　その後、社会主義陣営の経済的な行き詰まりなども影響し、1989 年には冷戦の象徴であったベルリンの壁が崩壊し、1991 年末にはソ連が崩壊した。こうして冷戦は終った。冷戦以降、科学技術の発展により、国際社会は急速にグローバル化を迎えることとなる。グローバリゼーションについては、第 3 節で後述する。

2　国際関係の仕組み

　国際関係における重要な仕組みについて検討していく。国際関係学の出発点として特に重要な要素を挙げるが、以下が全ての要素という訳ではない点を申し添えたい。以下に挙げるもの以外にも、国際経済や国際協力なども現在の国際関係における重要な仕組みである。

(1)　外交交渉

　(a) 外交とは何か　　　上記で見た通り、外交は主権国家の重要な権利の一つである。外交交渉は、主権国家が諸外国との間で、様々な調整を行うために欠かせない手段・行為である。外交史家の細谷雄一によると、外交とは「主権国家が自国の国益や安全そして繁栄を促進するため、また国際社会に

おいて国家間の関係をより安定的に維持しその友好関係を強化するため、政府間で行われる交渉あるいは政策を示す言葉」であり、諸外国に渡りこうした交渉を行う者を外交官と呼ぶ。なお、グローバル化が進んだ現代では、多国籍企業やNGO等の非国家主体も広義の外交に携わるようになっている。

伝統的外交は大きく二つに分類することが出来、以下、それぞれの特徴について検討する。

(b) 二国間外交　　二国間外交とは、二つの国家間で行われる外交である。例えば日本の場合を見てみると、戦後から今日に至るまで、外交の重要な柱となってきたのは、米国との間の二国間外交であると言われることが多い。しかし、その変遷を見てみると、1980年代の自動車・半導体の輸出入を巡る日米貿易摩擦に代表されるように、経済交渉において日米間に軋轢が生じたこともあった。一方、こうした状況下においても、日米同盟は両国の核心的な関心事項であり続けてきており、昨今の東アジア情勢を受けて、今後更にその重要性が増していくと考えられる。このように二国間の外交では、多様なトピックを巡る外交交渉が同時並行的に行われており、その時代によって重要関心事項も移り変わっていく。

そもそも外交交渉とは、駆け引きや値切り（バーゲニング）のように、先方から最大限の譲歩を引き出すのみではなく、双方にとって有利となるような調整・妥協を図る目的があると一般的には指摘されている。更に言えば、国家間の友好関係を進展させるために欠かせないのである。外交交渉の中身は多様であり、交渉の場所、使用言語、交渉者の人数なども、交渉によって異なる。合意の表明の仕方も協定・条約・議定書・共同宣言等の文章の場合もあれば、記者会見という方法が取られることもある。

(c) 多国間外交　　多国間外交とは、複数の国家間で行われる外交であり、地域全体や地球規模の課題や利害も交渉の議題となる。歴史上、はじめて、本格的な多国間の外交交渉が試みられたのは、ウェストファリア会議であると言われている。国家間の平和的な共存を目指すために、多国間の外交交渉が行われ、その後、ウィーン会議において、ヨーロッパ全体の平和について検討が行われた。

国連以外での多国間交渉も多様であり、先進国首脳会議（サミット）がは

じめて行われたのは、1975 年のことであり、以降、毎年開催されるように
なっている。

(2)　国際連合

　国際連合 (United Nations; UN) は、1945 年 10 月に 51 ヵ国の加盟国で設立さ
れた。国際連合は、国連また UN と表記されること等が多い。現在の国連加
盟国の数は、193 カ国であり、最も新しい加盟国は 2011 年に独立を果たし
た南スーダンである。日本については、1956 年 12 月に 80 番目の加盟国と
なっている。

　国連の設立目的は、主に次の 4 つである。①国際平和および安全の維持、
②諸国間の友好関係の助長、③各国の経済的・社会的・文化的または人道的
問題の解決、④人権および基本的自由の尊重の助長において国際協力の達
成。

　現在、国連の公用語は、英語，フランス語，中国語，ロシア語，スペイン
語，アラビア語の 6 カ国語である。以下、国連の機能と役割について見てい
きたい。

　(a)　設立の経緯　　国際連合の設立以前は、国際連盟 (League of Nations) と
いう国際機構が世界の平和を目指して活動していた。国際連盟は、1919 年
にベルサイユ条約のもとに設立された。この機関は第一次大戦中に構想さ
れ、国際協力を促進し、平和安定を完成することを目的としていたが、残念
ながら、第二次世界大戦を防ぐことが出来なかった。国際連盟は、米国、ド
イツ、ロシア (後にソ連) 等の主要国の参加を得られなかったことなど、設
立当初から様々な問題を抱えていた。

　こうした中、第二次世界大戦後の世界の枠組みをどのようにするかという
課題を巡り、連合国側の英国首相のチャーチルと米国大統領のローズヴェル
トは 1941 年 8 月の会談から既に協議が始まったと言われている。その後、
1944 年 8 月～10 月には、国際法の専門家等によるダンバートン・オークス
会議が開催され、国際連合憲章草案が作成された。安全保障理事会の拒否問
題で米ソの対立があったが、1945 年 2 月には、米国、英国、ソ連の三国首
脳によるヤルタ会談で解決した。同年 4 月より開始されたサンフランシスコ
会議において、6 月には国際連合憲章が採択された。その後、各国の批准に

よって 1945 年 10 月 24 日に国連は正式に発足した。

　(b) 構成　　国連の主要機関は、総会（全ての加盟国が参加）、安全保障理事会、経済社会理事会、信託統治理事会、事務局、そして国際司法裁判所である。また、総会や理事会によって設置された機関や委員会もある。この他に、国連には、国連との間に「連携協定」を結んだ「専門機関」と呼ばれる機関が複数あり、経済・社会・保険・文化・教育・気象などの専門領域を機関ごとに取り扱っている。以上を総称して「国連システム」と言われる。

　(c) 安全保障理事会　　安全保障理事会は、国連の主要機関の一つで，国連の第一の目的である「国際の平和と安全の維持」について主要な責任を負っている。同機関は、5 つの常任理事国（米国、英国、ロシア、フランス、中国）および 10 カ国の非常任理事国で構成されている。安全保障理事会の決定においては、全ての常任理事国の賛成票をもって成立するが（全ての常任理事国を含む 9 理事国以上の賛成投票）。しかし、常任理事国は拒否権を行使することが可能であるため、常任理事国の利害に決定が左右される側面を持つ。こうした問題は、冷戦中と比較すると緩和されたと言われているが、しばし安全保障理事会の改革の必要性が述べられてきた。日本、ドイツや東南アジアやアフリカの新興国を中心として、国連への働き掛けが行われてきたが、既存の体制を変えることは容易ではない。

　(d) 国連平和維持活動　　国連平和維持活動（United Nations Peacekeeping Operations: UN PKO）は、国連が紛争地域の平和の維持を図る手段として実際の慣行を通じて行われてきたものです。伝統的には、紛争当事者の間の停戦や軍の撤退の監視などが行われてきた。しかし、冷戦終結後、国内紛争が増加し、またそれらの紛争の在り方も多様化したことによって、PKO の任務も時代と共に変化し、多様化している。近年では、アフリカ連合などの地域機構が展開する平和支援活動との協力も増えている。一方、PKO の派遣の決定および任務内容の付与は、一定の政治性を帯びているとの批判や、一部の国が部隊派遣の負担を追っている問題もあり、今後更に PKO の在り方については様々な検討が必要である。

　(3) 安全保障

　「安全保障」という概念・領域を巡っては、稀に、「戦争のための学問なの

ではないか」などといった偏った見方をされることや、漠然とした拒否反応
を示されることがある。しかし、こうした見方は大きな誤解を含んでいる。
国際安全保障は、むしろ、第二次世界大戦等の惨劇を二度と繰り返すまいと
の教訓に基づき、平和を追求するための研究として発展してきた。国際安全
保障に関する研究の根底には、「何故、戦争・紛争が発生してしまったの
か？」という問いを追究し、戦争・紛争の発生要因を明らかにすることで、
将来への示唆・教訓を導くという目的がある。こうした研究の過程において
は、場合によって、武器や戦禍に注目することもあるが、一般的には決して
戦争を企てるためのものではなく、戦争・紛争を防ぐことが最大の目的であ
る。

　(a) 安全保障とは何か　　「安全保障（security）」の語源は、不安や心配から
の自由を意味するラテン語の "securitas" であると言われている。学術的な
「安全保障」の定義は数多く存在し、一つの共通した定義に絞られている訳
ではないが、国際政治学者ウォルファースの有名な定義によると、安全保障
とは「獲得した価値に対する脅威の不在」である。ここで述べられている価
値には、領土などの目に見えるものから、主権や文化的なものまで、幅広い
ものが含まれる。

　伝統的な「安全保障」においては、国家が自国および国民の安全を確保す
る（生命と財産を守る等）ことを意味する。しかし、冷戦終焉とグローバリゼ
ーションの進展により、現在では安全保障は多様化しており、冷戦の終結に
より、途上国における貧困や紛争・内戦の増加が国際社会の課題となる中
で、例えば「人間の安全保障」という新たな安全保障の概念も誕生した。こ
れは政府が機能不全に陥った場合や、政府が特定の民族や団体の保護を放棄
した場合（または行うことの出来ない）政府に代わって国際社会が個人を守ると
いう考え方である。このように、国家を中心とする伝統的な安全保障の枠組
みで捉えることのできない安全保障を「非伝統的安全保障」と呼ぶ。

　(b) 勢力均衡　　伝統的な安全保障における重要な前提として、国際社会
が「無政府状態（アナーキー）」であること、つまり、国家を優越する権威を
有し、強制力を伴う中央集権的な機関が存在せず、国際社会の平和と安定
は、諸国間の意思によってのみ実現されるという考え方がある。

　以上の前提を踏まえると、国家間の勢力（パワーバランス）が互いに釣り合っており、また、一つの国が他のすべての国家に影響を及ぼすことができない「勢力均衡（バランス・オブ・パワー）」状態が保たれていることの重要性が分かる。これは、国家の力のバランスを同等程度にすることで、突出した力を持つ国家による侵略を防ぐという考え方であり、国際社会の安定を保つための大原則と言っても過言ではない。

　(c) 安全保障のジレンマ　　上記の通り、勢力均衡は国際社会の平和と安定を保つために、非常に重要である。他方、無政府状態の国際社会の中では、国家は少しでも自国の安全保障を確かなものとするために、他国よりも安全な状態を追求する必要がある。具体的には、軍備を増強・拡張するなどの手段が取られることがあり、こうした軍備の増強や拡張が他国にとって新たな脅威となり、更に他国の軍備の増強・拡張を誘発してしまうことがある。こうなると、結果的として、相対的に自国の安全性も低下し、結果的に衝突に繋がる緊張の増加を生み出してしまう「安全保障のジレンマ」に陥る。こうしたジレンマの中で、敵対する国家同士が軍備の増強・拡張を継続することは危険であり、防御的能力に重点的をおくことで回避可能とも言われている。

　(d) 同盟と集団安全保障　　無政府状態の中、国際社会が一丸となって侵略を罰する取り組みが「集団安全保障」である。しかし、実際には、集団安全保障は有効に機能してこなかったとも言われており、様々な国の利害が絡む国際社会においては、侵略の定義を巡り合意に達すること等が困難であったためである。

　そのために、多くの国々がこれまで用いてきた手段の一つが同盟であり、上記で述べた勢力均衡の側面からも重要な役割を担っている。国家間で同盟を結ぶことにより、勢力均衡を保つという方法や、対立する国家や陣営から自国を守る手段として用いられてきたのである。同盟は多様であり、日米同盟のような二国間同盟もあれば、北大西洋条約機構（NATO）に代表されるような多国間同盟もある。同盟とは、伝統的には同盟国以外の国に対する軍事力の行使のための国家間の提携であるが、現代では明確な攻撃的意図を有する同盟よりも、攻撃されることを防ぐという自己防衛的な目的に重きが置

かれる場合が多い。

(4)　地域協力と地域統合

(a) 概要　　地域機構とは、地理的に近接し、利害を共有する国々が、相互の関係を強化し、地域の安定や経済発展を進めるために設立する共同体である。経済的には市場の拡大や自由貿易協定、通貨統合、政治的には紛争の解決や防止、災害や感染症、通貨危機など国際的な問題への共同対処などが目指される。

(b) 現在の主な地域協力　　現在、世界では様々な地域機構が設立されており、欧州連合 (EU)、北大西洋条約機構 (NATO)、東南アジア諸国連合 (ASEAN)、アジア太平洋経済協力会議 (APEC)、北米自由貿易協定 (NAFTA)、アフリカ連合 (AU) などがある。地域機構の設立や様々な協定による地域協力の動きは拡大しているものの、環太平洋経済連携協定 (TPP) の締結直前で米国トランプ政権が参加を取りやめたり、アジア・太平洋地域における政治・安全保障分野を議論する ASEAN 地域フォーラム (ARF) でも北朝鮮問題について一致できないなど、国際政治の中で様々な挑戦を受けている。

3　国際関係の視点 (国際関係理論)

(1)　国際関係理論の必要性

国際関係理論は、複雑な国際社会を理解するために必要不可欠である。国際関係を考察し、より理解を深めるための視点と考えても良い。更に言えば、国際関係理論はカメラのレンズのような役割であり、どの理論がより優れているかという問いは適切ではない。多様な理論が複雑な国際社会を理解するためには必要なのである。

(2)　国際関係理論の基礎

国際関係理論は無数に存在するが、ここでは、リアリズム、リベラリズム及びコンストラクティビズムという基礎的な理論について解説していく。また、これらの理論の中においても、様々な学説が存在することを明記しておきたい。

(a) リアリズム　　リアリズムにおいては、第一に、主権国家が国際関係における最も基本的なアクターと考えられている。第二に、この主権国家の

最大の目標または国益は、国家（自国）の存続であると考えられる。第三に、主権国家はこうした存続の目標を実現するめの手段として、国力（パワー）を行使する。国力（パワー）の代表的なもの、伝統的なものとしては、軍事力や経済力などがある。基本的に、他国に強制し得るパワー、つまり他国の行動を左右するものを「ハード・パワー」と考える。参考までに、文化・教育・政治的価値観や政策の魅力などを「ソフト・パワー」と考える概念も存在する。

(b) リベラリズム　　上述の通り、リアリズムにおいては、国際関係では軍事・外交問題は国家の存続に掛かる問題がからむため、国家間の協力関係は進展しにくいというのが基本的な考え方であった。一方、リベラリズムにおいては、経済や技術の活動を中心に考えるため、国家はこれらの分野において協力すると考えられる。そのため、相互依存関係になりやすい。依存関係が構築されれば対立は生じにくく、また、国家にとって死活問題である経済面へのダメージを回避するために対立や衝突は回避され、協力へと向かうとの考えがなされる。

(c) コンストラクティビズム　　冷戦の終結をリアリズムとリベラリズムを用いて予想できなかったことから誕生し、注目を集めるようになった。アイデンティティ、思想、規範、倫理等の要素も国家の政策決定や国際関係に大きな影響を与えるとの立場を取る。なお、コンストラクティビズムの理論は、国家の行為や選択を予測するために用いるよりも、既に発生した事柄の分析に適している場合が一般的には多い。

4　現代の国際関係における諸課題

(1)　テロと「新しい戦争」

(a)「テロ」とは何か　　テロリズム（テロ）とは何かという普遍的な定義は困難であるものの、宮坂、外務省、警察庁などによる定義を参照すると、「主として非国家主体が、政治的、宗教的、イデオロギー的な目標を達成するため、国家機関や社会の成員に対して暴力・破壊活動を行うこと、もしくは威嚇を行うこと」と定義できるだろう。よって、テロ組織とは、上記の目標を達成するために活動する主体（テロリストの場合には個人）であると定義

できる。

　しかし、現実の国際情勢においては、国際社会や地域社会、もしくは一国の政府機関や法執行機関が「テロとは何か」、「テロリストとは誰か」について見解を一致させることは難しい。ある反政府活動を行う組織がいたとして、それがある国から見ればテロリスト、別の国や組織から見れば支援すべき市民団体や少数民族、という場合は往々にしてあるからだ。そのため、現実の国際関係においては、時には国々の間で「テロリスト＝打倒すべき相手」が一致することで共闘関係が生まれるが、それが一致しない別の構図のもとでは対立関係になる。この点については、シリア内戦（2011 年～）における「イスラーム国」掃討のためにシリア政府（アサド政権）や欧米、中東諸国、ロシアが共闘関係にある一方で、アサド政権打倒を目指す「反体制派」や自治独立を目指す少数民族クルド勢力に対しては、各国の立場によって完全に対応が異なるという状況が実際に生まれている。

　(b)「非対称的脅威」としてのテロ　最初に述べたとおり、テロ組織は、暴力・破壊活動を行うことが多いが、いわゆる軍隊や警察ではない。一部に国家からの政治的・経済的・軍事的支援を受けている組織は存在するものの、正式に国家に所属するものではない。そのため、冷戦期以前は、テロ組織が国家間の戦争のような大規模な攻撃を行うことはできないとして、国際関係においてはそれほど重要な存在ではないと考えられてきた。しかし、冷戦以降に国際関係や国際安全保障環境が変化する中で、テロ組織が国家に対する「非対称的脅威」として台頭してきた。その顕著な例が、2001 年に発生した米国同時多発テロ（9.11 事件）である。米国から遠く離れたアフガニスタンに潜伏したアルカーイダというテロ組織が計画・主導したこの事件は、先進国・超大国である米国の中枢であるニューヨークやワシントンに対して攻撃を行い、3,000 人以上が死亡した。

　国家とテロ組織の関係は、従来の国家間の「勢力均衡」や「抑止」が機能しない関係であるといえる。勢力均衡とは、国家間のパワーバランスが互いに釣り合っており、侵略や戦争が起きにくい状況を指す。また、相手からの攻撃を抑止するためには、相手の攻撃に対する十分な報復力があり、報復の意志を明示することができ、そして 相手側にこちらが報復する意思と能力

を理解する理性が必要となる。しかし、テロ組織は一般的に守るべき領土を持たず、また匿名性が高いために国家にとってはコミュニケーションや相互理解が困難である場合が多い。つまり、テロをめぐっては、国家は非対称かつ相互理解が困難な脅威に対処しなければいけないということであり、既存の国際関係では説明できない領域であるといえるだろう。

(c) テロのグローバル化　　また、グローバル化や通信技術の発展とともに、テロの問題は一国内に限定されず、国境を越えて広がったり、遠く離れた国々の組織や個人が結びつくようになった。例えば、先ほどの9.11事件についていえば、アルカーイダの首領であるオサーマ・ビンラーディンはサウジアラビア人、No. 2のアイマン・ザワーヒリーはエジプト人である。また、攻撃の計画者はパキスタン人、実行犯の国籍はサウジアラビア、アラブ首長国連邦（UAE）、エジプト、レバノンと多様であった。しかも、実行犯のリーダーたちはドイツに留学している間に過激化し、アフガニスタンにわたってアルカーイダの戦闘に参加し、米国で航空機をハイジャックして自爆攻撃を行ったのである。2014年に突如イラクに現れ、一時期はイラク・シリアの広大な領域を実効支配した「イスラーム国」には、欧米やアジアを含めた全世界から3万人近くの外国人戦闘員が参加していたといわれる。このようなテロをめぐる問題がグローバルになり、より複雑化しているということは、それだけ国際社会の対応が困難になるということでもある。

　近年、欧米やアジア諸国の政府当局は、ホーム・グロウンやローンウルフ（一匹狼型）といわれるようなテロ攻撃を防ぐため、テロ対策のための監視や通信傍受を強化し、警察や治安機関の権限を拡大しようとしている。この点については、治安維持と国民の権利をめぐる議論が惹起される。また、テロリストが活動するのは現実世界だけではなく、インターネット上も彼らの重要な舞台である。インターネットはテロリストが声明を発出して世界にアピールし、参加者や支援者を募るための一番重要な場である。最近はSNSの運営会社が独自のルールづくりを行って、過激な言説を排除しようという動きは強化されている。それでも、テロを扇動もしくは示唆する過激な投稿を完全に排除することは困難であり、今後もインターネットがテロの触媒となる状況は続くだろう。

(c)　どうすればテロ攻撃は防げるのか　　9.11 事件から 16 年以上が経過するが、世界でのテロ攻撃は止まらず、「なぜテロ事件が起こるのか」「誰が、なぜテロリストになるのか」「どうすればテロ攻撃は防げるのか」といった重要な問いについての正解は見つかっていない。貧困や社会的抑圧がテロを生むという議論についてはどうだろうか。アルカーイダの首謀者であるビンラーディンは中東最大の建設企業の御曹司であるし、9.11 事件の実行犯たちも裕福な家庭の出身である。IS にしても、金銭的に恵まれた家庭の若者たちが多数参加している。これらのことから、近年は貧困とテロ活動の因果関係が薄らいでいるとの指摘が増えている。一方で、2015 年 11 月、ローマ法王フランシスコはアフリカを歴訪した際に、「貧困が人々を暴力と過激主義に追い込んでいる」と述べ、貧困とテロの因果関係を指摘した。テロがグローバルに広がっていく中、われわれは再度「テロとは何か」、「テロリストとは誰か」といった根本的な問いについて、常に考察し続ける必要があるだろう。

(2)　環境問題・気候変動

(a) 環境問題をめぐる各国の立場の違い　　地球環境間の変化が人間社会に与える問題をどのように捉え、どのように対処するかという姿勢は、年代によって変化してきた。1970 年代以前は、人間活動の影響による自然環境の変化は「公害」として認識され、基本的に一国内で対処可能な問題であり、影響は目に見える形で短期的に表れることが多かった。しかし、1970 年代以降は「環境問題」として、越境的であるがゆえに国際的な取組みが必要な問題であり、その影響も長期かつ不可視的に表れるものだと認識されるようになった。

　さらに、地球環境問題をどのように捉え、どのように対処するかという姿勢は、地域によって差異がある。例えばヨーロッパでは、酸性雨など国境を超えた問題が以前から存在しており、また多国間での政治的交渉も歴史的に欧州統合などの経験があることから、諸国家が協力して環境問題の解決に取り組むことは可能だという意識がある。また、日本でも、1890 年頃の足尾銅山鉱毒事件をはじめ、20 世紀初頭から都市部や工業地帯における公害問題が深刻化していたこともあり、環境問題への意識は高かった。また、再生

可能エネルギーや省エネルギーなどの技術力が高かったため、国際社会が環境問題の解決に取り組むことが経済的な機会の拡大にもつながるという認識があった。それに対して米国は、エネルギー自給率も高く、また多国間主義への疑念も強かったため、環境問題解決のための国際協調に対する関心は欧州ほどには高くない。さらに、途上国や新興国においては、環境問題への認識を持ちつつも、これから自分たちが先進国と同じように工業化を進める際、開発や経済発展に制約がかかることを警戒し、国際協調には消極的である。

　(b) 国際的枠組みとパリ協定　このように、地域による地球環境問題への認識や優先順位の違いがありつつも、対処のための国際的な取組みが進んできた。1972 年には初の地球環境に関する会議である国連人間環境会議が開催され、その場で国連の常設機関として国連環境計画 (UNEP) の設置が決定された。1992 年には国連環境開発会議（地球サミット）が開催され、「リオ宣言」が採択されると同時に、気候変動枠組み条約・生物多様性保護条約が調印された（1994 年発効）。以降、国連経済社会理事会の下部組織として「持続可能な開発委員会」の設置（1993 年）、気候変動枠組み条約発効（1994年）、温室効果ガスの削減目標を設定した京都議定書の採択（1997 年）と発効（2005 年）と続く。そして、2015 年 12 月の国連気候変動枠組条約締約国会議 (COP21) においてパリ協定が採択された。

　パリ協定とは、地球環境温暖化による環境への悪影響を防止するための温室効果ガス削減に向けた国際的な取り決めである。その中では、世界の平均気温上昇を抑えるための努力、出来る限り早期に世界の温室効果ガスの排出量を削減し、21 世紀後半に人為的な温室効果ガスの排出と吸収源による除去の均衡を達成すること、先進国が技術や資金を提供することで、途上国が不公平な状態におかれないこと、などが決められた。

　このパリ協定は、主要排出国を含む全ての国が参加する、公平かつ実効的な枠組みだと評価された一方で、先進国、途上国を問わず、温室効果ガスを削減するための具体的な数値目標は合意されなかった。 この点については、いかに多くの国がパリ協定を遵守し、具体的に温室効果ガスの排出量を削減させていくかという、実効性の担保が今後の課題となるだろう。さらに、

2017 年 6 月、米国のトランプ政権は、パリ協定が米国の経済と雇用に打撃を与えると主張し、同協定からの離脱を発表した。米国は温暖化ガス排出量が中国に次いで世界第 2 位で、世界の排出量の 15 % 以上を占めるため、離脱の影響は大きいとみられている。

(c) 安全保障上の脅威としての気候変動　　また、現在、気候変動は大災害や感染症と並んで、国際安全保障上の脅威として認識されつつある。特に近年指摘されているのは、国や地域の気候変動に対する強靱性／脆弱性は、地理条件以上に政治・経済状況や人口、技術水準といった要素によって強く決定付けられるという点である。国際機関も、気候変動がもたらすインパクトは、気候そのものの変化の程度よりも、むしろ国や地域の対応力の差によって決定付けられるとの見方を強めている。

この点に着目すると、アフリカ、特にサヘル周辺諸国は低所得かつ所得構造が脆弱なために、国家が主体的に気候変動リスクに対応・適応する政治的・経済的能力が極めて低く、なおかつ政府が自国民を気候変動リスクから保護する能力・意思を持たない場合が多い。例えば気候変動に伴う降雨時期や雨量の変動は、旱魃や洪水を招き、旱魃や洪水は穀物生産の低迷、生活用水、調理用燃料、食材、民間医薬素材、家畜飼料などの生活必需品の不足をもたらす。食糧や生活必需品の不足は社会的亀裂を拡大させ、多くの場合紛争を生むか、既存の紛争を拡大・長期化させる。既に多くの紛争が展開されているアフリカにおいては、今後気候変動リスクがさらなる紛争を誘発する可能性が高い。

実際、サハラ砂漠周辺地域では 2011 年以降、乾期の旱魃と雨期の洪水による食糧危機が進行し、6 ヵ国、880 万人が影響を受けたとされる。この食糧危機を受けてニジェールやマリでは武装勢力の蜂起やクーデターなど国内紛争が頻発し、さらに 2011 年のリビアでのカダフィ政権崩壊が混乱に追い討ちをかけた。また、2011 年から 2012 年まで東アフリカを襲った大規模な旱魃では、ソマリア、エチオピア、ケニアが影響を受け、26 万人が死亡、1,200 万人以上が生活を脅かされた。これらの気候変動リスクによるガバナンス脆弱化と地域情勢の不安定化は過激派組織や反政府組織の活発化の一因となっており、気候変動リスクによる安全保障へのインパクトは急激に増大

している。

(3) エネルギー

(a)「完璧なエネルギー」はない エネルギーは人間社会の生活や経済活動にとって必要不可欠である。現在世界で利用されているエネルギーには、石油、ガス、石炭、原子力、再生可能エネルギーなどがあるが、「完璧なエネルギー」というものは存在しない。つまり、どのようなエネルギーであっても何らかの長所と短所を備えている。そのため、近年は「3E + S」、つまり安全性 (Safety)、エネルギー安全保障 (Energy Security)、経済効率性 (Economy)、環境 (Environment) が重要だと認識されている。例えば、原子力発電については、3E（安定性、経済性、環境）に関しては非常に優れている。しかし、3.11 東北大震災のように、一度事故が起これば甚大な被害が発生してしまい、安全性に課題が残る。

日本は世界有数のエネルギー消費大国であるが、石油供給のほぼ全て、天然ガス、石炭の大部分を輸入に依存している。エネルギー自給率は、先進国では最低の水準である。特に、石油・ガスともに中東からの輸入量が大きく、中東地域の政治情勢は日本のエネルギー安全保障に大きく影響する。世界における石油・ガス田は偏在しており、そのほとんどは中東地域に集中している。中東では、「地下の論理」からは良い環境である、つまり良質な石油が豊富に埋蔵されているにもかかわらず、政治・治安情勢が不安定であるという「地上の論理」によって、石油生産を難しくしている国も多い。例えば、紛争の続くイラクやリビアが挙げられる。日本にとって最大の原油輸入先であるサウジアラビアでも、イランなど周辺国との緊張、国内体制の同様、不透明な財政改革など、不安定要因が山積している。

国際社会におけるエネルギー環境の構造的変化についての議論としては、世界の石油生産量がどこかで頂点を迎え、いつか石油が枯渇もしくは需要を賄えなくなるという「ピーク・オイル論 (Peak Oil)」がある。ピーク・オイル論では、主に石油地質学者や資源工学者らによって、石油生産の物理的なピーク時期の予測が主な論点となっていた。しかし、最近は「生産・供給のピーク」だけでなく、「需要のピーク」についても議論されている。つまり、パリ協定にみられる世界規模での環境政策の進展、再生可能エネルギーや天

然ガス利用の拡大、蓄電技術や省エネ技術の革新、電気自動車の普及、カーシェアリングの推進や公共交通網の拡大に基づく都市化などにより、世界の石油需要がどこかでピークを迎え、その後は減少するという議論である。

(b) 不透明なエネルギー情勢　日本を含めた国際社会を取り巻くエネルギー情勢は、米国トランプ新政権の政策動向と米中関係や英国の EU 離脱、変動する原油価格、中東やウクライナなどの地政学的問題、原子力技術と核不拡散、エネルギーミックスと地球温暖化目標の達成、再生可能エネルギー導入促進や技術革新政策など、ますます不確実性に満ちており、議論すべき課題が山積している。サウジアラビアのヤマニ元石油大臣は、「時代は技術で変わる。石器時代は石がなくなったから終わったのではない。石油も同じだ」と述べている。エネルギー技術の革新は、国際社会の大規模な転換をもたらし得るという視点が必要だろう。

(5)　移民・難民問題

人はなぜ移動するのか。移動した先で何を求めるのか。母国や住み慣れた土地を去るのは移民や難民と呼ばれる人々に限らず、日本に住む私たちも就学や留学、就職、海外赴任などのタイミングで普通に行うことである。しかし、内戦や政府からの弾圧、干ばつや洪水による居住地の喪失といった、多くの日本人にとってあまり馴染みのない理由によって移動する人々もいる。近年「人の移動」は多様化しており、移民、難民、国内避難民 (internally displaced people)、庇護希望者 (asylum seeker)、混合移住 (mixed migration) など様々な形態が見られる。また、「人の移動」が多様化する中で、移民を「正規／非正規」、「合法／不法」で区分することは困難になっている。

例えば、2011 年のシリア内戦の影響を受けて外国に移動したシリア人には、入国ビザを取得し、パスポートを持って空港や陸路の国境から「合法的」に入国する人々もいれば、ブローカーに金銭を支払って密入国する人々もいる。また、戦闘や政府の弾圧の危険を受けて、難民として緊急的に他国に逃れる人もいる。「合法的」な移民として他国に渡った人々の中でも、より良い機会を求めて第三国や欧州に「不法に」入国することもある。また、内戦の長期化によって母国に戻る機会がないまま、ビザの失効によって「不法滞在」となってしまう人もいる。

　仮に、ドイツのベルリンに、内戦を逃れてきたシリア人の家族がいるとしよう。彼らはシリア北部のアレッポに住んでいたが、戦闘が激しくなったことでトルコに移動した。トルコに移る際には、パスポートもビザも取得していた。しかし、トルコでは十分な職や生活支援を見つけられず、ブローカーに大金を支払って、地中海を越えてギリシャに渡った。しかし、地中海を渡る途中でボートが沈み、一家の子供の1人が溺死した。ギリシャでは入管施設に収容された後、滞在が認められて住居や生活支援も与えられたものの、周辺住民から強い差別を受け、就労の機会もなかったために、陸路で数カ国を経由しながらドイツまで移動した。彼らのシリアからドイツまでの道のりには、たしかに「不法」な部分もあるが、それをもって彼らを「不法移民」と区分することは可能なのであろうか。また、「不法」であったとして、このシリア人家族はドイツもしくはギリシャで法の裁きを受けるべきなのか、トルコまたは内戦中のシリアに送還されるべきなのか。

　中東やアフリカ諸国における紛争はますます長期化し、国境の内外を問わず避難民の数は増え続けている。紛争下にある国では、社会システム、教育、保健衛生、水道などの基礎インフラが脆弱化しており、危険を承知で地中海を渡ろうとするものは後を絶たない。欧州は、地中海沿岸での捜索・救助活動に加えて、アフリカ諸国に対する不法移民対策や国境警備の支援を強化している。しかし、欧州に渡る不法移民を対象とした地中海沿岸での移民対策・国境警備活動だけでなく、移民の送り出し国・経由国の安定化や経済開発に向けた支援を行わなければ、欧州に入る「不法」な移民が減少したとしても、移民を取り巻く環境は悪化していくばかりである。

(6)　グローバリゼーション

(a) グローバル化の進展　　グローバル化とは、「ヒト・モノ・カネと情報の、国境を越えた移動」と定義される。これは、国境を越える流通の拡大、資本主義システムの拡大、国際的相互依存の深化、アクター間の価値の共有、などに分類される。歴史的に見ると、グローバル化という現象は人間社会の技術革新に伴い、大航海時代や産業革命など様々な形で強化されてきた。特に、1989年の冷戦の終結により、ヒト・モノ・カネと情報の移動を妨げてきた自由主義陣営と社会主義陣営との対立が消失したことで、グローバル化

はさらに加速した。

　グローバル化は、政治、経済、社会、文化など、人間の活動の様々な領域に影響を与えた。特に経済においては、資本や労働力の国境を越えた移動が活発化するとともに、貿易を通じた商品・サービスの取引や、海外への投資が増大することによって世界における経済的な結びつきが深まった。これは「大競争（Mega-Competition）」と呼ばれる、世界中の企業が国境を超えて地球規模で市場をめぐって競争し、多国籍企業や金融機関が新たな投資先を求めて世界中へ進出する状況を生み出した。その結果、世界の生産力は飛躍的に拡大し、世界規模での産業構造の変化や技術革新を促し、先進国と新興国の経済格差は縮小し、新興国における貧困削減も進んだ。

　(b)　グローバル化への反発　　しかし、グローバル化は一方で、失業問題や非正規雇用の拡大といった労働市場への悪影響、所得格差の拡大、中間層の没落の要因となった。また、2008 年の「リーマンショック」など、世界規模での金融危機を生み出している。このようなグローバル化の「負の側面」は日本にとっても他人事ではない。例えば、日本から労働力の安いアジア諸国に工場や資本が移転することで、日本の工場が閉鎖したり、「シャッター商店街」が地方都市に増えたり、非正規雇用や「ブラック企業」などの労働問題が深刻化している。これらの負の影響により、先進国を中心にグローバル化への反発が高まり、反グローバリズム、保護主義、自国第一主義を支持する声が高まっている。

　この反グローバリズムの動きは、例えば G7・G8 サミット反対運動や世界貿易機関（WTO）の会合に対してのシアトルのデモ（1990 年）があるが、近年では英国の EU 離脱（Brexit）や米国の TPP 離脱、また欧州諸国における民族系右派の台頭など、国際的な政治・経済秩序を揺るがすまでに深刻化した。また、グローバル化の進展による経済・社会構造の急速な変化から取り残されてきた人々の反感が、2010 年代になり、ポピュリズムや排外主義、過激派による全世界での無差別テロといった暴力的な形で噴出している。

　また、グローバル化は、様々な社会問題が国境を超えて発生・連鎖する事態をもたらした。例えば、グローバル化によって人の移動が盛んになることで、空港や港湾をハブとした世界規模での疫病の流行（パンデミック）や、テ

ロや紛争に関わるヒト・モノ・カネの国境を越えた移動、アフリカや中東から欧州を目指す移民の増加につながった。これらの問題は複雑かつ国境を越えて発生、深刻化しており、一国での解決は極めて難しい。グローバル化が進む世界においては、問題解決にもまたグローバルに取り組む必要がある。同時に、異なる文化を持つ人々が、お互いの文化的差異や価値を受け入れ、尊重する「多文化共生」や、経済格差の縮小などが、これからのグローバルな社会の安定にとって重要な意味を持つだろう。

5 まとめにかえて：国際関係学を学ぶことによって将来への進路がどのように切り拓かれていくのか

　大学で身に着ける専門性の中には、社会に出た際にすぐに役立つものや、資格取得に繋がるもの、つまり直接的に仕事に活かせるものがある。例えば、金融、医学、福祉などがそれに当たる。こうした、いわゆる実学の分野と比較すると、哲学や文学などの分野は、一般的には社会において即座に役立てること、さらには直接関連する仕事に就くことは難しい場合が少なくない。

　それでは、国際関係学はどうであろうか。これまで本章で見て来たように国際関係学は大変幅広いテーマについて、多角的な視点やアプローチから学ぶ学問であり、グローバリゼーションが進展する現代社会においては、必ずやその学びを活かすことが可能であると言える。外交官や国連職員等の国際公務員といった職業はもちろんのこと、海外取引のある民間企業においても、国際関係学の専門性は有用である。反対に言えば、職業や業種ごとに海外との関係に濃淡はあるものの、今後益々、海外と全く無縁の業種は減るものと予想される。国際関係学の専門性は、英語を始めとする語学と組み合わせることで、進路の可能性を如何様にも切り開く可能性を有している。

コラム　大学における国際関係系学部

　大学受験を控えた高校生や、大学編入を控えた専門学校生の中には、「どのような学部に進学すれば、国際関係学を学べるのか？」という疑問を抱いたことのある者も少なくないのではないだろうか。より具体的な疑問として「政治学部で

は国際関係学は勉強できないのか？」「総合政策学部といった名前の学部でも国際関係学を学べるようだが、何か違いはあるのか？」などもあるだろう。こうした疑問は、国際関係学を志す多くの者が直面したことのあるものであり、志望大学や学部を絞り込んでいく作業の中では、皆が通る通過点と言っても過言ではない。それだけ、日本の大学においては、国際関係学と取り扱う学部に多様な名称が付与されており、また、様々な学部で国際関係学を学ぶことが出来るのである。本文で述べた通り、国際関係学には隣接する学問領域も多く、また用語の統一がされていない。

　ここで、国際関係を学ぶことに出来る日本の大学学部名の一例を見てみよう。その名称は実に多様である。国際関係学部（日本大学、立命館大学など）もあれば、国際学部（桜美林大学、宇都宮大学）もある。また、比較的古くからは、国際政治経済学部（青山学院大学）や、法学部の中に政治学科が設置される法学部政治学科（慶應義塾大学、一橋大学など）がある。様々な大学に設置されている政治学科であるが、「政治学科では国際関係学を学ぶことは出来ないのか？国内政治のみか？」との疑問も良く聞こえてくる。実際には、多くの場合は、決してそのようなことはない。ただし、政治学に重きを置いている場合もあるため、良く調べて検討する必要はある。また、1990 年代以降は、学部名に「国際」や「政治」とつかないものであっても、国際関係を取り扱う学部の設置も増えている。例えば、総合政策学部（慶応義塾大学）や、総合グローバル学部（上智大学）であるが、これらは国際関係学（論）と他の学問領域の垣根を越えて（または融合させて）、現代社会の課題に多面的にアプローチすること等を提唱している。以上のように、国際関係を学ぶための学部は多く存在し、学部名を見ただけでは、何を学ぶことが出来るかを知り得ることは難しい場合が多い。

　では、どのように志望大学や学部を絞り込んで行けば良いのだろうか。結論から言えば、各大学・学部のパンフレット（資料）やホームページに記載されている教育理念や特質を読み込み、比較していくことが重要である。この際に念頭に置くべきであるのは、自分自身が特に興味関心を抱いている分野（テーマ）に力を入れているかどうかということである。そのためには、シラバス（授業計画・授業内容のようなもの）や、在籍する教員を調べて、入学後の学習イメージを膨らませてみることが有用であろう。

文献案内

村田晃嗣, 君塚直隆, 石川卓, 栗栖薫子, 秋山信将『国際政治をつかむ［新版］』（有斐閣、2015 年）

大芝亮編『日本の外交　第五巻 – 対外政策 課題編』（岩波書店、2013 年）

ナイ、ジョセフ・S.、ジュニア＝デイヴィッド・A. ウェルチ／田中明彦・村田晃嗣訳『国際紛争—理論と歴史［原書第 9 版］』（有斐閣、2013 年）

細谷雄一『国際秩序—18 世紀ヨーロッパから 21 世紀東アジアへ』（中公新書、2012 年）

カー. E.H.／原彬久訳『危機の 20 年—理想と現実』（岩波文庫、2011 年）

田中明彦、中西寛編『新・国際政治経済の基礎知識［新版］』（有斐閣、2010 年）

野林健、大芝亮、納家政嗣、山田敦、長尾悟『国際政治経済学・入門［第 3 版］』（有斐閣アルマ、2007 年）

細谷雄一『外交 – 多文明時代の対話と交渉』（有斐閣、2007 年）

吉川直人・野口和彦編『国際関係理論』（勁草書房、2006 年）

明石康『国際連合—軌跡と展望』（岩波新書、2006 年）

カルドー、メアリー／山本武彦・渡部正樹訳『新戦争論—グローバル時代の組織的暴力』（岩波書店、2003 年）。

John Baylis, Steve Smith, Patricia Owens "The Globalization of World Politics: An Introduction to International Relations" Oxford Univ Press, February 2017.

参考文献

今井宏平『国際政治理論の射程と限界　分析ツール理解に向けて』（中央大学出版部、2017 年）

保坂修司『ジハード主義—アルカイダからイスラーム国へ』（岩波現代全書、2017 年）

村田晃嗣、君塚直隆、石川卓、栗栖薫子、秋山信将『国際政治をつかむ［新版］』（有斐閣、2015 年）

山本達也『革命と騒乱のエジプト：ソーシャルメディアとピーク・オイルの政治学』（慶應義塾大学出版会、2014 年）

カー. E.H.／原彬久訳『危機の 20 年—理想と現実』（岩波文庫、2011 年）

野林健、大芝亮、納家政嗣、山田敦、長尾悟『国際政治経済学・入門［第 3 版］』（有斐閣アルマ、2007 年）

細谷雄一、矢沢達宏編『国際学入門』（創文社、2005 年）

宮坂直史『国際テロリズム論』（芦書房、2002 年）

大芝亮『国際組織の政治経済学—冷戦後の国際関係の枠組み』（有斐閣、1994 年）

John Baylis, Steve Smith, Patricia Owens "The Globalization of World Politics: An Introduction to International Relations" Oxford Univ Press, February 2017.

外務省「日本の国際テロ対策協力」2017 年 1 月 23 日付、[http://www.mofa.go.jp/
　　mofaj/gaiko/terro/taisaku_0506.html];

外務省「テロのない世界を目指して」2010 年 3 月 5 日付、[http://www.mofa.go.jp/
　　mofaj/press/pr/wakaru/topics/vol54/index.html]

警察庁、「警察庁組織令」政令第 280 号、2016 年 8 月 12 日付、[http://law.e-gov.
　　go.jp/htmldata/S29/S29SE180.html]

日本エネルギー経済研究所『IEEJ アウトルック 2018：2050 年に向けた展望と課題』、
　　(2017 年 10 月)、[https://eneken.ieej.or.jp/data/7565.pdf]

外務省ホームページ [https://www.mofa.go.jp/mofaj/]

国際連合ホームページ [http://www.un.org/]

国際連合憲章

第6章　経済学

第1節　経済学の概要

1　経済学とは何か

　現代の日本は、モノがあふれ、人々は豊かな生活を送っている。しかしモノには限りがあるということを、意識したことはあるだろうか。経済学は「限りのあるモノ（例えば、お金や労働力、資源など）を、ヒトがどのように効率よく使うか」をテーマとしている学問とされる。主体がヒトであることから、人間の行動を分析する学問であり、その時代の人々の考え方や行動により支持される理論も異なることから、自然現象などを扱う学問とは性質がやや異なる。

　では経済学はいつ頃に誕生した学問であろうか。もちろん人間の行動は人類が誕生した大昔から存在するが、学問として確立したのは18世紀後半であり、イギリスの経済学者で「経済学の父」といわれるアダム・スミス（Adam Smith）による。彼は著書『国富論』（1776年）の中で、経済学を、「人々に多くの利益や製品を供給し、利益や必需品が人々に便益を与える方法」または「そのような利益を国や社会に提供し、人々と統治者を豊かにする方法」と説明している。

　また彼は、経済学では有名な「（神の）見えざる手（invisible hand）」という考え方を示した。人々が各々、自分の利益を追求すれば、結果として社会全体において適切な資源配分が達成されるという意味である。実際には、彼は投資家の資産運用に関して述べたが、現代では、例えばモノの価格が高すぎれば、人々は購入せず売り手が価格を下げ、逆に多くの人々が買えば売り手は価格を上げるというような、社会の自動調整機能のような捉え方をされるようになっている。

アダム・スミスの後も、多くの学者が定義をしている。例えば、19世紀の後半に、ドイツの共産主義者フリードリヒ・エンゲルス（Friedrich Engels）は「社会におけるモノの生産と交換とを支配する諸法則の科学」と述べた。20世紀に入ると、イギリスの経済学者ライオネル・チャールズ・ロビンズ（Lionel Charles Robbins）が「ある目的を達成するために時間と手段を投入する行動は、他の目的のためにそれらを使用することを断念する」として「人間行動の研究」とした。

2 経済学を学ぶ目的

経済学は、人間の行動を分析する学問であることから、われわれにとって、身近な学問である。もちろん、物理学や生物学といったその他の学問も、電気電子部品を利用したり、自分たちの体に関することであったりと、日常的に関係があるものの、およそそれらには一定の法則や解決策が存在し、その方法を自分たちが身につけなくても、エンジニアや医師といった専門家に依存することができる。では、経済学の分野も、同じように専門家に依存することができるであろうか。

読者は、テレビの番組などで、日本の景気や為替などについて議論している番組をみたことがあるだろう。もし経済学が扱う分野に一定の法則や解決策が存在すれば、複数の専門家が述べる意見は、ほぼ同じ内容になるはずである。しかし、例えば「日本の来年の景気は上向きか、下向きか」または「今後、1ドルが100円を割り込むか、逆か」といったことに関し、専門家といわれる人々の意見は必ずしも一致しない。つまり、ここに読者が経済学を学ぶ意義が存在する。これから社会で生活するにあたり、経済学に関する領域では、自分で判断せざるを得ない状況に直面する可能性を想定しなければいけないのである。

またすべての人が学ばねばならないというものでなくとも、社会の制度に関して、経済学を学んだ人材が必要な場面が存在する。例えば政策を決定する政治家や公務員である。世の中には、人々が存在するだけ、様々な考え方や要望があり、それらをどのようにして取りまとめ、全体として最適化するかを考えなければいけない職業である。読者は、税金がそもそも必要かを考

えたことはあるだろうか。人々が必要だと思っている施設や設備があったと
する。一人が拠出するお金には限界があり、また自分以外の誰かがその費用
を負担すればいいと全員が思っていると、実現されない。そのようなとき
に、税金による設置や整備が必要になる。

　環境に関しても、経済学と無縁ではない。個々の企業による経済活動が被
害者の存在を考えずに、好き勝手に環境破壊を行っていれば、いずれその被
害者のみならず、地球環境全体としても人々の生活に支障が出るだろう。そ
の利害を数値で測り、経済的な解決を促すことも必要とされる。

　このように全員が知るべき教養という側面と、将来の専門家を育成し社会
をリードする学問といった、双方の目的を経済学は有している。

3　経済学の分類

　経済学とは、具体的にどのような内容の学問であろうか。経済学にも様々
な領域がある。しかし分け方は必ずしも厳密ではなく、およそ扱う規模によ
り、個人や家計、企業単位のミクロ経済学と、国家単位のマクロ経済学と
に、大きく二分される。ミクロ経済学は完全雇用や完全市場経済を考えるの
に対し、マクロ経済学は景気変動や失業に対する政府の経済政策のための学
問という性質がある。

　そのほかにはマルクス経済学と近代経済学という分け方をすることもあ
る。マルクス経済学は、ドイツの革命家であったカール・ハインリヒ・マル
クス（Karl Heinrich Marx）の『資本論』（1867 年）をもとにしている。イギリス
の古典派経済学を批判的に継承しており、資本の支配を否定する立場をと
る。一方で近代経済学とは、マルクス経済学以外の経済学を指す。

　また扱う分野により、環境経済学や労働経済学、行動経済学などの細かい
分類をされることもある。これらの分野による分類が、必ずしもミクロ経済
学とマクロ経済学のどちらかに含まれるというわけではない。例えば、食べ
物は、肉や魚、野菜、果物という分け方もあれば、赤色、青色、緑黄色とい
う分け方もできるように、その見方により、経済学という大きな分野の切り
方が違うという理解が良く、またどの分け方が正しくて、どれが間違ってい
るということでもない。特に経済学と隣接する分野との融合領域にも注目さ

れることが多くなってきている。

　以下、代表的な分け方に従い、経済学についての紹介を行う。

第2節　ミクロ経済学とマクロ経済学

1　ミクロ経済学

　人々の経済活動の単位、例えば個人や家計、企業などの経済活動に焦点を
あてた学問をミクロ経済学という。主に財の価格や数量の関係を、各単位で
分析するため「微視的経済学」ともいわれる。

　ここでは、ミクロ経済学で代表的に扱う4つのトピック（1）消費者行動、
（2）企業行動、（3）市場理論、（4）ゲーム理論、のさわりを紹介する。

（1）　消費者行動

　消費者はモノを購入する立場であり、一般的にその行動を需要という。基
本となる学びは、縦軸に価格を、横軸に需要量を示した需要曲線（demand
curve）である。価格が下がれば、消費者が欲しいと思う需要量が増加するた
め、図1のように基本的に需要曲線は右下がりになる。

　しかし実際には、消費者はコンピュータのように、機械的に購入行動を判
断するわけではないため、その行動を逐一盛り込んで議論することは難し
い。そこで経済学では消費者が市場で決まった価格を受け入れることを前提
とした（そのような購入者をプライステーカー（price taker, 価格受容者）という）、簡
素化した市場である完全市場
（perfect market）を想定する。

　ここで需要曲線を考察する。商品
の価格が下がると、需要量が増加す
る。実質的には消費者の所得が増加
したのと同じ効果が発生するからで
ある。このことを所得効果（income
effect）という。一方で、商品Aに似
た商品Bの価格が下がることによ
り、その商品Aの需要量が減少す

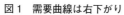

図1　需要曲線は右下がり

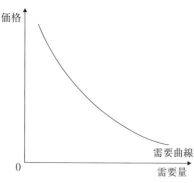

価格

需要曲線

0　　　　　　　　　　需要量

ることがある。通常は商品 B の価格が下がると、同様の商品 A の購入者が
商品 B の購入に切り変わるからである。このような相対的な変化を代替効
果（substitution effect）という。

　しかし商品 A の価格が下がっても、商品 A の需要が減ることがある。こ
のような現象をギッフェン・パラドックス（Giffen's paradox）という。例えば
あるパーティの準備ではワインが 14 本必要で、当初 1 本 2,000 円のワイン
（商品 A）を 10 本と 1 本 5,000 円のワイン（商品 B）を 4 本買おうとしていた
とする。お店に着くと、1 本 2,000 円のワインが半額セールで売られていた
とする。するとこのパーティを準備する人はどういう購買行動をとるだろう
か。この領域で学ぶ上級財や下級財、所得効果と代替効果といった基本的な
知識で、商品 A の需要が減少する可能性について容易に理解できるため、
説明は省略する。

　需要曲線を考察すると、価格の変化が需要量に影響を与えることがわかる
が、影響の度合いは財により異なる。価格の上昇（下降）に対し、需要量が
どれだけ減少（増加）するかを示す数値を需要の価格弾力性（price elasticity）
といい、次の式で計算される。

$$需要の価格弾力性 = -\frac{需要の変化率（\%）}{価格の変化率（\%）} = -\frac{\dfrac{需要量の変化（\Delta Q）}{元の需要量（Q）}}{\dfrac{価格の変化（\Delta P）}{元の価格（P）}}$$

　つまり、この式は次のように変形できる。

$$需要の価格弾力性 = -\frac{\Delta Q}{\Delta P} \times \frac{Q}{P}$$

$$= -（需要曲線の需要の価格に対する変化の割合）\times \frac{Q}{P}$$

　価格弾力性に影響を与える要因として、必需品か否か、他の代替できるも
のが存在するか、また変化に対し心理的な抵抗であるスイッチングコスト
（switching cost）を有するものか、などが挙げられる。

　この領域では、需要全体の変化と価格の変化による需要量の変化、価格弾力性を用いた価格戦略といった経営学との関係、所得効果と代替効果のさまざまな事例への応用、その他に消費者の利益を考察する消費者余剰（consumer's surplus）、一定の満足度で財の交換を考察する無差別曲線（indifference curve）や、無差別曲線と予算制約線（budget constraint line）の関係などを学ぶ。

　さて、経済社会は需要だけを考えればよいだろうか。人々が欲しいと思うものは需要が高いが、すると水のような必需品には高い価値があり、宝石のような必需品でないものは価値が無いだろうか。実際には逆である。このことを価値の逆説（paradox of value）という。読者はこの逆説の理由を説明できるだろうか。

　この問題に解決を与えるのが希少性（scarcity）である。交換価値（value in exchange）と使用価値（value in use）という言葉で説明され、水は使用価値が高いのに対し交換価値は低く、宝石は使用価値が低いのに対し交換価値は高い。つまり需要のみを考えるのではなく、供給側も考察しなければならないことは、容易に理解できるだろう。

（2）　企業行動

　生産を行い販売する企業は、一般的に供給側である。供給者は、高く売れる財は積極的に生産を行うため、右下がりの需要曲線と異なり、図2のように供給曲線（supply curve）は右上がりになる。

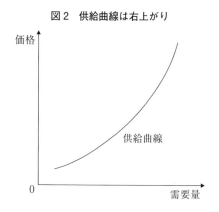

図2　供給曲線は右上がり

価格

供給曲線

0

需要量

　供給曲線も需要曲線と同様に、供給における価格弾力性を考えることができる。言うまでもなく、供給の場合、価格の上昇と供給量の増加は正の相関をするため、マイナスの符号はつかない。

$$供給の価格弾力性 \ = \ \frac{供給の変化率（\%）}{価格の変化率（\%）} \ = \ \frac{\dfrac{供給量の変化（\varDelta Q）}{元の供給量（Q）}}{\dfrac{価格の変化（\varDelta P）}{元の価格（P）}}$$

　供給における価格弾力性が、需要における価格弾力性と異なる点で注意すべき点は期間の概念である。需要の場合、価格の変化は消費者の購買行動に瞬時に影響を与えるが、供給の場合、価格の変化が瞬時に生産意欲に影響を与えるとしても、工場のラインなどの設備投資や雇用の関係からすぐに生産量に反映できない。農作物や畜産物であればなおさらである。つまり短い期間では供給の価格弾力性は 0 に限りなく近く、瞬時の生産量の変更ができない。期間を長くとるにつれ価格弾力性の数値に反映されてくる。

　さて、企業はモノを生産し販売する。生産にあたって投入される生産要素（factors of production）は原材料や労働、資本であり、それらを投入物（input）ともいう。投入物は 2 つに分けられ、原材料は生産を行う中で使い切られ、労働と資本はそれ自身が使われずそれらが新たなものを生み出す。労働や資本は新たな価値である付加価値（value add）を生み出す。そして生産された財を産出物（output）という。

　投入量と産出量、効率性の関係を示したものを生産関数（production function）、そのグラフを総生産曲線（total product curve）という。労働 L や資本 C を投入量とした場合、その産出量 Y は、

　　Y = f（L,C）

と表すことができ、資本 C は基本的にはすぐに変化しない（このすぐには変化できない期間を短期という）ので一定である（固定されている）とみると、

　　Y = f（L）

となる。この総生産曲線が図 3 である。

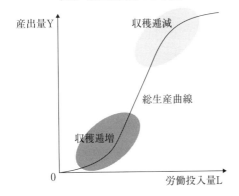

図 3　総生産曲線の S 字型

産出量Y

収穫逓減

総生産曲線

収穫逓増

0　　　　　　　　　労働投入量L

なぜ総生産曲線はＳ字型になるのだろうか。収穫逓増の段階では、得意、不得意に合わせ、各生産工程に専門職を配備することも可能である。すると生産の効率性が上がる。このことを特化の利益がはたらくという。一方で労働投入量が増えるにつれ、機械設備の数の限界や、工場敷地の狭さ、労働者の混雑が仕事の能率を下げるなど、固定的な生産要素が原因で、労働一単位の投入による追加の産出量が減少する可能性が生じ、収穫逓減となる。

最後に、経営学とも関係するが、企業行動では企業の目的に関する諸仮説も触れる必要がある。ミクロ経済学では、基本的に企業の目的は「利潤の最大化」という前提をもつが、アメリカの経済学者ウィリアム・ボーモル（William Baumol）は1959年に「売上高最大化仮説」を述べた。企業の経営者は、利潤の最大化を第一の目的とはせず、一定の利潤を確保すると、売上高（販売収入）の最大化を目指すというものである。読者は、なぜそう考えられるのか、次章の経営学を読み進めながら、考えてほしい。また他にも「従業員の利益の最大化」や「市場シェアの最大化」、「存続期間の最大化」に関する仮説などがある。

この領域では以上の他に、供給全体の変化と価格の変化による供給量の変化や、一定の産出量を保つための労働投入量と資本投入量の関係を考察する等（生産）量曲線（isoquant curve）、生産者の利益を考察する生産者余剰（producer's surplus）および生産者の利潤最大化行動、可変費用と固定費用を加えた総費用曲線、依頼人（principal）である株主と、代理人（agent）である経営者の関係性の問題を考察するプリンシパル＝エージェント理論（principal-agent theory）などを学ぶ。

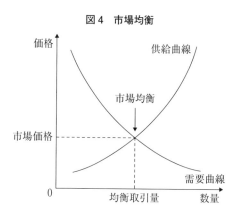

図4　市場均衡

（3）　市場理論

ミクロ経済学は、アルフレッド・マーシャル（Alfred Marshall）が確立した需要と供給の理論が中心になる。消費者行動では需要曲線を、企業行動では供給曲

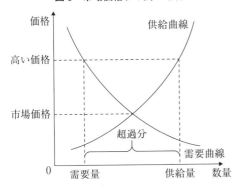

図 5　市場価格より高い場合

線を紹介した。

　右上がり供給曲線と右下がりの需要曲線は基本的に交わる。この交点を市場均衡（market equilibrium）という。市場均衡した交点における価格を市場価格、数量を均衡取引量といい、消費者と生産者がお互い満足した状態を示す。しかし 2 つの曲線がそれぞれ横軸と交わり、互いには交わらない場合も存在する。つまり売り手と買い手の合意点が存在しない場合である。

　ここで価格が市場価格より高い場合を考える。図 5 のように市場価格より高い価格の場合、需要曲線を見ると需要量が、供給曲線を見ると供給量がわかる。この場合、供給量のほうが多くなっており、この状態を超過供給という。その差が超過分である。価格が市場価格より低い場合は逆になり、その場合は超過需要という。

　しかし市場メカニズムにより、一般的にはどちらの場合も次第に均衡点に引き戻され、このことを安定的均衡という。

　この需要と供給で成立する市場には、市場への参加者が多く、個々に独立して行動（競争）し、十分に情報を持ち、かつ価格の支配力をもたず、扱う財が均一という完全競争と、そうではない不完全競争（imperfect competition）にわかれる。完全競争は実際にはほとんど存在せず、多くが不完全競争であり、その中でも完全競争に近い独占的競争（monopolistic competition）が多い。この形態は、扱う財について個々の売り手が少しずつ差別化を図っており、売り手が価格の支配力をもとうとする市場のことを指す。また寡占（Oligopoly）という 3 社以上のごく少数の企業が市場を支配している状態や、複占（Duopoly）という 2 社が市場を支配する状態、独占（Monopoly）という 1 つの企業が市場を支配している状態が存在する。それらの特徴は図 6 のようになる。

図6 市場の種類

	完全競争	不完全競争		
		独占的競争	寡占	独占（複占）
支配企業数	多数	多数	少数	1社（2社）
価格支配力	なし	限定的	あり	大いにあり
製品の差別化	なし	あり	あり、一部なし	なし（少しあり）
参入の容易さ	容易	容易	難しい	ほぼ不可能
例	ほとんどない	大多数	自動車産業やビールメーカーなど	地域公共サービス（航空輸送産業）

　一方で、独占には売り手側だけでなく、買い手独占（Monopsony）も存在する。例えば、自動車の部品では生産者は数多くいて、その部品を購入するのは大手自動車メーカーという場合などが挙げられる。買い手独占の場合、買い手は売り手に対して強い立場にあり、しかも売り手は他に顧客が存在しないことから、売らないという選択肢をとりにくい。そのため、弱い立場にあることが指摘されている。

　以上のような内容をもとに、この領域では、価格の役割や設定方法、価格規制による影響、課税分に対する消費者と企業の負担割合　独占企業における利潤最大化行動、寡占状態における企業間の相互依存行動や、複占とクールノー・ナッシュ均衡、シュタッケルベルク均衡、独占的競争における市場の出入りの激しさなどを、主にグラフと数式で考察する。

(4)　ゲーム理論

　ゲーム理論では、複数のプレイヤーが互いに影響を及ぼす状況で、他のプレイヤーの行動を予測し、それぞれが自らの利益を優先に考え意志決定を行う考え方を考察する。この書では、もっとも有名で基本的な、寡占（複占）市場におけるナッシュ均衡や囚人のジレンマといわれるものの応用を紹介する。

　小さな町に2つしかないA社とB社のスーパーマーケットを仮定する。互いにある商品の値上げをして利益を増やしたいと考えているが、自社が値上げをすると顧客が相手方に逃げてしまう可能性がある。お互いにこのような値上げの期待と顧客離れの懸念を持ちながら競争を行うということは、現

図7　2つのスーパーマーケットのある商品の利益の予想（均衡）

企業Bの行動 企業Aの行動	値上げ	価格据え置き
値上げ	A社 15 万円 　　　　B社 7 万円	A社 12 万円 　　　　B社 8 万円
価格据え置き	A社 20 万円 　　　　B社 6 万円	A社 10 万円 　　　　B社 10 万円

実にも少なからず存在すると思われる。それぞれの会社の値上げと価格据え置きの組み合わせによる一カ月の当該商品の売り上げの想定を、縦軸にA社の考え、横軸にB社の考えとして設定すると、図7の枠になる。このとき、A社とB社は、それぞれ値上げ、価格据え置きのどちらの行動をとるだろうか。

　結論は、A社が値上げ、B社が価格据え置きである。まずA社の立場で考える。A社はB社が値上げをすると考えると、自社も値上げを行えば15万円、それに対し価格据え置きであれば20万円得られ、この場合は価格据え置きを選ぶ。しかしB社が価格据え置きであれば、自社も値上げを行えば12万円、それに対し価格据え置きであれば10万円しか得らないため、値上げを行った方がよい。つまりA社が取るべき戦略はB社の行動に依存している。

　次にB社の立場で考える。A社が値上げをすると考える場合、B社は値上げをすれば7万円、それに対し価格据え置きでは8万円得られる。つまりB社は価格据え置きを選択する。A社が価格据え置きであれば、B社は自社が値上げすれば6万円、それに対し価格据え置きでは10万円を得られ、この場合も価格据え置きのほうがよい。このようにA社の行動に関わらずB社がとるべき選択が決まっているとき、「価格据え置き」が「値上げ」を支配するという。

　A社が、B社の立場に立ち、この業績の予想を考えれば、B社は価格据え置きを選ぶことがわかるため、B社が価格据え置きを選ぶ前提で、A社は値上げの戦略をとることが決定できる。このようにB社の行動からA社の戦略は決定されるが、このことを最適戦略という。このような戦略を変更しよ

図8　2つのスーパーマーケットのある商品の利益の予想（ジレンマ）

企業Bの行動　　企業Aの行動	値上げ	価格据え置き
値上げ	A社7万円　　　　B社7万円	A社0万円　　　　B社10万円
価格据え置き	A社10万円　　　　B社0万円	A社4万円　　　　B社4万円

うとしない決定が定まる場合を、クールノー・ナッシュ均衡（またはナッシュ均衡）という。

　では次の図8の場合はどうであろうか。この場合、結論はA社もB社も価格据え置きを選ぶ。どちらかが値上げ、どちらかが価格据え置きであれば、確かに一方は利益を得られないものの、互いが値上げを行えば7万円の利益を得られ、互いに価格据え置きを選んだ場合の4万円の利益より良い。しかしなぜA社もB社も価格据え置きを選ぶのであろうか。

　両社が価格据え置きを選ぶという背景には、実は互いの会社への不信感が原因にある。両社が申し合わせて値上げをすればよいものの、どちらかが裏切って価格据え置きを選べば、裏切ったほうは大きな利益を得て、裏切られたほうは全く利益を得ない。ここに互いへの不信感が存在し、互いに裏切る形の価格据え置きを選択するという行動につながる。このような例を、もともと黙秘を続ける2人の囚人に対して、自白を促す事例としての設定から、「囚人のジレンマ」とよぶ。2人の囚人は互いに黙秘を貫けば、お互いにより良いメリットがあるものの、相手への裏切りの不信から、双方ともに自白を選ぶのである。

　この領域では、囚人のジレンマに限らず、数多くのゲーム理論の題材が存在する。個々に挙げることはしないが、ゲーム理論はそれだけで1冊の本になるほど様々な例がある。

2　マクロ経済学

　人々の経済活動は、個人の消費や家単位の家計であったり、また企業単位であったりするが、それらの個別の経済活動をまとめた国全体の経済を扱う

学問をマクロ経済学という。国民の所得、消費額や投資額、雇用などのデータを集計した内容、経済成長や景気循環などを扱う。そのため「巨視的経済学」ともいわれる。

　1929年の世界恐慌後、イギリスの経済学者ジョン・メイナード・ケインズ（John Maynard Keynes）が著書『雇用・利子および貨幣の一般理論』（1936年）にて、世界恐慌に対する政府の経済政策を構築するために誕生させたとされる。ケインズは、不況や失業を考えないこれまでのアダム・スミスによる考え方では世界恐慌を説明できなかったことから、ヒトの自由な経済活動のみに依存する市場原理だけに任せるのではなく、政府が失業率を調整し景気を維持する政策による市場介入が必要だとした。

　ここでは、マクロ経済学で代表的に扱う5つのトピック（1）国の経済（2）貨幣と資産（3）安定化政策と経済成長（4）物価とインフレ（5）国際経済、のさわりを紹介する。

（1）　国の経済と GDP

　一国の経済を、俯瞰的に見るにはどのような方法があるだろうか。日常のニュースでは GDP や失業率という言葉をよく耳にする。国全体の経済を扱うマクロ経済指標の一つが、一定期間内に国内で産み出された付加価値の総額である国内総生産（GDP: Gross Domestic Product）ないしは国民総生産（GNP: Gross National Product）である。

　GDP は、すべての生産の合計、すべての支出の合計、すべての所得の合計という3つの面から、それぞれ計算される。どの計算からも同じ総合計である GDP になることから三面等価という。企業の生産では、売上から原材料費を差し引いた付加価値の合計となる。支出つまり購入という面では、個人の消費や、企業の投資支出、政府による公共投資などを合計し、

　GDP ＝（個人消費）＋（民間投資）＋（政府支出）＋純輸出（輸出－輸入）

となる。最後に、対価としての受け取る側の所得の合計としても計算される。

　GNP と GDP の関係は、

　GNP ＝ GDP ＋（海外から要素所得の受取り）－（海外へ要素所得の支払い）

である。要素所得とは、海外に保有する資産から生まれる収益や、海外で働

く出稼ぎ労働者の所得にあたる。つまり国内総生産 GDP は、外国企業や外国人も含めその国で生み出されたものをすべて加えるのに対し、国民総生産 GNP はその国の企業を含めた居住者に限る点に違いがある。

　失業率とは、失業者数を労働力人口で割った数値のことである。一国の景気動向を判断する指標の一つで、ある発表時期における想定された失業率と実際の改善状況との差により、株式市場が上下することもある。一方で、失業率は景気の実態に対し、やや遅れた指標となることも指摘されている。特に日本では従業員の雇用を守るという考え方が重視され、不況時であっても解雇をできる限り避ける傾向がある。同様に好景気であっても急な採用に慎重になるからである。

　GDP と失業率について、アメリカの経済学者アーサー・オークン (Arthur Okun) は、1962 年にオークンの経験則 (Okun's law) を発表した。GDP と失業率の増減には、反対関係を示す負の相関関係があるとするものである。

　またこの領域では、基本的な考え方として、貯蓄投資バランス (IS 式) を学ぶ。図9のように一国の経済の各部門 (政府、企業、家計 (＋海外)) の貯蓄投資の差額と各部門間での資金の流れを把握することで、効率的にお金が流れているかを確認することができる。通常、家計の貯蓄の超過分が、金融機関を介し、投資が超過している企業部門にまわる。また経済全体の投資 (I: investment) と貯蓄 (S: saving) の差が、その国の貿易収支である輸出 (EX: export) と輸入 (IM: import) の差に一致する。

図9　基本的な経済循環

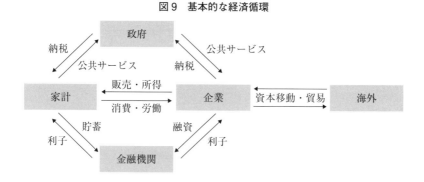

S（貯蓄）－ I（投資）＝ EX（輸出）－ IM（輸入）

この領域では、その他に所得や消費支出と経済的な変数との関係を示すケインズ型消費関数や、GDP の決定問題として 45 度線分析などを扱う。

(2)　貨幣と資産

日常生活で貨幣というと、多くの人は硬貨や紙幣を想定するだろうが、経済学では預金（deposit）も含む。その理由は、モノの価値を数値で示す「価値尺度」と、取引を行うことができる「交換・決済手段」、資産としての「価値の保有手段」という 3 つの役割が、貨幣の機能であることによる。

この預金は金融機関にずっと保管されているわけではなく、第三者に新たに貸し出される。貸し出されたお金は、すぐに消費されないのでさらに一旦預金に置かれるが、その預金がさらに第三者に新たに貸し出される。この繰り返しにより市場に出回るお金が増加することを信用創造（credit creation）という。

ここで金融機関は、支払いに備え、中央銀行が定めた支払準備率分の貨幣を手元に残し、残りを貸し出しに充てる。この支払準備率の調整で社会全体に出回る貨幣の供給量を調整することができる。例えば 100 億円の預金に対し、支払準備率が 10％と 20％であれば、以下のように供給量は変化する（仮に 3 巡目までを示す）。支払準備率の調整で、市場に出回る資金の供給量を調整できることが理解できる。

中央銀行は現金通貨を発行することができるため、現金通貨の発行と預金通貨の準備率の双方を増減させることで、世の中に出回っているお金を調整できる。

次に、貨幣以外の資産である株式や債券について考える。貨幣が銀行に預けられている預金の状態であれば利子が支払われるのと同様に、株式には配当が、債券には利子が支払われる。ただし利子は予め定められた額であるの

図 10　信用創造の事例

貸し出し	当初預金	1 回目貸出	2 回目貸出	3 回目貸出	3 回合計
準備率 10％	100 億円	90 億円	81 億円	72.9 億円	343.9 億円
準備率 20％	100 億円	80 億円	64 億円	51.2 億円	295.2 億円

に対し、配当は企業の収益によって変化する点で性質は異なるが、一般的に
それらの利子率や配当利回りは、株式、債券、預金の順に高い。その理由
は、それらの順に危険な資産と見做されるからである。例えば株式の配当利
益率が3%で安全資産の利子率が2%であれば、その差の1%のことを、株
式の所有者である株主が危険の度合いとして要求するリスクプレミアム
（risk premium）という。

　株式の価格である株価を、その株式が生み出す1株当たりの税引き後利益
で割ったものを株価収益比率（PER: Price Earnings Ratio）という。PERが高け
れば株価は割高と考えることもできるが、PERは将来の収益に依存するこ
とから、それだけ成長見込みがあると見做されているとも考えられる。

　（株価収益比率）＝（株価）÷（1株当たりの税引き後利益）

　土地も資産であり、株式でいう配当と同じように、その土地から生み出さ
れる利益（地代）が存在する。土地の価格も株価同様に変動し、そこから生
み出される利益も変動することから、株式と同様の性質をもち、土地の収益
比率を計算できる。

　（土地の収益比率）＝（土地の時価）÷（その土地が生み出す利益）

　ここで、これらの資産と全体の経済の関係を説明する。株価が利益の成長
以上に高くなれば、株価収益比率は通常より大きくなる。売買される土地の
時価の上昇率が、その土地が生み出す利益の上昇率以上に大きくなれば、土
地の収益比率は通常より大きくなる。それらの比率が、どの値を超えれば異
常に高いかを判断することは難しい。しかしこの比率に加え、その株式や土
地の将来の成長率、所有者が要求するリスクプレミアム、配当利回り等も総
合的に加味して、資産価格が異常に高いとき、「資産価格にバブルが生じて
いる」と表現される。これまでの歴史では、チューリップの球根の価格にお
いて17世紀のオランダではチューリップバブル、貿易を行っていた南海会
社の株価が高騰した18世紀イギリスの南海バブル、日本では1990年前後の
全体株価が高騰したバブル経済などが有名である。

　このように資産価格一つをとっても、全体の経済と関係している。この領
域では、その他に利子が貨幣の流動性を犠牲にするとする流動性選好説
（liquidity preference theory）や、設備投資を決定する要因を考察した設備投資関

数（capital investment function）などを扱う。

（3）　安定化政策と経済成長

　この領域で基本となるのは、イギリスの経済学者ジョン・リチャード・ヒックス（John Richard Hicks）がケインズの所得決定理論をグラフ化した、国民所得を横軸に、利子率を縦軸にとり、財市場（IS 曲線）と貨幣市場（LM 曲線）の同時均衡を分析する図 11 で示した IS-LM モデル（IS-LM model）である。

　投資（investment）と貯蓄（saving）の頭文字をとった IS 曲線は、財市場の均衡条件である、投資と貯蓄が等しくなる所得と利子率の組み合わせのグラフを示す。利子率が低いと投資が多くなるが、投資と貯蓄が等しくなる条件を満たすために貯蓄も増加する必要がある。貯蓄を増やすには所得が増加する必要がある。

　つまり財市場を均衡させるには、利子率が低いときに所得が高くなる必要があるため（その逆も同様）、IS 曲線は右下がりになる。

　貨幣需要（liquidity preference）と貨幣供給（money supply）の頭文字をとった LM 曲線とは、貨幣市場の均衡条件である、貨幣需要と貨幣供給が等しくなる所得と利子率の組み合わせのグラフを示す。利子率が高いとき貨幣需要は減少し、所得が多いとき貨幣需要は多くなる。貨幣供給を一定とすれば、貨幣需要と貨幣供給を一致させるために、低い利子率と少ない所得、または高い利子率と多い所得が必要になる。つまり LM 曲線は右上がりになる。

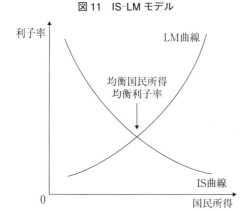

図 11　IS-LM モデル

　ミクロ経済学と同様に、IS 曲線と LM 曲線が交わる点が均衡点である。つまり均衡点では、均衡国民所得と均衡利子率が示される。

　このモデルは、財政政策や金融政策の効果を見る際に使われる。政府が国債の大量発行等により公共投資を行うことや、減税による所得拡大効果は、貨幣市場では貨幣需要を増大させ、

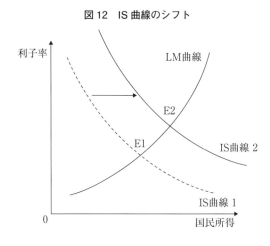

図12　IS曲線のシフト

利子率が上昇する。つまり図12のようにIS曲線1はIS曲線2へと右（右上）にシフトする。そのとき均衡点はE1からE2へと右上にずれるので、国民所得の増加と利子率は上昇が確認できる。

しかし国民所得は増加するものの利子率は上昇するため、投資意欲が減少する結果となる。このように政府支出が増大することで、民間の経済活動が阻害されることをクラウディング・アウト（crowding out）効果という。

一方で貨幣供給の増加は、利子率を低下させる。よって一定の国民所得では利子率により、LM曲線は右（右下）にシフトする。

この領域では、財政政策、金融政策の考察の他、経済成長理論を扱う。経済成長理論とは、数学モデルを用いて、国や世界の経済成長についての考察や、要因の分析を行うもので、主要な経済成長理論であるソロー・スワンモデルやハロッド・ドーマーモデル、多部門成長モデル、内生的成長モデルがある。

（4）　物価とインフレ

マクロ経済学では、総需要（AD: aggregate demand）と総供給（AS: aggregate supply）という考え方から、物価の決定のアプローチを行う。ミクロ経済学で用いる価格均衡のモデルのように、縦軸に物価水準、横軸に産出量をとると、総需要曲線は右下がりに、総供給曲線は右上がりになる。総需要では家計や企業、政府、海外などの需要者が、ある物価水準にて財やサービスの購入希望を示すのに対し、総供給は、企業などの供給者が、ある物価水準での財やサービスの供給希望を示す。

ミクロ経済学では、ある財が高くなれば、その財を買い控え、同様の別の

図13　（短期）マクロ経済均衡

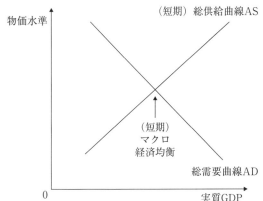

ものに消費行動を変更するという代替物（例えば、肉が高くなれば、代わりに魚を買う）が想定できるのに対し、マクロ経済学では代替物という視点がなく、全体で考察する点に違いが存在する。

図13のように、総需要曲線と（短期）総供給曲線で均衡物価水準が決まるが、この物価水準と関係するのがインフレーション（inflation）である。ミクロ経済学では個別の財を扱うが、一時的な財の需要によりその特定の財の価格が高騰してもインフレーションとはいわない。しかしマクロ経済学では、すべての財やサービスの価格を考察し（実際には代表的な財やサービスを集計した価格指数（price index）を用いる）、それらが持続的に上昇することをインフレーションという。

インフレーションの原因として、景気が良く需要が供給を上回り、市場に供給される財やサービスが不足することで物価が上昇するディマンド・プル型インフレと、原材料や人件費が上がることで、企業が利益確保のために財やサービスの価格を上げるコスト・プッシュ型インフレがある。

インフレーションの問題は、「現実には」すべての財やサービスが同率で上昇しない点にある。また例えば、債務者が、年利5％で債権者からお金を借りているときに、5％以上のインフレーションが発生すれば債権者が受け取る実質的な債権の価値は下がっている。このようにインフレーションは、実質資産を債権者から奪い、債務者に再分配する。インフレーションとは逆に、すべての財やサービスの価格が持続的に下落するデフレーション（deflation）では、債務者から債権者に再分配する。

物価が数年で大きく上昇するとき、特にハイパーインフレーション（hyperinflation）という。第一次大戦後のドイツや旧ソ連崩壊時が代表的な例

である。ハイパーインフレーションの問題は、貨幣に対する信用が失われ、その結果、物々交換等の経済に戻ることであり、結果として経済の停滞を引き起こす点である。

　この領域では、以上のような物価を中心として、総需要と総供給を考察する総需要・総供給分析（AD-AS model）や、賃金上昇率と失業率の関係を考察するフィリップス曲線（Phillips curve）、労働市場と総供給の関係なども扱う。

（5）　国際経済

　アメリカで使われている通貨価値の1ドルが日本で使われている通貨価値で80円と交換できる場合と、1ドルが360円で交換できる場合では、日本人の一般消費者にとって、どちらが嬉しいだろうか。前者はアメリカの1ドルのリンゴに80円を支払えばいいのに対し、後者の場合は360円を支払わねばならない。現在が120円として、前者のほうに変化したとき、1ドルが80円で買えるので円の価値が高くなることから「円高ドル安」、後者の場合を「円安ドル高」という。つまり円で給与を受け取る日本の一般消費者にとって嬉しいのは、通常は前者の「円高ドル安」である。

　この関係を企業の視点で見ると、日本国内の企業が国内価格で36,000円にて販売しているゲーム機は、1ドル120円を想定し、海外で販売するため300ドルという価格を設定したとする。しかし為替レートは日々変動するため、1ドル80円の「円高ドル安」に向かった場合、その企業が受け取る円は1台300ドルが24,000円に向かい、1ドル360円の「円安ドル高」に向かった場合、その企業が受け取る円は1台300ドルが108,000円に向かうことになる。日本の企業としては、後者の「円安ドル高」が嬉しいことになる。

　このように、一般的に円安は輸出に有利となり、円高は輸入に有利になる。ある通貨と別の通貨の交換比率のことを為替レート（exchange rate）という。また外国との貿易を含めた経済を開放経済モデルといい、ここに為替レートが関係する。

　購入の視点で見たGDPを再掲すると、

　GDP＝（個人消費）＋（民間投資）＋（政府支出）＋純輸出（輸出－輸入）

の関係があった。するとGDPを引き上げるには、輸出を増やし、輸入を減らせばよいが、輸出入には個人の消費マインドや為替レートが関係する。相

手国の景気が良いときは相手国の消費マインドが高く輸出が増える。また自国の景気が悪いときは自国の消費マインドが低く輸入が減る。為替レートでは、先述の通り、円安であれば輸出が増え輸入が減り、円高であればその逆である。

　外国との貿易において、輸出が輸入を上回っている輸出超過の状態を貿易黒字（trade surplus）という。輸出は GDP の式の通り、自国の GDP を上昇させるが相手国では輸入の増加になるため GDP を引き下げるため、他国の犠牲のもと自国の利益を得ている状態となる。他国からの輸入により自国内の同様の財の産業に減産および失業などの影響が考えられ、また GDP の減少の点からも他国から自国経済を守ろうとすることから、貿易摩擦が発生する。

　この領域では、以上のような国際間の経済をもとに、為替レートの決定理論や、貿易や資本移動を考慮して IS–LM 分析を拡張するマンデル・フレミングモデル（IS–LM–BP モデル）などを学ぶ。

第 3 節　最後に

　以上、経済学の代表的な分類であるミクロ経済学とマクロ経済学に分け、簡単に導入内容を紹介した。しかしここに紹介した内容とは別に、経済学の領域は広く多岐にわたる。特に経済学のモデルは他の領域でも応用でき、他の学問との融合により発展してきた。

　行動経済学（behavioral economics）は心理学と経済学の融合分野とされ、実験的な手法により経済現象を解明していく実験経済学（experimental economics）との親和性が指摘されている。2017 年に、リチャード・H・セイラー（Richard H. Thaler）がノーベル経済学賞を受賞している。また環境問題を扱う環境経済学（environmental economics）は、人口成長が生存手段を上回ると考える生態系の限界や、環境汚染の費用の考察、資源の再生などを扱う。

　その他にも、医療経済学や教育経済学、開発経済学、農業経済学など、数多くの領域が存在するため、経済学を目的として学ぶという選択肢もあれば、経済学以外の専門と合わせて経済学を学ぶという姿勢も、これからの社

会できっと役立つだろう。

　どのような進路に進むにせよ、本章が、少しでも経済学への興味を掻き立てるきっかけになれば幸いである。

コラム　経済学をまなべばお金持ちになれるのか

　時折、学生や一般の人から、「株式銘柄は、今、何を買えばいいですか？」と質問されることがある。どうも経済学や経営学を教えている人は、ゼロサムゲーム（複数の誰かが利益を得た場合、その額と同じ分だけ複数の誰かが損をしており、全体としてはプラスマイナスゼロになること）である市場などの勝者に違いないと思うらしい。

　もし経済学や経営学の知識がある人が株式市場で大儲けできるなら、きっと世の中の経済学や経営学を担当する大学教員や研究者は、みな大金持ちである。そして経済学や経営学を学べば、市場で勝者になれるなら、世の中は勝者で溢れかえっているだろう。だが現実はそうではない。

　しかし、あながち否定もできない。この章で紹介した、マクロ経済学を確立したイギリスの経済学者ジョン・メイナード・ケインズは、一大資産を築き上げた人物としても有名である。彼は株式売買や外国為替取引、商品取引も積極的に行っていたとされる。1929年までは順調に資産を増やしたが、同年の世界恐慌で個人資産の8割を失ったといわれている。

　その後は、株式の長期投資に切り替え、割安株（業績に対し、投資家からの評価が低い、つまり株価が低いまま放置されている株式）を中心に扱い成功した。いま彼の投資手法は「バリュー投資」として、多くの投資家の参考にされている。しかしマクロ経済学を確立したにもかかわらず、自身の投資では、マクロ経済ではなく、個別株式銘柄を重視するやり方に変えたという点が面白い。

　私が大学院生だった頃、同じ授業を受講していた社会人の大学院生の方が教員に、「金儲けを教えてもらえると思ったが違った」という趣旨の発言をされたことが記憶に残っている。そのときの教員は「理論や事例は扱うものの、大切なのはものの考え方で、それは応用できるものである」という趣旨の返答をされた。大学は専門学校のように、実用的な技術を身につける機会は多くないかもしれない。しかし、私は現職の前に会社の経営をしていたが、仕事をしている中で、直接的に大学や大学院で学んだことよりは、学んだ理論や事例を吸収し、今自分が

取り組んでいることに応用できる場面の方が多かった。大学での学問というのは、時代や環境が変わっても錆びることのないもので、学んだ人がそれをどう応用するかで価値が出てくるものである。つまり経済学や経営学は、お金を儲ける方法を直接的に学ぶ学問というよりは、自分たちが暮らす経済社会を理解するための土台を築く学問と考えるのが良い。

　さて、ケインズの場合は、自身が研究していたことをそのまま応用したのではなく、自身が研究する中でそれを応用する様々な気づきがあったのではないだろうか。例えばそれまでのマクロ経済学は、理論としては正しいものの、世界恐慌を経験し、応用するには限界があり、別視点を持つ必要性に気づいたのかも知れない。そのような意味では、やはり経済学や経営学という学問は、一領域を専門的にみる視点と、それにかかわる隣接分野を含め、総合的にみる視点の両方のアプローチが必要といえる。

　特に読者が経済学を学びたいと思うなら、この章で紹介した通り、時代の変化に伴い、隣接分野との融合が進んでいる学問であることに留意されたい。つまり広い視点と様々な基礎学力をもって取り組むべきである。「経済学を学ぶには、数学は必要ですか」という質問を受けることもある。数学の内容にもよるが、どのような学問を学ぶにせよ、不必要な基礎学力であると断言できるものは、まずない。少なくとも、経済学の諸分野が比較的新しく誕生していることからも、「何が不要である」というよりは、「いつどの基礎学力がもとになり、新たな学問領域を派生させるかわからないから、選択肢としての準備は多いに越したことはない」というのが正しい解答である。

参考文献

山岡道男、浅野忠克『アメリカの高校生が読んでいる経済の教科書』（アスペクト、2008 年）

吉川洋『マクロ経済学』（岩波書店、1995 年）

鈴木光男『ゲーム理論のあゆみ』（有斐閣、2014 年）

パーソナルファイナンス学会『パーソナルファイナンス研究の新しい地平』（文眞堂、2017 年）

竹本拓治『教養のミクロ経済』（萌書房、2011 年）

第7章　経営学

第1節　経営学の概要

1　経営学とは何か

　経営学というと読者は何を思い浮かべるだろうか。おそらく企業のビジネスを連想するだろう。狭い意味では企業活動のみを対象とすることもあるが、必ずしもその範囲にとどまらない。

　マネージャー（Manager）という役職を有する部活動がある。読者は岩崎夏海著「もし高校野球の女子マネージャーがドラッカーの『マネジメント』を読んだら」という小説、または映画化された作品を知っているだろうか。ある高校の弱小野球部のマネージャーを任された女子高生が、経営学者のピーター・ファディナンド・ドラッカー（Peter Ferdinand Drucker）著の「マネジメント（Management:Tasks, Responsibilities, Practices)」と出会うことで、同経営書に書かれた内容をもとに、同校の野球部を甲子園へと導くまでに大きく成長させるストーリーである。

　もちろんマネージャーという役職は企業にも存在するが、身近なところでは芸能人のマネージャーなどもよく耳にする。つまりマネージャーは「マネジメントする人」ということである。経営学を広い意味でとらえる場合、その対象は企業に限らず、あらゆる組織を対象とする。

　ではマネジメントとは何であろうか。一般的に、限られた資源や、想定されるリスクなどを管理し、成果を上げる手法と捉えられる。資源とは、ヒト、モノ、カネとされ、近年では4つ目の要素として情報を加えて考える。リスクとは、日常的には想定される何か悪いことの意味で考えられがちであるが、本来は不確実なことをリスクというため、良い結果になることもリスクの範囲である。

「限られた資源」と似た表現は、第6章の経済学でも出てきた。そして「効率よく利用する」と述べた。これらの点でも、経済学と経営学は似た部分が存在する。それらの違いは、かなり大雑把に述べれば、経済学が国全体を対象とするのに対し、経営学は会社をはじめとする組織を対象とする点である。ミクロ経済学よりさらに細かく、個々の組織を対象とするイメージである。しかし経営学を経済学のさらにミクロなものと捉えてしまうと危険である。もしそうであれば、経営学と経済学は分離する必要がない。それこそ経営学といわず、マクロ経済学、ミクロ経済学に対し、ナノ経済学のような言い方で終わったはずである。

「経営する」という表現はあっても、「経済する」という表現がないことが、経済学と経営学の違いを理解しやすくする。つまり経済学はヒトや企業の活動を客観的に見る（社会全体を対象にする）のに対し、経営学はヒトや企業の活動そのものを学問する（組織を対象にする）といえる。もちろん経済学と同様に、経営学も時代により変化するため、今後の経営学の意味は変化していくだろうが、本章では以上の考え方にそって、経営学を説明する。

2　経営学を学ぶ目的

経営学を学ぶ目的に、正しい、正しくないは、決定できないものの、扱う領域により、おおよその目的が決まってくる。先に述べたマネジメントはマネージャーが行うものであり、少なくとも組織を目標達成に導くことを目的に、組織内外の関係する人々の役割を把握し、割り振りを行う。その際にヒト、モノ、カネ、情報という限られた資源を効率よく利用する。つまり目標の達成のために全体の構想を決める（グランドデザインを行う）ことが、ひとつに挙げられる。それを行うには、ヒト、モノ、カネ、情報といったそれぞれの経営学の各論を学ぶ必要がある。

しかし経営学を学べば、ビジネス等に成功するか、組織の目標を達成できるかというと、そうとは限らない。経済学を学んだら、必ず大金持ちになれるというわけではないのと同様である。経営学では、知識を身につけることや、マネジメントする人の考え方を学ぶことができるのである。また現代社会の変化は激しく、組織を取り巻く環境は常に一定ではないため、学んだ事

例がそのまま適用できるわけではない。そのような意味においても、考え方を身につけ、将来、その考え方をもとに自ら応用するという姿勢をもたねばならない。

第2節　経営学が扱う領域

1　経営学の分類

（1）　学問の変遷による分類

経営学が対象とする領域は数多く存在するが、まずは大きな考え方の分類として、ドイツの経営経済学と、アメリカの経営管理学がある。

経営経済学は、企業と中心とする組織と機能を、経済的側面から考察する。代表的な学者として、近代経済学的手法により生産理論や価格理論を述べたドイツのエリッヒ・グーテンベルク（Erich Gutenberg）や、伝統的経営費用論を述べたドイツのコンラード・メレローヴィッチ（Konrad Mellerowicz）が挙げられる。

経営管理学は、具体的な経営の方法を考察するとされる。代表的な学者として、科学的管理法を述べたアメリカのフレデリック・テイラー（Frederick Taylor）や、企業の管理原則を述べたフランスのアンリ・ファヨール（Henri Fayol）が挙げられる。

（2）　開講科目等による分類

経営学が扱う範囲をどこまでとするかは、明確ではない。しかし大学等の経営学部で開講されている科目をもとに考えるとわかりやすい。近年では、経済学同様に、隣接分野との融合領域も増えてきている。

ここで触れなければいけないのが、経営学と商学の違いである。多くの大学は、あるとしてもどちらか一方の学部であるが、一部の大学では双方の学部を有することもある。経営学では、企業等が他の企業との競争に勝ち抜くため、そして組織が永続的に成長するため、または維持するための管理方法を学ぶ。つまり企業等の経営の方法を学ぶといえる。一方で商学の場合は、流通といわれる商品やサービス、お金の流れや、その制度などを学ぶ。つまり商いのやり方を学ぶといえる。

　どちらか一方の学部を有する大学の場合、名称が経営学部であれ商学部であれ、開講科目を見れば、経営学と商学の双方の内容を揃えていることが多いことから、本書においても章のタイトルは経営学であるものの、双方の領域を紹介することにする。

（3）　企業行動全般を包含する分類

　経営学は、必ずしも企業のみを対象としたものではないが、現代社会において、企業が学ぶ対象の中心であることに間違いない。参考であるが、現代の企業の中心となる株式会社制度の起源は 1602 年におけるオランダの東インド会社の制度であることから、株式会社組織の歴史は 400 年と少しということができる。

　では企業の意思決定や行動とはどのようなものだろうか。一般的に企業行動といっても、われわれが見ることのできる部分と見えない部分が存在する。特に学生は消費者としての企業との関係が主となるため、生産したものを企業が販売する販売活動が目に留まる。また消費者が直接目にしないものの、イメージできるものとして、生産活動がある。しかし企業内部の活動として、生産するための設備投資の資金調達や、支出に対する資金の管理、原材料の調達、従業員の労務管理、企業の戦略決定など、その他にも様々な管

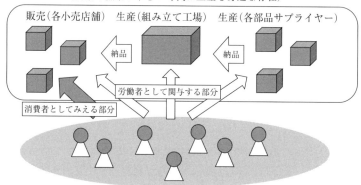

図 1　企業活動と消費者、労働者

理活動を行っている。図 1 に示すような、それらすべてが学問の対象となる。

　また株式会社の歴史は 400 年と少しと述べたが、これらの間に莫大な数の会社が生まれ、また消えていっている。つまり人類と同様に、会社にも誕生と消滅があり、誕生から消滅までの成長過程の中で、生産活動や販売活動、その他の管理活動を行う。

(4)　産業別の分類

　企業行動において目に見える部分と見えない部分があるのと同様に、企業そのものや、同業種の企業をまとめた産業の見え方も異なり、それは大学生の就職活動を左右する。毎年、巷で調査される大学生が選ぶ人気企業ランキングでは、自分たちが普段利用するものやサービスを扱う会社が上位に入りがちである。一方で業績も良く高い技術を持っていても、部品製造やソリューションなどを行う、大学生が直接消費者として関わることが少ない会社は上位に入りにくい。

　しかし実際には学生から見えない経営学、学生が知らない企業や産業も数多く存在し、経営学を学ぶことにより、現代経済社会の新たな一面を知るという効果もあるだろう。

2　代表的な経営学の学問領域

(1)　経営戦略／企業戦略

　企業は市場を独占（特定の企業のみがそのビジネスを行っている状態）していない限り、常に他の企業と限られた市場の中で、顧客の奪い合いを行う。そのためには市場全体を分析し、他の企業と比較し、そのうえで自社が優位になるような方法を考えなければならない。また自社をとりまく環境は常に変化している

　このように、企業が戦略を策定し、実行に移し、その結果を評価するプロセスそのものを本領域の学問とする。しかし戦略という言葉が含む範囲は広く、後に述べるマーケティングは、本領域における製品戦略として扱うことも多い。

　マイケル・ユージーン・ポーター（Michael Eugene Porter）が著した『競争の

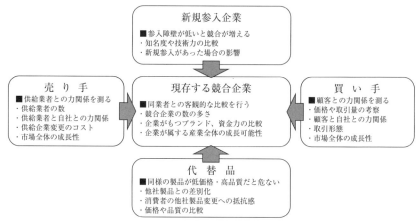

図2 ファイブフォース分析（自社を取り巻く競争環境が明確化）

戦略（Competitive strategy: techniques for analyzing industries and competitors）』が、当該領域の古典とされる。ポーターは、内的要因と外的要因から業界の構造分析を行う図2のようなファイブフォース分析の概念を提唱した。また企業における一連の業務を機能単位に分割し、価値の追加や、業務の効率化などを目指すバリュー・チェーン（Value Chain）の考え方を広めた。

(2) 中小企業

中小企業基本法により、中小企業の定義は、業種により資本金や常時使用する従業員数の上限で定められている。つまり大規模でない企業を学問の対象とする。

業　種	いずれかを満たす	
	資本金又は出資総額	常時使用する従業員数
①製造業、建設業、運輸業、②～④以外のその他の業種	3億円以下	300人以下
②卸売業	1億円以下	100人以下
③サービス業	5,000万円以下	100人以下
④小売業	5,000万円以下	50人以下

出所：中小企業庁ホームページ（http://www.chusho.meti.go.jp/）

図3 中小企業基本法による中小企業者の定義

日本の中小企業は、中小企業白書（2019 年度）によると全企業数のうち 99% 以上、また全従業者の約 70% を占めている。そのような中小企業の中には、極めて高い水準の技術をもつものもあり、取引などで大企業との関係性も深い。またほとんどの大企業も中小企業が成長していった後の姿であり、日本のみならず世界の経済はそれら中小企業によって支えられているといっても過言ではない。そのため中小企業の育成は極めて重要なテーマである。

（3）　ベンチャービジネス／ベンチャー企業

中小企業の中でも、独自の技術や製品、または新たなサービスで急成長していく企業をベンチャー企業といい、そのようなビジネスをベンチャービジネスという。なおベンチャービジネスは和製英語である。近い英語では "start-up business" が該当するが、この言葉は高いリスクを取りながら、より成長速度が速いイメージをもつ。

具体的には、業種を問わず、設立の数年後に上場を果たすような新興企業のビジネスを指すことが多いが、長年続く中小企業であっても、自社が持つ技術を、新たな事業分野に応用する場合もベンチャービジネスである。ある中小企業が、宇宙産業に取り組む「下町ロケット」というドラマを見たことがあるだろうか。そこに出てくる中小企業は技術系ベンチャー企業と呼ばれる部類にあたる。世界に誇る技術を持ち、ものづくりに取り組む成長企業をそのように呼ぶ。また近年急速に成長し、一躍巨大企業になった google 社などに代表されるように、IT 系や情報系のベンチャー企業も多い。このようにベンチャービジネスでは、IT や情報技術によるものづくりなどのベンチャービジネスが多いことから、当該学問は経営学部のみならず、理工系や情報系の学部に設置されることも多くなってきた。

ヨーゼフ・アロイス・シュンペーター（Joseph Alois Schumpeter）は、新たな効率的な方法が生まれ、古い非効率的な方法は駆逐されることで、経済が発展すると述べた。まさにその新たな効率的な方法がベンチャービジネスとなり、それを実践するのがベンチャー企業、それを実現する人がもつ精神が、次に述べるアントレプレナーシップである。

（4）　アントレプレナーシップ

ベンチャービジネスを起こし発展させるためには、そのための精神である

アントレプレナーシップが必要である。またそのような精神を持つ独創性と
冒険性に富んだ起業家のことをアントレプレナーという。ピーター・フェル
ディナンド・ドラッカー（Peter Ferdinand Drucker）は著書『イノベーションと
企業化精神（Innovation and Entrepreneurship）』において、アントレプレナーシ
ップを、「イノベーションを使い、変化の中に機会をみつけ、事業を成功さ
せる行動」と定義した。

　戦後の日本の焼け野原から、現在の日本経済を確立した多くの日本人創業
者も素晴らしいアントレプレナーシップの持ち主である。そして先進国とな
った日本において、新たなイノベーションによりこれからの日本を支えてい
くためにも、当該精神は必須といえる。

　本領域を学ぶことで、問題意識を持ち、精神的に自立した個人として新し
いことに挑戦し、そのことによって社会貢献しようとする、あるいは既存の
社会をよりよい方向に変革しようとする意識を持つことが必要とされてい
る。

（5）　人的資源管理／労務管理

　経営学を学ぶ目的で述べたヒト、モノ、カネ、情報は四大経営資源といわ
れる。そのうちのひとつ、ヒトについて学ぶ領域である。大きく 2 つのトピ
ックがあり、ひとつは企業等が競争に勝ち抜くために、または非営利組織で
あっても効率的に運営するために、どのようにヒトを管理するかであり、も
うひとつは組織に属する人がどのようにすればモチベーションを高めるか、
そして気持ちよく業務に従事するかを考察する。四大経営資源の中で、意思
を有する資源であることから、心理学などの隣接分野も絡め学ぶ、奥が深い
領域といえる。

　弘兼憲史作の漫画『課長島耕作』では、日本のとあるものづくり大企業が
モデルとされている。主人公の島耕作が組織の中で出世を遂げ、最後はトッ
プにまでのぼりつめる。そのストーリーの中で、社内の人間関係や異動につ
いても触れられていることから、人的資源管理を学ぶ上で参考になる。また
日本の安定成長期からバブルの時代を背景に描かれており、次に述べる日本
経済の領域にも参考になる作品である。

（6）　日本経済／日本的経営

経営学で扱う日本経済では、企業人や経営者として日本経済をどのような視点で見るかという問題意識で学ぶ。この領域では、経済学の視点も含め、市場や政府の役割、日本の高度経済成長やバブル経済など「東洋の奇跡」といわれた戦後日本経済の復活、そしてそれを支えた日本的経営などを扱う。

日本経済を GDP（国民総生産）でみると、図4のように1990年頃を境に、その前後で全く別の国ともいえるような成長の違いが存在する。

エズラ・ファイヴェル・ヴォーゲル（Ezra Feivel Vogel）は著書 "Japan as Number One: Lessons for America" にて、戦後の高度経済成長を支えた日本的経営を高く評価した。その要因として、終身雇用、年功序列賃金、企業内労働組合を日本的経営の代表とし、それらを礎として形成される従業員の所属組織への忠誠心や、企業と従業員の共同体が要因であると分析した。つまり当時の日本では、個人より組織という考え方が、生産効率性という強みに直結したといえる。

加えて、東洋の奇跡を成し遂げた点では、日本的経営という部分だけにとどまらず、マザーマーケットの強みもあったと考えられる。それは戦後日本

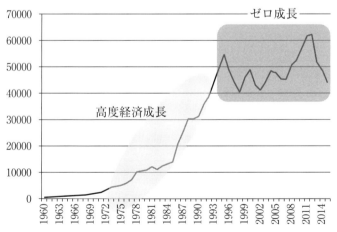

図4　日本の高度成長経済からその後のゼロ成長経済への移行
日本の GDP の推移（$ベース、単位億ドル）
出所：世界銀行資料より筆者作成

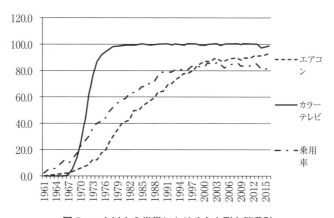

図5　二人以上の世帯における主な耐久消費財

（エアコン、カラーテレビ、乗用車）の普及率の変化
（内閣府開示資料より数字を引用し筆者作成）

人の生活の豊かさの変化であり、図5のように、作れば飛ぶように売れると
いわれた日本人の購買意欲の変化であった。しかし90年代以降はバブル経
済の崩壊を含め、日本経済の世界における相対的な地位は低下していくこと
になる。この点は、次のイノベーションの部分で述べる。

　日本のバブル崩壊を予言したとされる世界でも有数の投資家ジム・ロジャ
ース（Jim Rogers）は、2014年3月の雑誌インタビューにて、日本経済につい
て短期的には株価等が上昇するが、円安や財政出動による反動を根拠にその
先 の日本経済を悲観している。一方で、市場の開放による消費者へのメリ
ット、移民の受け入れなどによる少子高齢化対策などに触れ、必ずしも悪い
ことばかりではないとする。このように日本経済を全体的に俯瞰するのが、
当該領域の主たる学びである。

（7）　イノベーション／事業創造

　イノベーションとは技術革新と訳される。既出のシュンペーターは、著書
『経済発展の理論（Theorie der Wirtschaftlichen Entwicklung）』にて、イノベーシ
ョンを「非連続な変化」と述べている。何かの延長線上に生まれるものでは
なく、新しい発想により生まれるものとした。

　日本経済の部分で述べた通り、1980年代までの戦後日本の高度経済成長

は、強い国内需要が大きな役割を担ったといえる。しかし 1990 年代以降の
ゼロ経済成長においては、“Japan as Number One” と讃えられた、圧倒的
な強みをもった効率経営は機能しなかった。主な耐久消費財が各家庭に普及
し新規需要から買い替え需要に移行したことで、顧客の多様な要求に応える
柔軟性と創造性が必要とされた。つまり人口減少社会を迎え、高度経済成長
から低成長時代に移行したわが国経済を再認識すれば、IT 技術の急激な進
化、グローバル化などによって起こる時代の変化を捉えて、イノベーション
を起こしていかなければ成長は望めないのである。

　イノベーションに関する学びでは、新しいビジネスモデルで成長している
実例を学ぶ。特にものづくりに関しては製品開発段階におけるマネジメント
を扱う。当該分野では、MOT（技術経営、Management of Technology）といわれ
るコースにおいて、理工系を学ぶ学生を対象とした経営学の学習も重視され
ている。

　近年では、人の望むものの本質は何か、その解決のためにどうするか、と
いう基本に立ち返り、どう売るかを考える、デザイン思考のプロセスも重視
されている。

（8）　IT ビジネス／情報技術とビジネス

　IT（ICT）技術や IoT に代表されるつながりは、現代社会のビジネスにお
いて幅広く活用されている。またイノベーションの主要な一要素にもなって
いる。

　例えば、ブックストアを例に挙げる。インターネットのない時代に、新た
にブックストアを新規開業し、世界でトップレベルの売り上げを目指すこと
は可能であろうか。おそらく可能性は限りなく低い。しかしそれを成し遂げ
たブックストアがある。それが現在では書籍以外も取り扱うアマゾン社であ
る。一から世界トップレベルへという不可能を可能にしたのは、インターネ
ットによるビジネスの手法のイノベーションに他ならない。グーグル社やフ
ェイスブック社は ICT をプラットホームとしたビジネスを展開している。
このように IT がビジネスや人々の生活に大きなインパクトを与えた例は枚
挙に暇がない。

　国内に目を向けると、日本の証券業界が挙げられる。1990 年代までは、

日本では野村證券をはじめ大手4社が絶対的な地位を占めていた。しかし株式の売買の取り扱い仲介業務に関し、一部のインターネット証券会社は同業界にインターネット取引を持ち込み、同取扱高においてあっさり大手4社を抜きトップに立った。

　この領域を学ぶ際に必要な考え方は、数年後は予想できないという前提に立つことである。スマートフォンのない時代に、現在のように、いつでもどこでも情報を得ることができることは想像できない。常に物事に対し柔軟に対応する思考を養い、思い込みにとらわれないことが大切になる。この領域においても、シュンペーターが述べた、創造的破壊が常に起こっている。

（9）　経営社会学／現代社会とビジネス

　多くの学生にとり、社会に出る前の最後の学校教育が大学である。経営学部所属に限らず、専門知識を学んだ上で、その知識を活かす場は、現代の経済社会である。よって、現代社会のビジネスに関連する時事問題を、多面的な視点で考察し理解することが大切で、マスコミや他人の意見の受け売りではなく社会の諸事象について、自分の意見をもつことが必要になる。

　例えば、非核保有国が核開発を行っていて、そのことを核保有国が非難しているとする。このような設定に対し、どのような問題点や意見、多様な視点を見出すだろうか。核開発はおそらく非難されるべきだろう。しかし核保有国が非難することに疑問の余地はないだろうか。また非核保有国の立場では、核を保有することにより、現在の核保有国と対等な立場で話し合えると考えるかもしれない。これが問題を多面的にとらえる基本であり、また両者の意見の対立が国際的な緊張を高めれば、株価や為替にも影響し、結果として企業が行うビジネスに少なからず影響を及ぼす。このように、ビジネスと無関係に思える出来事も、実はビジネスとつながっていることを知ることができる。

　当該領域では、現在起こっている国内外の政治や経済に関する時事話題を取り上げ、各関与者の立場から物事をとらえる力を養い、ビジネスとの関係を学ぶことを目的とする。

（10）　財務会計／簿記

　商品取引をはじめ企業のお金の流れを通し、企業活動を記録する手段のこ

とを簿記という。多くの人は、お小遣い帳をつけた経験があると思うが、それは単式簿記といわれ、お金の増減を容易に記録できる。企業の場合は、取引の動きを見るために原因と結果を対応させて記述していく複式簿記という方法をとる。その記録の違いは、図の通りである。

	単式簿記	複式簿記
商品を300円で現金販売	（収入） 商品　300円	現金300円　商品300円
原材料を現金にて100円で購入	（支出） 原材料費100円	原材料費100円　現金100円

図6　単式簿記と複式簿記

　単式簿記では、現在商品がどれだけ残っているか把握しづらい反面、記録が容易である。一方、複式簿記はやや記録が難しいものの、対応する相手科目の増減も容易に把握できる。

　簿記という手段をもとに、企業は財務諸表といわれる、利害関係者に対し一定期間の業績やある時点での財務状態を伝える書類を作成する。事業が利益を生み出しているかどうかや、いま財務の状況が良いかどうかを、財務諸表を作成し報告することを会計という。よって財務会計では、企業当事者として財務諸表の作り方を学ぶことだけでなく、利害関係者としての読み方も学ぶことの双方が目的となる。

　つまり取引相手企業について、または自社が投資を検討している相手企業の財務諸表を見ることで、その企業が今までどういう動きをしてきたのか、現在はどういう状況かなどがわかり、それらから、その企業のある程度将来の予測や分析も行うことができる。つまり自社または自分の判断を主体的に行うことができる。

　将来の予測や分析では、その企業の財務諸表を過去のものから時系列でみることにより、成長してきているのか、利益を生む体質に変わってきているのかなども見ることができる。また同業他社の財務諸表と比較するといった方法を用いても、将来の成長を予測可能になる。

（11） 管理会計

同じ会計でも、財務管理と管理会計では目的が異なる。財務会計が利害関係者などの外に報告するためのものであることに対し、管理会計は企業の内部の分析に利用する。つまり経営の意思決定や業績管理に必要な情報の整理が目的であり、例えば社内における事業の再構築の判断材料や、新規事業計画、中期経営計画などをつくることなどが挙げられる。外部に公表する場合は、企業会計原則に基づく必要があるが、内部での分析では特段の共通ルールがない。

ハンバーガーの販売を例に出す。ハンバーガーの価格には、材料に対応する費用だけでなく、人件費や輸送費、広告宣伝費などが含まれている。広告宣伝費のような期間に対応するものを除いた、売上高に直接対応する費用を原価といい、それらを削減することで利益が生まれる。これを原価管理という。

企業は利益の目標を設定するが、そのためには、利益を生み出すための、売上と費用を定める必要がある。そのために予算を設定し、予算と実績の差異分析のための PDCA サイクル（Plan（計画）、Do（実行）、Check（評価）、Action（修正行動））にて、常に検証する。このことを予算管理という。

・方針を示す
・具体的な目標を定める

・計画に基づき行動を決定する
・実行に移す

Plan（計画）　Do（実行）

Action（改善）　Check（検証）

・検証を踏まえ、計画を修正する

・行動が適切だったかを検証する

図7　PDCA サイクルは企業活動の基本

　このほかにも管理会計では、1 年以上の投資効果や代替案などを決定する資本管理や、ROE（自己資本利益率、Return on Equity）や ROA（総資産利益率、Return on Asset）と並び、株主が投下した資本を上回る利益をあげたかどうかをみる EVA（経済付加価値、Economic Value Added）、戦略・ビジョンを財務、顧客、業務プロセス、学習と成長の 4 つの視点でみるバランスト・スコアカードなどを用いて、内部の管理を行う。

（12）　ファイナンス／銀行／証券

　銀行は、多くの学生にとってお金を預けるか、振り込み等の決済手段の場所であり、社会人になっても自営や企業を設立しない限り、およそ住宅の購入のためにローンを組む程度の付き合いである。証券会社は、学生を含む一般の人々にとって、投資対象の銘柄の株式や債券等の売買を仲介する機関としての付き合いである。

　しかし企業にとって、銀行はお金を預け、決済するだけではなく、資金が不足しているときに銀行から借り入れを起こすといった、事業活動を継続するための大切な存在である。証券会社も、企業は投資目的で株式や債券等の売買に利用することもあるが、銀行借り入れ以外の資金調達を行うために手助けをするという役割を担う。株式公開や公募増資など、事業が拡大していき、形式的にも実質的にもある基準以上を満たした際に、市場（一般の人々）から直接的に資金を調達するのである。すると投資をしようとする機関や人々は、その会社の詳細を知る必要がある。この時に、自社の状態を、銀行や証券会社、投資家に説明するため、財務会計の項で述べた財務諸表が必要となる。

　つまり、銀行や証券会社は、お金の余剰部門（主に一般の人々）から不足部門（主に企業等）へとお金を融通する仲介役としての、極めて重要な役割を担っている。また証券の売買では公平性などのルールも必要である。1987 年に作られた「ウォール街」という映画では、インサイダー取引といわれる犯罪を扱っているが、証券市場をイメージするには良い作品である。

　またこの領域では、通貨、債権、株式、金などの実際に売買されている現物市場と連動して価格が変動する商品を対象にしたデリバティブ（金融派生商品）の取引を学び、価格についての分析と評価や、リスクとリターンの考

察などを行う。

（13） 企業財務／コーポレートファイナンス

　1年後の100万円と、現在の100万円は同じ価値だろうか。実は1年後の100万円は利子率の分だけ割り引く必要があり、この考え方をキャッシュフローの割引現在価値という。このような時間の概念による価値計算の他、企業それぞれの価値の計算も必要になる場合がある。それは企業のM&A（合併と吸収、Merger and Acquisition）や、IPO（新規株式公開、Initial Public Offering）時に、価格を決めなければいけないからである。つまり、商品を販売するときに価格を付けるのと同様に、企業を売り買いするときや、自社の株式を売り出すときなどにも、価格を決める必要がある。また企業のCFO（財務担当者、Chief Financial Officer）にとっても価格が妥当かどうかを判断する力が必要となる。

　企業が資金を調達したいときには、どの選択肢が良いかなどを決定しなければならない。これは資本構成理論とよばれ、節税効果や、エージェンシーコストといわれる株主と経営者との利益相反により発生するコストなどを考察する。基本的には、企業は1つの方法で資金調達を行うことはほとんどなく、内部資金、銀行借入、普通社債、転換社債、普通株式の順に行うといわれる。これをペッキング・オーダー理論という。

　また代表的なフランコ・モジリアーニ（Franco Modigliani）とマートン・ハワード・ミラー（Merton Howard Miller）の1958年の研究では、最適な資本構成について、完全市場を前提とした場合、資金調達方法の組み合わせを変えても企業価値は変化しないとした。これをモジリアーニ＝ミラーの定理（MM理論:Modigliani-Miller theorem）という。

（14） 個人金融／パーソナルファイナンス

　ファイナンスにおいて、お金の余剰部門（主に一般の人々）から不足部門（主に企業等）へとお金を融通する仲介役として、銀行と証券会社を例に出した。しかし不足部門は企業等に限らず、個人の場合も考えられる。個人の場合は、証券会社ではなく、銀行や消費者金融会社などが仲介役を担う。

　また個人の金融ではクレジットカード会社も決済手段として利用されており、さらに近年では仮想通貨の流通など、個人の金融に関係する選択肢は増

えてきている。従来は株式会社等を設立し、出資という手段で一般の人々か
ら資金を集める手法も、クラウドファンディングという方法により、個人の
レベルでも身近になった。クラウドファンディングは、対価の存在しない寄
付型、対価がお金以外である購入型、対価がお金である投資型に分類され
る。

　また消費者金融会社と多重債務問題、クレジットカウンセリングなど、個
人の金融に関して、学ぶべき領域も多い。仮想通貨も当該領域で学ぶべき対
象になる。2013年のアメリカ映画"Runnner Runner"では、オンラインカ
ジノ運営会社が舞台になっている。顧客から預かった資産を会社のオーナー
が個人口座に移してしまう不正が行われるというストーリーである。2014
年にはビットコインを扱っていた会社の一つ、マウントゴックス（Mt.Gox）
社が同映画と似た破綻の仕方をした。仮想通貨という言葉を使用している
が、実際には決済性がほとんどなく、価値が乱高下をするという状況は、通
貨というよりはカジノのコインのように感じる。実質的には賭博のようなも
のを通貨という表現により曖昧に理解してしまう場合や、投機（speculation）
と投資（investment）の区別がつかない事例など、リテラシーの問題も、現代
では焦点をあてるべきテーマである。このように、金融の手段が多様化、複
雑化している現代において金融教育のあり方も重要なテーマとなっている。

（15）　マーケティング／消費者行動

　第6章の経済学では需要曲線と供給曲線が交わる点で、価格と取引量が決
まった。しかし実際の売買においては、モノの売り手と買い手では、生産や
購入を判断する時点が異なる。具体的には、売り手は予め消費者が購入する
と想定される数だけ商品を仕入れ、売るための広告を行う。生産からおこな
う売り手の場合は、何日後かに売れると思われる商品を想定し、工場のライ
ンにおいて製造を始める。一方で買い手は店頭に行き、または交渉の場で、
その時に購入するかどうかを判断できる。ここに売り手にとっての難しさが
存在する。

　マーケティングというと、一般的に商品を売るための広告宣伝のように考
えがちだが、それはごく一部の要素である。またよく言われる3C
（Customer: 市場・顧客、Competitor: 競合相手、Company: 自社）と 4P（Product: 商品、

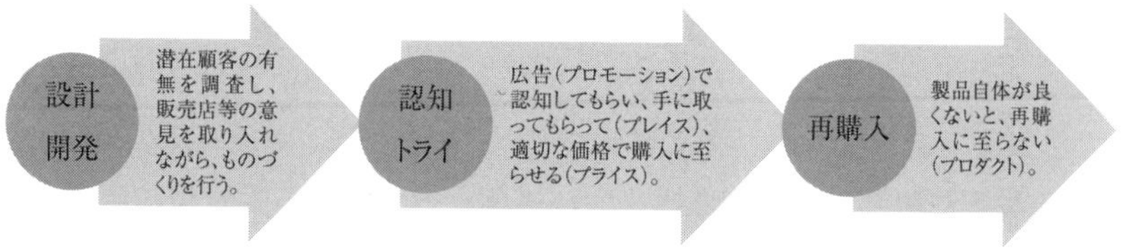

図8　マーケティングの考え方

Price: 価格、Promotion: プロモーション、Place: 販売場所・流通）という考え方を中心に考察することも、マーケティングの全てではない。実は商品が売れるようにあらかじめ生産の段階、または生産前の段階から何が売れるかをリサーチし、改良を重ねるところから、マーケティングはスタートしている。

　また流行という言葉があるが、ある日突然売れ出したり、急に売れなくなったりと、消費者の行動は変化する。何が消費者の行動を規定するのかを考察することも必要である。ブランドという言葉があるが、ブランドはすべての消費者に共通の概念ではない。ブランドはその人の心の中にある。ある人にとっては、ブランド価値があっても、別の人にとっては全く価値をもたないこともある。それはその製品を作っているメーカーが、個々の人に良い商品やサービスを提供し続けることで、個々の人の心の中で徐々にブランドが形成されていき、他の企業や商品と差異化していった結果である。

第3節　最後に

　以上、経営学の代表的な領域について述べた。本章では経営学の紹介を主たる目的として執筆しているが、関係する映画やドラマ、漫画などを一部紹介した。冒頭に述べたように、「経済する」とは言わなくとも、「経営する」という言葉があるように、経営学は経済学より主体的でイメージしやすい。しかしビジネスを経験したことのない学生にとって、教室の講義だけで経営学をイメージすることは困難が伴う。経営学の素晴らしい点は、何より身の回りに具体的な事例が存在し、映画やドラマ、漫画でも学ぶことができる点である。筆者は大学2年の時に、「ウォール街」のDVDを見て突如、金融

市場に興味を持ち、株式取引を始めた。そして大学1年の頃とはうって変わって、金融の勉強をし始めた。大学4年のとき、ある証券会社から内定を得たが、金融に興味を持ちすぎたあまり、大学院に進学した。金融を学ぶと、企業のファイナンスと結びつくことに興味を持ち、ベンチャー企業の新興市場への株式公開を学ぶことにした。そして自分の会社を設立し、9年間社長を務めた。その後、現職にある。なお家庭用ゲーム機の株式取引ゲーム、コンビニ等の経営シリーズやA列車で行こうシリーズ、その他の経営系シミュレーションゲームは、中学生のころから大学院生の時代は、ほぼすべて楽しんだ。このように、経営学という学問はやり方によっては学びやすく、理解しやすい学問である。

　最後に、個人のキャリアとアントレプレナーシップの関係について述べる。「何かをお手本にし、計画した通りに人生を歩む」というのは理想であるが、そのような人生は稀である。なぜならITビジネス／情報技術とビジネスの領域で述べたように、数年後には自分だけでなく周りの環境もあっという間に変化してしまう時代になったからである。しかも現在では予想がつかない変化である。そのような中、挫折も経験するかもしれない。つまり理想のキャリアを設計するだけでは、変化に対応できない可能性がある。そのような時代に、失敗して、へこんでも再び立ちあがるマインド、上手くいかなくても挑戦し続けるアントレプレナーシップをもち、柔軟に対応する力こそ、これからのキャリアの形成に必要である。アントレプレナーシップとは、決して経営学のためだけの言葉ではない。

　日本経済／日本的経営やイノベーション／事業創造の領域で述べた通り、私たちの祖先は明治維新後も、そして戦後も、時には諸外国を模範としつつ、確たるアントレプレナーシップをもち、驚異的なスピードで日本を再構築した。今、先進国となった日本にとって、お手本といわれる事例は世界にそう多くはない。これからはビジネスにおいても、新たな創造とそれを実現する力が必要である。それがイノベーション主導型経済に転換した先進国日本の本当の姿である。

　知識を理解し取り入れるインプットの学習だけでは柔軟性に欠ける。知識を応用しアウトプットする力こそこれからの社会に、そしてビジネスに必要

になる。現代社会の諸事象、内在する問題をタイムリーに把握し、思い込みの枠を超え、捉えなおし、新たに学ぶ知識と、今まで蓄積してきた知識の双方を有効に組み合わせ、問題解決につなげる応用が求められている。その過程で、自身に適したキャリアデザインを描くともに、将来の日本を支えるアントレプレナーシップをもつ人材へと成長することが願いである。

　どのような進路に進むにせよ、本章が、少しでも経営学への興味を掻き立てるきっかけになれば幸いである。

■コラム　日本の経営の特徴をかんがえる！

　国によって、人々の文化や常識が異なるのと同様に、企業の考え方や行動も異なる。以下のコラムは、タイ在住で、日本企業、外資系企業の双方に勤務されたのち、日本の某上場企業の海外子会社社長を経験され、その後、バンコク大学で教鞭をとられた横山正明氏とお話ししたときの内容をまとめた。全ての会社に当てはまる法則のようなものではないものの、日本企業と米国系企業の考え方の違いの特徴を表している例である。

　私が大学生を連れて同氏に会いに行くと、同氏は学生に対し「日本では『ブラック企業』という言葉が使われているが、本当のブラック企業とはどういう会社だと思う?」という質問をされた。すると学生らは、マスコミなどの影響を受けてか、揃って「残業が多く、定時に帰れない。土日も仕事に追われるような会社でしょうか。残業代が出ないこともあります」というような回答をする。しかし同氏の回答はこうだ。

　「残業ですか。そもそも日本の商売は、江戸時代は丁稚奉公です。住み込みが原点なんですね。現在の日本では、たしかにそのような会社を、『ブラック企業』と呼んでいるようです。でもね、私は本当の『ブラック企業』は一部の外資系企業だと思うんですよ。一瞬の気も抜けない会社のことだと思います」

　この章で「マネージャー」という言葉について述べたが、例えば企業のマネージャーでも、日本企業と外資系企業では概して厳しさが違うという。日本企業は、現在はかなり崩れたとはいえ、今でも年功序列賃金制度や終身雇用的な慣習がみられる。一方で外資系企業では、例えばマネージャーは営業成績で最下位を2度続けて取れば解雇になる。常にマネージャーの代わりを狙うアソシエート（サブマネージャー）が育成されていて、厳しい競争にさらされる。さらにマネ

ージャーはアソシエートの教育の義務も負う。

　同氏は先の大戦の経験者である。同氏の幼少時代、頭上近くを米軍の偵察機が飛んでいた。

　「米国は夜に空襲して町を焼きました。そして翌朝に偵察機が来るんです。何をしているかというと、写真を撮っている」

日本軍の戦争は、味方の被害は少なめに、敵をやつけた成果は過大に報告したといわれる。しかし米軍はきっちり成果を確認して次の計画を立てた。作戦を大きく見誤ることはない。

　「米国系企業も同じですよ。きちっと成果を査定する。また日本企業のように結果オーライ的な考えはほとんどしません」

　さらに商品を売る際も、当初の目標値を達成すれば次に移る。日本企業は売れるなら売れなくなるまでダラダラ売り続ける。

　さらに人事に関しても日本企業には特徴があるという。同氏がマネージャーの時である。

　「人事部一括ではなく、現場のマネージャーに採用権限がありました。なので4月に新卒3名を採用しました。すると本社から、『なぜ4月に採用するの?』と質問されました。『4月だからとりあえず、会社の将来のために、新卒を採用しておく。そういうものだ』という考えでした。すると『いま人が足りないの?会社は大学に、採用しなければならない義理があるの?』とくる。そもそも会社に明日がなければ将来も何もないわけです。これも日本企業との考え方の違う点の一つでした」

　必要のない採用はしない。必要な時に必要な数だけ採用する。それが米国系企業だった。さらに採用は現場のマネージャーに任されている。日本企業のように、人事部が一括で採用し、各部署に新卒を「配給」することはなかった。そして最低限の人数で仕事をまわし、人が抜けた時に補充することも、マネージャーのテクニックとされた。もちろん不足しないよう、他社から人を引っこ抜かれないようにするのもマネージャーのテクニックであったという。

　また同氏は4月の一括採用について苦言を呈する。

　「日本の大学生は、卒業すれば、どこか企業が採用してくれる。こういう考え方になるから、大学に入り勉強しなくなる要因の一つになっているのではないか。日本は採用システムのベルトコンベアに乗っていればいいが、米国だと常に

新たなベルトコンベアに乗り換えるため、自分を磨かねばならない」

　確かに企業はタダで給料を払うわけではなく、その活動から生み出した利益の中から出す。それだけ企業経営は、また給料をもらうということは、本来は大変なことである。

　「マネージャーが計算機を叩いていたら、『何しているの?』といわれる。『マネージャーの仕事じゃないでしょ。部下にやらせられないの?』と」
日本企業よりも米国系企業のほうが、ジョブディスクリプション（job description）といわれる「職務の明確化」がなされていた。マネージャー、アソシエート、係長、それぞれが何をすべきかがはっきりしている。職務に対する責任の明確化こそ、今の日本企業に必要なのかもしれない。

　最後に同氏は今の大学生にこう投げかける。

　「大学を卒業し、企業に就職すれば、どこからか月20万円が降ってくると思っていないですか。大企業であれ、中小企業であれ、国内外に関係なく、給料は自分たちが稼ぐんです。ある米国系企業が、日本の企業に利益率を聞きました。正直に答えると、『この会社には大卒はいないのですか?』と質問された。いま半分以上の人が大学を卒業していますが、仮に半分とすると、大卒っていうのは、『それ以外の人々を食わせるんだ』という意気込みをもたなければいけない」

　確かに日本企業の売上高利益率は米国企業に比べ低い。経営学の知識云々ではなく、同氏が述べる気持ちの問題も必要なのかもしれない。

　「私が現役の時代は、海外駐在員には共通した使命がありました。高度経済成長中の日本にあって、『おれが外貨を稼ぐんだ』『国のため』という気持ちです。常に、日本国の外貨準備高を気にしていました。国がなければ、自分たちもないわけです。当然、パスポートもでない」

　今の日本の海外駐在員の何%がこのような気持ちを持っているだろうか。何%が日本の外貨準備高を気にかけているだろうか。私は同氏と話をするたびに、ひとつの思いにたどり着く。これからの日本にとって、経営学を学ぶ目的には、ビジネスマンとしての精神の習得も重要ではないかと。

参考文献

岩崎夏海『もし高校野球の女子マネージャーがドラッカーの『マネジメント』を読んだら』（ダイヤモンド社、2009年）

P. F. ドラッカー、上田惇生訳『イノベーションと企業家精神』（ダイヤモンド社、

　2007 年）

竹本拓治『教養のミクロ経済』（萌書房、2011 年）

竹本拓治『キャリア・アントレプレナーシップ論』（萌書房、2015 年）

三枝省三、竹本拓治『アントレプレナーシップ教科書』（中央経済社、2016 年）

週刊現代ホームページ http:／／gendai.ismedia.jp／articles／-／38748　参照日 2018
　年 1 月 20 日

第8章　法　学

第1節　序　論

1　はじめに——裁判例を通じた学び

かつて私は法学を学んでいる生徒に「学び始めの頃、法学に対してどのようなイメージを持っていたか」を聞いた事がある。そこでの返答は、「難しい」、「イメージが湧かない」、「六法全書を全部覚えないと勉強できない」などであった。

私自身、法学初学者だった頃にイメージしていた法学のイメージとなんら変わりないものであった。

なぜ、上記のようなイメージが出てしまうのか。その理由の一つとして、事例が思い浮かばない事があげられる。ニュースに出てくる刑法の条文を1つ出してみる。

> 第199条　人を殺した者は、死刑又は無期若しくは5年以上の懲役に処する

これは、殺人罪に関する条文である。この条文を見て、次に並べる問いに答えられるかを考えて欲しい。

1　「人を殺した」とあるが、即死だけが対象なのか
2　死刑・無期・懲役を決めるに当たっての判断基準は何か
3　懲役5年以上とされているが、懲役5年の判決と懲役10年の判決の違いは何か
4　そもそも、この条文が適用される要件はあるのか

　世の中には条文を見ただけで上記の 4 つの質問に答えられる人がいるかも
しれないが、一般的に、条文を眺めていただけでは答えは出ない。
　上記の答えを導くためには、事例検証が必要である。この事例検証の事
は、判例をみる事と同義である。

　学生が呈した法学へのイメージは、判例という具体例が思い浮かばいこと
に起因している。「六法全書を全部覚えないと勉強できない」といった発言
が出るのは、頭の中に具体例がなく、目の前に条文しかないからこそ出る発
想なのである。この発想は致し方ない。
　そこで、今回は法学のイメージを概念で学ぶのではなく、判例で学ぶ事に
重点を置く。本稿の読者対象が法学初学者であるので、取り上げる判例の基
準を下記の通りに設定した。

　　1　ニュースなどで取り上げられやすい条文に関する判例
　　2　高校の政治経済で扱われている判例
　　3　判例における登場人物は必要最低限のみを記す
　　4　扱う判例の学問領域は、ベースを憲法・民法・刑法とする

　これから判例を見ていくが、本稿は判例を通じて、法学とは何かを理解す
ることが目的となっている。私も陥ったのだが、概念が先行すると、判例を
概念で見てしまい、重要な考え方を見落としてしまう。
　判例を見る際に、ぜひやって頂きたいのは、①事件の概要を把握するこ
と、②何が問題となったのか（争点の確認）、③判例に該当する条文は何か
（取り上げる数は最高 2 つまでとする）、の 3 点である。
　判例を通じて読者自身の法学へのイメージを作ったうえで、先人たちの
「法学とは何か」への答えを知り、その上で自らイメージを作り上げるのが
堅実な道ではないかと私は考えている。
　是非、現段階で読者の方々には事例と向き合い対話して頂きたいと願って
いる。なお、各項目の最後にまとめを入れているので、それも活用して欲し
い。

2　判例の探し方・読み方

「いきなり判例を読め」と言われても皆さんは困ってだろう。日常生活において、裁判が遠い存在であるし、ましてや判決文を読む機会は少ない。

最近はネットで判例検索がしやすくなっているので、探すのは容易になっているが、自分が探している判例が見つかるかは別問題である。ここでは、最判昭和24年4月5日刑集3巻4号421頁に掲載されている判決を探す事になった場合を例に考えたい。

内容の区切りで、まとめを記すので、それを読むだけでも十分である。

まず、どこの裁判所でいつ下された判決なのかを知る必要がある。このケースでは、最判昭和24年4月5日と記されているので、昭和24年4月5日最高裁判所で下された判決だと分かる。裁判所名が略されて表記される事がポイントである。

次にどの判例集・雑誌に収録されているかを確認する必要性がある。刑集3巻4号421頁の刑集が何か分かれば問題はない。刑集とは、最高裁判所刑事判例集のことを示す。但し、大審院が存在した昭和22年までの大審院判決で、刑集とされている場合は、大審院刑事判例集のことを示すので気をつけてほしい。なお、民集も、最高裁判所民事判例集と大審院民事判例集の両方を意味するので注意がいる。

判決文で用いられる略語に関して、下記に求めを記すので参考にして欲しい。

〈裁判所の表記例〉
・東京地判　　東京地方裁判所判決
・東京高判　　東京高等裁判所判決
・最判　　　　最高裁判所判決
・最大判　　　最高裁判所大法廷判決

〈判例集・雑誌の表記例〉
・刑集　　　　最高裁判所刑事判例集（或いは、大審院刑事判例集）
・民集　　　　最高裁判所民事判例集（或いは、大審院民事判例集）
・集刑　　　　最高裁判所裁判集刑事
・集民　　　　最高裁判所裁判集民事

・判時　　　　判例時報
・判タ　　　　判例タイムズ
・法時　　　　法律時報
・ジュリ　　　ジュリスト
・民商　　　　民商法雑誌

　次に読み方である。判決文は短いものは5ページ以内に収まるが、長いものになると、とてつもない分量になり内容の見落としが発生しやすい。そこで、事案の概要・争点・争点に対する判断の3点に絞って読み解くのが合理的である。

　事案の概要とは、どのような背景がきっかけで裁判に至ったか、いわゆる裁判経緯にあたる部分である。特に人物関係（誰が・誰に・何をしたか）、出来事の時系列を慎重に見る事が求められる。人物関係を誤ることや時系列を誤る事は、法的判断を誤る事に直結すると肝に銘じて欲しい。

　争点とは、原告と被告が争っている部分と理解するのがスマートなやり方である。但し、ここでの争点とは法的争点であって、事実に関する争点ではないことに注意されたい。法学は法律の解釈・運用がメインにあるので、性質上、事実に関する争点ではなく、法的争点に重きが置かれるのである。

　争点に対する判断とは、争点に対する裁判所の見解を示す。争点に対する見解に関して、判例では、前提条件（例えば過去の判例や事実の再確認）を踏まえて結論を出している事が多くあるので、前提条件なのか判断なのかを見定める必要がある。

　この3点の確認をしただけでも、判決の核の部分は読めた事になる。その先には、過去の判例の検証や学説の検証もあるのだが、それは核があってこそ初めて成り立つものであるので今回はこの点は割愛する。本書は「初学者が読者対象」であるので、判決の核の部分を取り上げる事に注力を注ぎたい。最後に読み方のまとめを記す。

〈読み方のまとめ〉
・判決は、事実の概要・争点・争点に対する判断の3点で読む
・事実の概要の把握では、人物関係や時系列に注意

・争点では、「法的争点が何か」をみる
・前提条件を「争点に対する判断」と読み誤らないように注意

第 2 節　刑　法

1　正当防衛・過剰防衛編

正当防衛や過剰防衛の言葉を第三者に発した事がある人はいると推察される。その場合に用いられる正当防衛や過剰防衛は、どのような意味で用いられたのかを考えてほしい。

「日常で発する正当防衛」と「法律からみた正当防衛」の意味に違いがあるのか。

この項目では、数点の判例を通じて、法学が意味する正当防衛や過剰防衛の意味を取り上げる。

(1)　喧嘩と正当防衛（最大判昭和 23 年 7 月 7 日刑集 2 巻 8 号 793 頁）

〈事件の概要〉

被告人 X は被害者 Y と口論になって殴り合いに発展した。Y は、X の身体を鉄条網に押さえつけ、睾丸等を蹴った。そのことに怒った X は、所持していた小刀で Y に切りつけた。その結果、Y は失血し死亡した。

〈判決の争点と該当条文〉

1：喧嘩の法的定義
2：喧嘩は一般的に正当防衛が認められる余地があるか
3：本件では、正当防衛が認められるか

刑法 36 条 1 項　「急迫不正ノ侵害ニ対シ自己又ハ他人の権利ヲ防衛スル為メ己ムコトヲ得サルニ出テタル行為ハ之ヲ罰セス」

（現在、刑法 36 条 1 項　の条文は、「急迫不正の侵害に対して、自己又は他人の権利を防衛するため、やむを得ずにした行為は、罰し

ない。」となっている）

〈判決と争点の判断〉

判決：上告棄却

1：喧嘩の法的定義

　「互に暴行し合ういわゆる喧嘩は、闘争者双方が攻撃及び防禦を繰り返す一団の連続的闘争行為である」

2：喧嘩は一般的に正当防衛が認められる余地があるか

　「闘争の或る瞬間においては、闘争者の一方がもっぱら防禦に終始し、正当防衛を行う観を呈することがあっても、闘争の全般からみては、刑法第36条の正当防衛の観念を容れる余地がない場合がある。」

3：本件では、正当防衛が認められるか

　「刑法第36条を適用すべき余地はない」

(2)　包丁を構えた脅迫は正当防衛か
（最判平成元年11月13日刑集43巻10号823頁）

〈事件概要〉

昭和59年7月26日尼崎市にて発生した事案である。

　被害者Yは車を止めようとしたが、被告人Xの車が邪魔と思い警笛を鳴らした。商談中だったXは自分の車を前方に移動させたが、Yは車を止められなかったので、「邪魔になるから、どかんか。」とXに対して怒鳴り声を上げた。

　Xは車を移動させたが、怒鳴り声に腹を立てYに「言葉遣いに気をつけろ。」と言い建物に向かって歩いていたら、Yが、挙を前に突き出し、足を蹴り上げる動作をしながら、「お前、殴られたいのか。」と言って近づいて来た。

　Xは、Yから本当に殴られるかも知れないと思って恐くなり後ずさりしたが、Aがさらに目前まで追ってくるので逃げようとした。

　その時、ふとXは、車運転席前のコンソールボックス上に「菜切包丁」

を置いていることを思い出した。とっさにＸは、これでＹを脅してその接近を防ぎ、同人からの危害を免れようと考えた。

　約３メートル離れて対峙しているＹに対し、「菜切包丁」を持っているＸが「殴れるのなら殴ってみい。」と言い、これに動じないＹが２・３歩近づき、「刺すんやったら刺してみい。」と言い、さらにＸが「切られたいんか。」と言った。

　業務その他正当な理由がないのに、刃体の長さ約 17.7 センチメートルの菜切包丁一丁を携帯したことで、Ｘは訴えられた。

〈第一審・原審（高等裁判所）の判断〉

　第一審判決は、正当防衛の主張を認めず、被告人Ｘを有罪・罰金３万円の刑を言い渡したが、原判決は、Ｘの第一の所為は過剰防衛行為に当たるから、正当防衛のみならず過剰防衛の成立をも否定した第一審判決には事実誤認があるとしてこれを破棄し、Ｘを有罪・罰金１万 5000 円の刑を言い渡した。Ｘが上告した。

〈判決の争点と該当条文〉

1：本件は正当防衛に当たるのか

2：本件において、菜切包丁一丁の所持が罪に問われるのか

刑法 36 条 1 項　「急迫不正ノ侵害ニ対シ自己又ハ他人の権利ヲ防衛スル為メ已ムコトヲ得サルニ出テタル行為ハ之ヲ罰セス」

〈判決・争点の判断〉

判決：破棄自判

1：本件は正当防衛に当たるのか

　「被告人ＸがＡに対し本件菜切包丁を示した行為は、今にも身体に対し危害を加えようとする言動をもって被告人の目前に迫ってきたＡからの急迫不正の侵害に対し、自己の身体を防衛する意思に出たものとみるのが相当であり、この点の原判断は正当である。

　しかし、原判決が、素手で殴打しあるいは足蹴りの動作を示していたにすぎない相手に対し、被告人Ｘが殺傷能力のある菜切包丁を構えて脅迫したのは、防衛手段としての相当性の範囲を逸脱したものであると判断したのは、刑法36条1項の「已ムコトヲ得サルニ出テタル行為」の解釈適用を誤ったものといわざるを得ない。すなわち、右の認定事実によれば、被告人は、年齢も若く体力にも優れたＹから、「お前、殴られたいのか。」と言って手拳を前に突き出し、足を蹴り上げる動作を示されながら近づかれ、さらに後ずさりするのを追いかけられて目前に迫られたため、その接近を防ぎ、同人からの危害を免れるため、やむなく本件菜切包丁を手に取ったうえ腰のあたりに構え、「切られたいんか。」などと言ったというものであって、Ａからの危害を避けるための防御的な行動に終始していたものであるから、その行為をもって防衛手段としての相当性の範囲を超えたものということはできない。

　そうすると、被告人Ｘの第一の所為は刑法36条1項の正当防衛として違法性が阻却されるから、暴力行為等処罰に関する法律1条違反の罪の成立を認めた原判決には、法令の解釈適用を誤った違法があるといわざるを得ない。」

2：本件において、菜切包丁一丁の所持が罪に問われるのか

　「Ｙを脅迫する際に刃体の長さ約 17.7 センチメートルの菜切包丁を携帯したというものであるところ、右行為は、Ｙの急迫不正の侵害に対する正当防衛行為の一部を構成し、併せてその違法性も阻却されるものと解するのが相当であるから、銃砲刀剣類所持等取締法 22 条違反の罪は成立しないというべきである。

　そうすると、同法違反の成立を認めた原判決には、法令の解釈適用を誤った違法があるといわざるを得ない。」

（3）　正当防衛・過剰防衛編のまとめ

　本項目では、正当防衛・過剰防衛を扱った。判例での指摘点をまとめたい。

　はじめに、喧嘩に対する定義がなされ、喧嘩によっては正当防衛が認められない事があると示された。また、過剰防衛になってしまうのは、「防衛手段としての相当性の範囲を超えた」場合である。

　以上より、「防衛手段として相当性の範囲を超えていない」、と判断されて

はじめて正当防衛が認められる事になる。正当防衛かどうかを判断するのは
裁判所であるので、我々市民が勝手に判断をしてはならないということでも
ある。喧嘩をしている最中に、今の暴力は相当性の範囲を超えている、と言
っている人間を私は知らない。

　正当防衛・過剰防衛は、軽々しく口には出来ないし、決め付ける事もでき
ないものである。

2　責任能力編

　被告人の責任能力の有無が話題になる事がある。そのたびに、「常識の視
点」から責任能力の有無の話題がなされる事がある。では、「法学の視点」
から責任能力の有無をいかに判断しているのかを2つの判例を通じて確認し
たい。

(1)　鑑定意見は全て採用されるのか（1）
　　（最判平成20年4月25日刑集62巻5号1559頁）
〈事件の概要〉

　被告人Xは、元々、幻聴・幻覚症状を有していた。この症状が原因で、
被害者Yに危害を加える計画を実行しようとしていた。その行動の一例と
して、平成15年6月24日、Yを殴って脅かしてやろうと思い、Yのいる塗
装店に向かったことが挙げられる（計画は未遂に終わった）。行動を起こす発端
は、YがXの仕事に行くのを邪魔しようとしていると腹を立てたことだっ
た。

　6月27日、再度、Xは幻聴・幻聴症状が起こり、Yの塗装店にワンギリ
を2回ほどした。だが、Xの怒りは消えず、Yを2〜3発殴って脅すことを
目的に、Yのいる塗装店に向かった。

　Yがへらへら笑っているように思えたXは、Yの顔面等を数発殴った上、
店外に逃げ出したYを追い掛け、路上で更に顔面を1発殴った。そして、
あお向けに倒れたYを見て、ふざけてたぬき寝入りをしているのだと思い、
その太もも付近を足で突くように蹴った。

　しかし、通行人が来たのでそれ以上の暴行を加えることなく、Xはその場

を立ち去った。Yは、外傷性くも膜下出血により死亡した。翌日、Xは自首をした。

〈第一審・原審（高等裁判所）の判断〉

捜査段階で簡易の精神鑑定がなされ（A鑑定）、第一審でも裁判所からの命令により精神鑑定がなされた（B鑑定）。原審では意見書が出され、さらに、A鑑定・B鑑定・意見書を元に、裁判所からの命令により原審において精神鑑定がなされた（C鑑定）。

第一審はB鑑定を根拠に、Xは犯行時、心神喪失の状態にあったとしてXに無罪を言い渡した。原審では、第一審判決を事実誤認とし、心神喪失ではなく心神耗弱であるとしてXの懲役3年を言い渡した。

〈判決の争点と該当条文〉

1：第一審の根拠となったB鑑定、原審で提示されたC鑑定は信用できるものなのか

2：Xを心神耗弱と判断した原審の判断は妥当か

刑法第39条1項　「心神喪失者の行為は、罰しない。」

刑法第39条2項　「心神耗弱者の行為は、その刑を減軽する。」

〈判決・争点の判断〉

判決：破棄差戻

1　第一審の根拠となったB鑑定、原審で提示されたC鑑定は信用できるものなのか

「生物学的要素である精神障害の有無及び程度並びにこれが心理学的要素に与えた影響の有無及び程度については、その診断が臨床精神医学の本分であることにかんがみれば、専門家たる精神医学者の意見が鑑定等として証拠となっている場合には、鑑定人の公正さや能力に疑いが生じたり、鑑定の前提条件に問題があったりするなど、これを採用し得ない合理的な事情が認められるのでない限り、その意見を十分に尊重して認定すべきものというべきで

ある。」

　「(B 鑑定・C 鑑定の作成者は) いずれもその学識、経歴、業績に照らし、精神鑑定の鑑定人として十分な資質を備えていることはもとより、両鑑定において採用されている諸検査を含む診察方法や前提資料の検討も相当なもので、結論を導く過程にも、重大な破たん、遺脱、欠落は見当たらない。また、両鑑定が依拠する精神医学的知見も、格別特異なものとは解されない。

　そして両者は、本件行為が統合失調症の幻覚妄想状態に支配され、あるいは、それに駆動されたものであり、他方で正常な社会生活を営み得る能力を備えていたとしても、それは「二重見当識」等として説明が可能な現象であって、本件行為につき、X が事物の理非善悪を弁識する能力及びこの弁識に従って行動する能力を備えていたことを意味しないという理解において一致している。このような両鑑定は、いずれも基本的に高い信用性を備えているというべきである。」

2　X を心神耗弱と判断した原審の判断は妥当か

　「信用に値する B 鑑定及び C 鑑定に関係証拠を総合すれば、…（中略）…、統合失調症に特有の病的色彩を帯びていたものであることに照らすと、本件行為当時、被告人は、病的異常体験のただ中にあったものと認めるのが相当である。」

　「X は、同種の幻聴等が頻繁に現れる中で、しかも訂正が不可能又は極めて困難な妄想に導かれて動機を形成したと見られるのであるから、原判決のように、動機形成等が了解可能であると評価するのは相当ではないというべきである。また、このような幻覚妄想の影響下で、被告人は、本件行為時、前提事実の認識能力にも問題があったことがうかがわれるのであり、被告人が、本件行為が犯罪であることも認識していたり、記憶を保っていたりしても、これをもって、事理の弁識をなし得る能力を、実質を備えたものとして有していたと直ちに評価できるかは疑問である。」

　「統合失調症の幻覚妄想の強い影響下で行われた本件行為について、原判決の説示する事情があるからといって、そのことのみによって、その行為当時、被告人が事物の理非善悪を弁識する能力又はこの弁識に従って行動する能力を全く欠いていたのではなく、心神耗弱にとどまっていたと認めることは困難であるといわざるを得ない。」

(2)　鑑定意見は全て採用されるのか　(2)

（最決平成 21 年 12 月 8 日刑集 63 巻 11 号 2829 頁）

〈事実の概要〉

　被告人 X は、平成 12 年 11 月ころから両親の住む自宅に引きこもり始めた。平成 14 年夏ごろになると、窓から通行人めがけてエアガンの弾を撃っていた。平成 15 年 2 月、統合失調症の疑いと診断され措置入院したが、平成 15 年 3 月に措置解除となり退院した。

　平成 16 年 3 月ごろから、X の精神状態が悪化し、被害者 Y の家族から嫌がらせを受けていると X は思い込み、Y に対して嫌悪感情を抱くようになった。

　平成 16 年 6 月 2 日、X は Y 宅に侵入し、Y の頭部を金属バットで殴り付けた後、2 階に逃げた Y を追いかけ、Y の頭部、顔面をナイフで多数回にわたって切り付け、その胸部等を突き刺すなどして Y を殺害した。Y の二男も右頸部を上記ナイフで切り付けられた。

〈第一審・原審（高等裁判所）の判断〉

　本件は捜査段階で精神鑑定がなされた（A 鑑定）とは別に、原審において、裁判所からの命令で精神鑑定がなされた（B 鑑定）。

　第一審では、A 鑑定は信頼できるとした上で、X の責任能力を認め懲役 18 年の判決を下した。原審では、第一審を事実誤認とした上で、X が心神耗弱であるとして懲役 12 年の判決を下し、X が上告した。

〈判決の争点と該当条文〉

1：鑑定に基づいた事実認定や裁判所の判断は妥当か

刑法第 39 条 1 項　「心神喪失者の行為は、罰しない。」
刑法第 39 条 2 項　「心神耗弱者の行為は、その刑を減軽する。」

〈判決・争点の判断〉

判決：上告棄却

1 鑑定に基づいた事実認定や裁判所の判断は妥当か

「裁判所は、特定の精神鑑定の意見の一部を採用した場合においても、責任能力の有無・程度について、当該意見の他の部分に事実上拘束されることなく、上記事情等を総合して判定することができるというべきである。原判決が、前記のとおり、B鑑定について、責任能力判断のための重要な前提資料である被告人の本件犯行前後における言動についての検討が十分でなく、本件犯行時に一過性に増悪した幻覚妄想が本件犯行を直接支配して引き起こさせたという機序について十分納得できる説明がされていないなど、鑑定の前提資料や結論を導く推論過程に疑問があるとして、被告人が本件犯行時に心神喪失の状態にあったとする意見は採用せず、責任能力の有無・程度については、上記意見部分以外の点ではB鑑定等をも参考にしつつ、犯行当時の病状、幻覚妄想の内容、被告人の本件犯行前後の言動や犯行動機、従前の生活状態から推認される被告人の人格傾向等を総合考慮して、病的体験が犯行を直接支配する関係にあったのか、あるいは影響を及ぼす程度の関係であったのかなど統合失調症による病的体験と犯行との関係、被告人の本来の人格傾向と犯行との関連性の程度等を検討し、被告人は本件犯行当時是非弁別能力ないし行動制御能力が著しく減退する心神耗弱の状態にあったと認定したのは、その判断手法に誤りはなく、また、事案に照らし、その結論も相当であって、是認することができる。」

(3) 責任能力編のまとめ

本項目では、責任能力について扱った。上記2つの判決は、複数の鑑定（裁判所からの命令されたものも含む）が登場し、そこから1つを採用して判決を下している流れがある。裁判では、鑑定意見採用の是非や事実認定の妥当性が争点になった。

責任能力の有無の判断に関して、2番目の判例で「裁判所は、特定の精神鑑定の意見の一部を採用した場合においても、責任能力の有無・程度について、当該意見の他の部分に事実上拘束されることなく、上記事情等を総合して判定することができるというべきである。」と示されている。

つまり、裁判所は、「鑑定意見が採用された＝全てを鵜呑みにする」事はしないと言っているのだ。

　裁判所が何の資料を採用し、採用された資料を用いてどのように判断が下されたのか、その過程を辿ることが読み手に求められる。

　法学は、思考の過程を大切にするので、学習をする際にこの点は忘れないで欲しい。

3　詐欺罪編

　昔から詐欺はあったが、近年は新しい詐欺が増えてきた。オレオレ詐欺や還付金詐欺など、詐欺の種類も多様化しているように見える。その一方で、法律上、「詐欺に対してどのような判断が下されているか」を問われると、すぐに答えられない人も多いのではないか。

　本項目では、クレジットカードの不正使用を例に、裁判においてどのような判断がなされているかを見て欲しい。

（1）　他人名義のクレジットカードの不正使用
　　（最決平成 16 年 2 月 9 日刑集 58 巻 2 号 89 頁）

〈事案の概要〉

　本人名義人以外のクレジットカードの利用が認められていないガソリンスタンドで、被告人 X が、他人のクレジットカードを本人に成りすまして利用し、ガソリンスタンドの店員にも本人だと誤認させて、給油を受けたものである。原審は詐欺罪成立とし、X が上告した。

〈判決の争点と該当条文〉

1：本件は詐欺罪が成立するのか

刑法 246 条 1 項　「人を欺いて財物を交付させた者は、十年以下の懲役に処する。」

〈判決・争点の判断〉

判決：上告棄却

1：本件は詐欺罪が成立するのか

　「X は、本件クレジットカードの名義人本人に成り済まし、同カードの正当な利用権限がないのにこれがあるように装い、その旨従業員を誤信させてガソリンの交付を受けたことが認められるから、被告人の行為は詐欺罪を構成する。仮に、X が、本件クレジットカードの名義人から同カードの使用を許されており、かつ、自らの使用に係る同カードの利用代金が会員規約に従い名義人において決済されるものと誤信していたという事情があったとしても、本件詐欺罪の成立は左右されない。したがって、X に対し本件詐欺罪の成立を認めた原判断は、正当である。」

(2)　詐欺罪編のまとめ

　本項目では詐欺罪を扱った。上記の判決では、「何をもって詐欺罪が成立するのか」に関して、順を追って、分かりやすく説明している。

　裁判所は、①名義人に成りすます事、②正当な利用権限があるかのように装う事、③相手に名義人だと誤信させる事を根拠に詐欺罪成立を認めた。

　上記の判決は、事実概要に基づき、詐欺罪が成立しているのかを丁寧に確認している。丁寧な確認は、我々が判決文を読む際にも求められるものだ。

　「事実を 1 点ずつ押さえること」が、いかに大切かを理解して頂ければ幸いだ。

第3節　憲　法

　憲法の名前が登場するのは、早い場合小学生の社会科の授業である。その後も、高校の政治経済等の科目で、憲法に絡む事件を扱い学習を深める。それだけ馴染み深い。

　ところが、憲法が絡む裁判の場合、事件概要は記憶に残っていても、細かい点、例えば争点や争点に対する裁判所の見解は、記憶に残りづらい。

　今回は、馴染みのある判決、そうでない判決を取り上げ、裁判所の憲法判断の一端を見てみたい。

1　選挙編

　2019 年は参議院選挙の年であった。選挙が実施されるたびに話題になるのが、選挙における定数不均衡問題である。本項目では、2 つの判決を取り上げる。両者の裁判とも争点は、当該選挙が、議員数配分の不均衡により一票の格差が生じており、このことが憲法 14 条 1 項（「すべて国民は、法の下に平等であって、人種、信条、性別、社会的身分又は門地により、政治的、経済的又は社会的関係において、差別されない。」）で示されている法の下の平等に違反するかどうかである。

（2）　参議院の定数不均衡問題（1）
　　（最大判平成 24 年 10 月 17 日集民 241 号 91 頁）

〈事案の概要〉

　東京選挙区の選挙人である原告 X が、平成 22 年に実施された参議院選挙の議員定数配分規定は、憲法 14 条における法の下の平等に違反するとして選挙無効を求めた事案である。

〈判決・内容〉

判決：破棄自判

　　「憲法は、選挙権の内容の平等、換言すれば、議員の選出における各選挙人の投票の有する影響力の平等、すなわち投票価値の平等を要求していると解される。しかしながら、憲法は、どのような選挙制度が国民の利害や意見を公正かつ効果的に国政に反映させることになるかの決定を国会の裁量に委ねているのであるから、投票価値の平等は、選挙制度の仕組みを決定する唯一、絶対の基準となるものではなく、国会が正当に考慮することができる他の政策的目的ないし理由との関連において調和的に実現されるべきものである。それゆえ、国会が具体的に定めたところがその裁量権の行使として合理性を有するものである限り、それによって投票価値の平等が一定の限度で譲歩を求められることになっても、憲法に違反するとはいえない。」

　　「最大較差 1 対 5 前後が常態化する中で、平成 16 年大法廷判決において、複数の裁判官の補足意見により較差の状況を問題視する指摘がされ、平成 18 年大法廷判決において、投票価値の平等の重要性を考慮すると、投票価値の不平等の是正については国会における不断の努力が望まれる旨の指摘がされ、

さらに、平成21年大法廷判決においては、投票価値の平等という観点からはなお大きな不平等が存する状態であって較差の縮小が求められること及びそのためには選挙制度の仕組み自体の見直しが必要であることが指摘されるに至っており、これらの大法廷判決においては、上記の判断枠組み自体は基本的に維持しつつも、投票価値の平等の観点から実質的にはより厳格な評価がされるようになってきたところである。」

「本件選挙が平成18年改正による4増4減の措置後に実施された2回目の通常選挙であることを勘案しても、本件選挙当時、前記の較差が示す選挙区間における投票価値の不均衡は、投票価値の平等の重要性に照らしてもはや看過し得ない程度に達しており、これを正当化すべき特別の理由も見いだせない以上、違憲の問題が生ずる程度の著しい不平等状態に至っていたというほかはない。

　もっとも、当裁判所が平成21年大法廷判決においてこうした参議院議員の選挙制度の構造的問題及びその仕組み自体の見直しの必要性を指摘したのは本件選挙の約9か月前のことであり、その判示の中でも言及されているように、選挙制度の仕組み自体の見直しについては、参議院の在り方をも踏まえた高度に政治的な判断が求められるなど、事柄の性質上課題も多いためその検討に相応の時間を要することは認めざるを得ないこと、参議院において、同判決の趣旨を踏まえ、参議院改革協議会の下に設置された専門委員会における協議がされるなど、選挙制度の仕組み自体の見直しを含む制度改革に向けての検討が行われていたこと（中略）などを考慮すると、本件選挙までの間に本件定数配分規定を改正しなかったことが国会の裁量権の限界を超えるものとはいえず、本件定数配分規定が憲法に違反するに至っていたということはできない。」

(3)　参議院の定数不均衡問題（2）
（最大判平成29年9月27日民集71巻7号1139頁）
〈事案の概要〉

東京選挙区の選挙人原告X1・神奈川選挙区の選挙人である原告X2が、平成28年に実施された参議院選挙における議院定数配分規定は憲法違反であるとして選挙無効を求めた事案である。

〈判決・内容〉

判決：上告棄却

　　「本件選挙は、平成 26 年大法廷判決の言渡し後に成立した平成 27 年改正法による改正後の本件定数配分規定の下で施行されたものであるところ、同法は、従前の改正のように単に一部の選挙区の定数を増減するにとどまらず、人口の少ない選挙区について、参議院の創設以来初めての合区を行うことにより、都道府県を各選挙区の単位とする選挙制度の仕組みを見直すことをも内容とするものであり、これによって平成 25 年選挙当時まで数十年間にもわたり 5 倍前後で推移してきた選挙区間の最大較差は 2.97 倍（本件選挙当時は 3.08 倍）にまで縮小するに至ったのである。」

　　「この改正は、長期間にわたり投票価値の大きな較差が継続する要因となっていた上記の仕組みを見直すべく、人口の少ない一部の選挙区を合区するというこれまでにない手法を導入して行われたものであり、これによって選挙区間の最大較差が上記の程度にまで縮小したのであるから、同改正は、前記の参議院議員選挙の特性を踏まえ、平成 24 年大法廷判決及び平成 26 年大法廷判決の趣旨に沿って較差の是正を図ったものとみることができる。また、平成 27 年改正法は、その附則において、次回の通常選挙に向けて選挙制度の抜本的な見直しについて引き続き検討を行い必ず結論を得る旨を定めており、これによって、今後における投票価値の較差の更なる是正に向けての方向性と立法府の決意が示されるとともに、再び上記のような大きな較差を生じさせることのないよう配慮されているものということができる。

　　そうすると、平成 27 年改正は、都道府県を各選挙区の単位とする選挙制度の仕組みを改めて、長年にわたり選挙区間における大きな投票価値の不均衡が継続してきた状態から脱せしめるとともに、更なる較差の是正を指向するものと評価することができる。合区が一部にとどまり、多くの選挙区はなお都道府県を単位としたまま残されているとしても、そのことは上記の判断を左右するものではない。

　　以上のような事情を総合すれば、本件選挙当時、平成 27 年改正後の本件定数配分規定の下での選挙区間における投票価値の不均衡は、違憲の問題が生ずる程度の著しい不平等状態にあったものとはいえず、本件定数配分規定が憲法に違反するに至っていたということはできない。」

(4) 選挙編のまとめ

定数不均衡問題は、衆参両院の選挙で度々話題になるテーマである。今回は、2019 年が参議院選挙の年であるので、参議院選挙のみに焦点を絞った。

平成 24 年判決では、一票の格差に関して違憲状態である事が示された。注意すべきは、違憲ではなく違憲状態と指摘している事である。判決では、国会で定数不均衡見直しに向けた検討がされている点が考慮されている。

平成 29 年判決では、平成 24 年判決以降、一票の格差が縮小した事、選挙制度の抜本的見直しする旨が平成 27 年の法改正で示された事を背景に合憲との判断が下された。

ところが、2019 年 10 月 16 日、高松高裁が 2019 年 7 月実施の参議院選挙の一票の格差に関して、違憲状態であるとの判断を示した（格差は 1：3 である、選挙無効は認めなかった）。一方、2019 年 11 月 5 日、仙台高裁は合憲との判断を示しており、判断が分かれている。

最高裁がどのような判断を下すのかが注目される。

2　憲法に記されている人権編

憲法には様々な人権規定がある。例えば、精神的自由・経済的自由・社会権などがあげられる。ここでは、高校の政治経済でも取り扱われる判決を取り上げる。

朝日訴訟は、憲法 25 条 1 項（「すべて国民は、健康で文化的な最低限度の生活を営む権利を有する。」）を学ぶ際によく用いられるものである。薬局設置の距離制限判決は、憲法 22 条 1 項（「何人も、公共の福祉に反しない限り、居住、移転及び職業選択の自由を有する。」）を学ぶ際に用いられる。

(1)　朝日訴訟（最大判昭和 42 年 5 月 24 日民集 21 巻 5 号 1043 頁）
〈事案の概要〉

原告 X は結核患者として療養所に入院をしていた際に生活保護を受けていたが、実兄から毎月 1500 円が送金されていた。ところが、津山市社会福祉事務所長は、この送金事実を基に、生活扶助の月額 600 円を打ち切り、送金から 600 円を控除し、900 円を医療費の一部として負担させる決定を下し

た。この決定に対して X は不服申し立てをしたが認められなかったため訴えを起こした。しかし、高裁判決を不服として上告した X が上告中に死亡したため、X の相続人が本訴訟を引き継いだ。

〈争点〉

1：生活保護を受ける権利は相続されるのか

2：憲法 25 条 1 項とは何を意味しているのか

3：生活保護法によって保障される最低限度の生活のとは何か

〈判決・争点の判断〉

判決：上告棄却

1：生活保護を受ける権利は相続されるのか

「生活保護法の規定に基づき要保護者または被保護者が国から生活保護を受けるのは、単なる国の恩恵ないし社会政策の実施に伴う反射的利益ではなく、法的権利であって、保護受給権とも称すべきものと解すべきである。しかし、この権利は、被保護者自身の最低限度の生活を維持するために当該個人に与えられた一身専属の権利であって、他にこれを譲渡し得ないし（59 条参照）、相続の対象ともなり得ないというべきである。また、被保護者の生存中の扶助ですでに遅滞にあるものの給付を求める権利についても、医療扶助の場合はもちろんのこと、金銭給付を内容とする生活扶助の場合でも、それは当該被保護者の最低限度の生活の需要を満たすことを目的とするものであつて、法の予定する目的以外に流用することを許さないものであるから、当該被保護者の死亡によって当然消滅し、相続の対象となり得ない、と解するのが相当である。また、所論不当利得返還請求権は、保護受給権を前提としてはじめて成立するものであり、その保護受給権が右に述べたように一身専属の権利である以上、相続の対象となり得ないと解するのが相当である。」

2：憲法 25 条 1 項とは何を意味しているのか

「憲法二五条一項は、「すべて国民は、健康で文化的な最低限度の生活を営む権利を有する。」と規定している。この規定は、すべての国民が健康で文化

的な最低限度の生活を営み得るように国政を運営すべきことを国の責務として宣言したにとどまり、直接個々の国民に対して具体的権利を賦与したものではない。…（中略）…、具体的権利としては、憲法の規定の趣旨を実現するために制定された生活保護法によって、はじめて与えられているというべきである。」

3：生活保護法によって保障される最低限度の生活のとは何か

「生活保護法によって保障される最低限度の生活とは、健康で文化的な生活水準を維持することができるものであることを必要とし（3条参照）、保護の内容も、要保護者個人またはその世帯の実際の必要を考慮して、有効かつ適切に決定されなければならないが（9条参照）、同時に、それは最低限度の生活の需要を満たすに十分なものであつて、かつ、これをこえてはならないこととなっている」

(2)　薬局設置の距離制限

（最大判昭和 50 年 4 月 30 日民集 29 巻 4 号 527 頁）

〈事案の概要〉

薬の小売店開設を考えた原告Xは、広島県知事に薬事法を根拠に開設許可を求めたが、不許可となった。そこでXは、薬局開設の距離制限は違憲として被告である県（Y）に処分の取り消しを求めた。

〈判決の争点〉

1：薬事法における距離制限の目的は何か

2：薬事法の距離制限の規定は憲法違反か

〈判決・争点への判断〉

1：薬事法における距離制限の目的は何か

「薬事法6条2項、四項の適正配置規制に関する規定は、昭和38年7月12日法律第135号「薬事法の一部を改正する法律」により、新たな薬局の開設等の許可条件として追加されたものであるが、右の改正法律案の提案者は、その提案の理由として、一部地域における薬局等の乱設による過当競争のた

めに一部業者に経営の不安定を生じ、その結果として施設の欠陥等による不良医薬品の供給の危険が生じるのを防止すること、及び薬局等の一部地域への偏在の阻止によって無薬局地域又は過少薬局地域への薬局の開設等を間接的に促進することの二点を挙げ、これらを通じて医薬品の供給（調剤を含む。以下同じ。）の適正をはかることがその趣旨であると説明しており、薬事法の性格及びその規定全体との関係からみても、この二点が右の適正配置規制の目的であるとともに、その中でも前者がその主たる目的をなし、後者は副次的、補充的目的であるにとどまると考えられる。これによると、右の適正配置規制は、主として国民の生命及び健康に対する危険の防止という消極的、警察的目的のための規制措置であり、そこで考えられている薬局等の過当競争及びその経営の不安定化の防止も、それ自体が目的ではなく、あくまでも不良医薬品の供給の防止のための手段であるにすぎないものと認められる。」

2：薬事法の距離制限の規定は憲法違反か

「薬局等の設置場所についてなんらの地域的制限が設けられない場合、Yの指摘するように、薬局等が都会地に偏在し、これに伴ってその一部において業者間に過当競争が生じ、その結果として一部業者の経営が不安定となるような状態を招来する可能性があることは容易に推察しうるところであり、現に無薬局地域や過少薬局地域が少なからず存在することや、大都市の一部地域において医薬品販売競争が激化し、その乱売等の過当競争現象があらわれた事例があることは、国会における審議その他の資料からも十分にうかがいうるところである。しかし、このことから、医薬品の供給上の著しい弊害が、薬局の開設等の許可につき地域的規制を施すことによって防止しなければならない必要性と合理性を肯定させるほどに、生じているものと合理的に認められるかどうかについては、更に検討を必要とする。」

「薬局の開設等の許可における適正配置規制は、設置場所の制限にとどまり、開業そのものが許されないこととなるものではない。しかしながら、薬局等を自己の職業として選択し、これを開業するにあたっては、経営上の採算のほか、諸般の生活上の条件を考慮し、自己の希望する開業場所を選択するのが通常であり、特定場所における開業の不能は開業そのものの断念にもつながりうるものであるから、前記のような開業場所の地域的制限は、実質的には職業選択の自由に対する大きな制約的効果を有するものである。」

　「薬局等の分布の適正化が公共の福祉に合致することはさきにも述べたとおりであり、薬局等の偏在防止のためにする設置場所の制限が間接的にYの主張するような機能を何程かは果たしうろことを否定することはできないが、しかし、そのような効果をどこまで期待できるかは大いに疑問であり、むしろその実効性に乏しく、無薬局地域又は過少薬局地域における医薬品供給の確保のためには他にもその方策があると考えられるから、無薬局地域等の解消を促進する目的のために設置場所の地域的制限のような強力な職業の自由の制限措置をとることは、目的と手段の均衡を著しく失するものであつて、とうていその合理性を認めることができない。」

　「薬局の開設等の許可基準の一つとして地域的制限を定めた薬事法6条2項、4項（これらを準用する同法26条2項）は、不良医薬品の供給の防止等の目的のために必要かつ合理的な規制を定めたものということができないから、憲法22条1項に違反し、無効である。」

(3)　憲法に記されている人権編のまとめ

　朝日訴訟は、東京地裁判決も有名である。東京地裁判決では、生活保護法は憲法25条1項を具体化したものであるとされた。ところが、今回扱った最高裁判決において、憲法25条1項は具体的権利を賦与したものではない、いわゆるプログラム規定であるとの判断が示された。地裁と最高裁で異なる判断が下された事になる。

　憲法22条1項違反であるとされた薬局設置の距離制限判決は、距離制限規定が薬事法の目的とは外れていることを理由に、裁判所は違憲と判断した。目的から外れた結果、職業選択の自由を侵す結果になったと言える。この判決も、「目的から外れている・距離制限に合理性は無い・憲法違反である」、これらのプロセスを踏んだ上で結論を出している。

　この判例も、裁判での判断過程を学ぶ上で良い素材である。1つ1つ丁寧なプロセスを経て結論に至っている事を実感して頂きたい。

3　憲法に記されていない人権（新しい人権）編

憲法制定当初、条文にならなかった、或いは、時代が進んで、考えられて

もいなかった人権が現れるようになった。それが新しい人権と呼ばれるものである。新しい人権の例として、環境権、プライバシー権、人格権、肖像権などが挙げられる。判例を通じて、新しい人権に対する裁判所の考えを知ってほしい。

（1）　京都府学連事件
（最大判昭和 44 年 12 月 24 日刑集 23 巻 12 号 1625 頁）
〈事案の概要〉

昭和 37 年 6 月 21 日に実施されたデモの様子を警官が写真撮影していた。デモ隊に参加していた被告人 X は、警官の写真撮影の妨害、並びに、警官に怪我を負わせた。X は、公務執行妨害と傷害罪で逮捕・起訴された。これに対して、X は、写真撮影行為が肖像権の侵害であると主張した。

〈判決の争点と該当条文〉

1：一般論として、肖像権は認められるのか

2：本件に関して、肖像権は認められるのか

憲法 13 条　「すべて国民は、個人として尊重される。生命、自由及び幸福追求に対する国民の権利については、公共の福祉に反しない限り、立法その他の国政の上で、最大の尊重を必要とする。」

〈判決・争点への判断〉

判決：上告棄却（X の有罪確定）

1：一般論として、肖像権は認められるのか

「憲法 13 条は、「すべて国民は、個人として尊重される。生命、自由及び幸福追求に対する国民の権利については、公共の福祉に反しない限り、立法その他の国政の上で、最大の尊重を必要とする。」と規定しているのであつて、これは、国民の私生活上の自由が、警察権等の国家権力の行使に対しても保護されるべきことを規定しているものということができる。そして、個人の

私生活上の自由の一つとして、何人も、その承諾なしに、みだりにその容ぼう・姿態（以下「容ぼう等」という。）を撮影されない自由を有するものというべきである。

　これを肖像権と称するかどうかは別として、少なくとも、警察官が、正当な理由もないのに、個人の容ぼう等を撮影することは、憲法 13 条の趣旨に反し、許されないものといわなければならない。しかしながら、個人の有する右自由も、国家権力の行使から無制限に保護されるわけでなく、公共の福祉のため必要のある場合には相当の制限を受けることは同条の規定に照らして明らかである。そして、犯罪を捜査することは、公共の福祉のため警察に与えられた国家作用の一つであり、警察にはこれを遂行すべき責務があるのであるから（警察法 2 条 1 項参照）、警察官が犯罪捜査の必要上写真を撮影する際、その対象の中に犯人のみならず第三者である個人の容ぼう等が含まれても、これが許容される場合がありうるものといわなければならない。

　そこで、その許容される限度について考察すると、身体の拘束を受けている被疑者の写真撮影を規定した刑訴法 218 条 2 項のような場合のほか、次のような場合には、撮影される本人の同意がなく、また裁判官の令状がなくても、警察官による個人の容ぼう等の撮影が許容されるものと解すべきである。すなわち、現に犯罪が行なわれもしくは行なわれたのち間がないと認められる場合であつて、しかも証拠保全の必要性および緊急性があり、かつその撮影が一般的に許容される限度をこえない相当な方法をもつて行なわれるときである。このような場合に行なわれる警察官による写真撮影は、その対象の中に、犯人の容ぼう等のほか、犯人の身辺または被写体とされた物件の近くにいたためこれを除外できない状況にある第三者である個人の容ぼう等を含むことになつても、憲法 13 条、35 条に違反しないものと解すべきである。」

2：本件に関して、肖像権は認められるのか

　「（警官による）写真撮影は、現に犯罪が行なわれていると認められる場合になされたものであつて、しかも多数の者が参加し刻々と状況が変化する集団行動の性質からいつて、証拠保全の必要性および緊急性が認められ、その方法も一般的に許容される限度をこえない相当なものであつたと認められるから、たとえそれが被告人ら集団行進者の同意もなく、その意思に反して行なわれたとしても、適法な職務執行行為であつたといわなければならない。

　そうすると、これを刑法 95 条 1 項によつて保護されるべき職務行為にあたるとした第 1 審判決およびこれを是認した原判決の判断には、所論のように、憲法 13 条、35 条に違反する点は認められないから、論旨は理由がない。」

(2)　大阪国際空港事件

（大阪地判昭和 49 年 2 月 27 日判例時報 729 号 3 頁）

〈事案の概要〉

　大阪国際空港（伊丹空港）周辺に住む住民ら（原告 X）が、公害にさらされているとして、夜間飛行の禁止や損害賠償を求めた事案である。なお、ここでの公害とは、飛行機による騒音・振動・排気ガス・墜落の危険を意味する。

（なお、この判決は下記の争点がポイントであるため、条文の提示はない）

　〈判決の争点〉
　1：人格権による差止請求は可能か
　2：環境法は実定法上の権利なのか

〈判決・争点への判断〉

判決：一部認容、一部棄却（最終的に最高裁まで争われた）

1：人格権による差止請求は可能か

　「思うに、個人の生命、自由、名誉その他人間としての生活上の利益に対するいわれのない侵害行為は許されないことであり、かかる個人の利益は、それ自体法的保護に値するものであつて、これを財産権と対比して人格権と呼称することができる。そして、本件における航空機騒音の如く、個人の日常生活に対し極めて深刻な影響をもたらしひいては健康にも影響を及ぼすおそれのあるような生活妨害が継続的かつ反覆的に行われている場合において、これが救済の手段として、既に生じた損害の填補のため不法行為による損害賠償を請求するほかないものとすれば、被害者の保護に欠けることはいうまでもないから、損害を生じさせている侵害行為そのものを排除することを求

める差止請求が一定の要件の下に認められてしかるべきである。この場合、差止請求の法的根拠としては、妨害排除請求権が認められている所有権その他の物権に求めることができるが、物権を有しない者であつても、かかる個人の生活上の利益は物権と同等に保護に値するものであるから，人格権についてもこれに対する侵害を排除することができる権能を認め、人格権に基づく差止請求ができるものと解するのが相当である。」

2：環境法は実定法上の権利なのか

　「環境権については、実定法上かかる権利が認められるかどうかは疑問である。憲法一三条、二五条の規定は、いずれも国の国民一般に対する責務を定めた綱領規定であると解すべきであり、同条の趣旨は国の施策として立法、行政の上に忠実に反映されなければならないが、同条の規定によって直接に、個々の国民について侵害者に対し何らかの具体的な請求権が認められているわけではない。原告ら指摘の如く、近時公害による環境破壊は著しく、良好な環境を破壊から守り、維持して行く必要があることは、何人といえども否定できないところであり、政府、公共団体が環境保全のために公害防止の施策を樹立し、実施すべき責務を有し、企業や住民も公害の防止に努めるべきことは当然であるけれども、このことから直ちに、公害の私的救済の手段としての環境権なるものが認められるとするのは早計といわなければならない。また、環境が破壊されたことによって個人の利益が侵害された場合には、不法行為を理由に損害賠償の請求をすることができ、違法性の有無を判断するに際し、被侵害利益の性質として環境破壊の点を考慮すべき場合があるとしても、環境権という権利が侵害されたかどうかを問題にするまでもないし、差止請求においても、物権のみならず人格権をその根拠とすることによって救済の実をあげることができるのであって、いずれにしても環境権を認めなければ個人の利益が救済できないという場面はないと考えられる。Ｘらによれば、環境権によって具体的被害が発生する前に侵害を食い止め、また個々人の法益を越えて環境破壊を阻止することができるというが、かような役割を環境権に持たせようとするのであるならば、それは私法的救済の域を出るものであつて、実定法上の明文の根拠を必要とするといわなければならない。

　なお、環境権についてはその排他性から何等の利益考量も許されず、被害の存在のみで違法性が認められるという議論にも首肯しがたいものがある。

具体的な事件においていかなる事情を基礎として違法性があると認めるべきかの判断は、被侵害利益が排他的な権利である場合にも省略することはできないのであり、かかる利益考量を経て初めて、具体的事案に即した妥当な救済方法を導き出すことが可能となるのである。

　ちなみに、本件において原告らは、航空機の騒音等により原告ら居住地域一般の環境が破壊されたことを強調してはいるけれども、これは結局のところ原告ら個人個人の生活上の利益の侵害に還元することができるものであるし、原告らは同時に個人の健康や生活利益に被害がもたらされていることをも個別的、具体的に主張しているのであるから、私法的救済の方法としては、殊更に環境権という概念を持ち出さなければその主張を維持できないわけでもないことに留意する必要がある。」

(3)　憲法に記されていない人権（新しい人権）編のまとめ

　憲法で記されていない人権であるので、そもそも、権利に値するかの判断が重要になる。上記2つの判決は、肖像権と環境権について言及している。

　肖像権判決では、肖像権の内容・例外に関して定義がなされている。その定義に基づいて判決が下された。空港訴訟判決では、環境権は実定法上の権利ではないとされ、「環境権を認めなければ個人の利益が救済できないという場面はないと考えられる」との判断がなされている。

　たとえ条文に記載が無くとも、最高裁が権利として認めれば、肖像権のように権利として認められる事があることを覚えて欲しい。

　この先、今では考えられていない新しい人権が裁判の争点になった時、かつての判決における判断過程を念頭におくこと、そのプロセスとの異同を整理することが、読み手に求められている。

第4節　民　法

　日常生活に密接に関わりがあるのが民法である。一例として民法で扱うワードをあげると、売買契約・賃貸借・代理・損害賠償・婚姻・相続などがある。これらのワードは、日常生活でも馴染んでいるワードでもある。私の教えた生徒が、初学者の頃、民法に懲役刑がないのは不思議だ、と言ってい

た。だが、刑法と民法の考えを一緒にしてはならない。

　読者の方に頭に止めて頂きたいのは、「民法には民法の考え方がある」、という点だ。

　民法は知れば知るほど奥が深くなるので、イメージがしやすい判例を取り上げる事で、民法の世界を体験してもらいたい。

1　総則編

　民法は、総則からスタートし、物権・債権・親族・相続の順に進む。総則とは、民法全体を統括する規則である。例えば、ある行為が、債権の規定に抵触しなくとも、総則の規定に抵触した段階で、その行為は民法上認められない。

　ここで取り上げる判例は、選挙と住所に関するものである。選挙における住所とは何を意味するのか、それが論点になる。

(1)　選挙における住所
（最大判昭和 29 年 10 月 20 日民集 8 巻 10 号 1907 頁）

〈事案の概要〉

　茨城大学星嶺寮で寮生活をしている原告Ｘら（茨城大学の学生で、実家が遠方であるので、寮生活をしている）が、被告であるＹ村選挙管理委員会で選挙人登録されなかった事に対して、異議申し立てをした。だが、Ｙ村選挙管理委員会はＸらの住所は実家（郷里）でありＹ村ではないとして異議申し立てを認めなかった。これに対して、Ｘらが訴訟を提起した。原審はＸらの訴えを認めたがＹが上告した。

　なお、この判決を読む上で、裁判所が示した下記 2 つの前提条件を確認して欲しい。

〈前提条件 1：Ｘらの生活状況〉

　寮にて衣食住をし、「（選挙人）名簿調製期日までに最も長期の者は約 3 年、最も短期の者でも 5 ヶ月間を経過しており、休暇に際してはその全期間またはその一部を郷里またはそれ以外の親戚の許に帰省するけれども、配偶者があるわけでもなく、又管理すべき財産を持っているわけでもない」

〈前提条件 2：X らの入寮期間〉

「最も長期の者は 4 年間最も短期の者でも 1 年間在寮の予定の下に右寮に
居住し本件（選挙人）名簿調製期日までに最も長期の者は約 3 年、最も短期
の者でも 5ヶ月間を経過」

（判決の争点・該当条文）

1. 選挙において住所とは何を意味するのか

（裁判当時は民法 21 条であるが、現在は民法 22 条である）

民法 22 条　「各人の生活の本拠をその者の住所とする。」

〈判決・争点への判断〉

1. 選挙において住所とは何を意味するのか

　　「およそ法令において人の住所につき法律上の効果を規定している場合、反
対の解釈をなすべき特段の事由のない限り、その住所とは各人の生活の本拠
を指すものと解するを相当とする。」

　　「X 等の生活の本拠は、いずれも、本件（選挙人）名簿調製期日まで 3 箇月
間は Y 村内星嶺寮にあつたものと解すべく、一時的に同所に滞在または現在
していた者ということはできないのである。従って原判決が X 等は本件 Y 村
基本選挙人名簿に登録されるべきものとし、これに反する Y 村選挙管理委員
会のした決定を取り消したのは正当であるといわなければならない」

(2)　総則編のまとめ

　総則には重要項目として、法律行為・意思表示・代理・公序良俗等があ
る。ただ、これらの項目は、判例を見ただけではポイントがつかみにくい。
そこで、今回は身近なテーマである住所をテーマにした判例を示した。

　この判決では、住所 = 生活の本拠である事を指摘している。この判決をベ
ースにした場合、下宿先に住民票を移していない学生は、生活の本拠が下宿
先であり、住民票の住所は生活の本拠ではないので、住民票の住所地で投票
は出来ないとの論理展開も可能である。

　私が学部生時代、民法の講義でこの判例を取り上げた先生は、「住所＝生活の本拠なのだから、下宿している学生は住民票を下宿先に移しなさい」とよく言われていた。先生は、住民票を移していないがために、投票できない学生がいてほしくないという思いがあったのだろうと私は推察している。

2　物権・債権編

　物権とは動産・不動産に関する権利等を取り扱っている項目であり、債権は、契約や不法行為等を取り上げている項目である。物権も債権も項目数が多く、全てを取り上げる事は不可能である。

　読者層が初学者であるので、イメージがしやすい判例を掲載する事にし、物権からは盗品の取得、債権からは契約解除に関する判例を取り上げることにした。

(1)　盗品の取得（最判平成 12 年 6 月 27 日民集 54 巻 5 号 1737 頁）
〈事案の概要〉

　原告 X は、平成 6 年 10 月ごろ、バックホー（動産）を盗まれた。平成 6 年 11 月 7 日、被告 Y はこのバックホーを、中古土木機械等販売業を営む者から購入した。だが、Y が購入したバックホーは、X が盗まれたバックホーだった。平成 8 年 8 月 8 日、X は Y に対して、バックホーの引渡しと使用利益相当額の支払いを求めて訴えを起こした。

　Y はバックホーを購入した際、善意無過失であった。第 1 審で、X の請求が認められ、Y はバックホーを引渡した。原審は、X の請求が認められ、使用利益相当額に加え遅延損害金の支払いを Y に言い渡した。これを不服とし、Y は上告した。

(判決の争点・該当条文)
1. そもそも Y にバックホーの使用収益の権限はあったのか
2. バックホーを返還後でも、Y は X に使用利益相当額の返還をしなければならないのか
民法 194 条「占有者が、盗品又は遺失物を、競売若しくは公の市

> 場において、又はその物と同種の物を販売する商人から、善意で買
> い受けたときは、被害者又は遺失者は、占有者が支払った代価を弁
> 償しなければ、その物を回復することができない。」

〈判決・争点への判断〉

判決：一部破棄自判

1. そもそもYにバックホーの使用収益の権限はあったのか

　「盗品又は遺失物（以下「盗品等」という。）の被害者又は遺失主（以下
「被害者等」という。）が盗品等の占有者に対してその物の回復を求めたのに
対し、占有者が民法194条に基づき支払った代価の弁償があるまで盗品等の
引渡しを拒むことができる場合には、占有者は、右弁償の提供があるまで盗
品等の使用収益を行う権限を有すると解するのが相当である。けだし、民法
194条は、盗品等を競売若しくは公の市場において又はその物と同種の物を
販売する商人から買い受けた占有者が同法192条所定の要件を備えるときは、
被害者等は占有者が支払った代価を弁償しなければその物を回復することが
できないとすることによって、占有者と被害者等との保護の均衡を図った規
定であるところ、被害者等の回復請求に対し占有者が民法194条に基づき盗
品等の引渡しを拒む場合には、被害者等は、代価を弁償して盗品等を回復す
るか、盗品等の回復をあきらめるかを選択することができるのに対し、占有
者は、被害者等が盗品等の回復をあきらめた場合には盗品等の所有者として
占有取得後の使用利益を享受し得ると解されるのに、被害者等が代価の弁償
を選択した場合には代価弁償以前の使用利益を喪失するというのでは、占有
者の地位が不安定になること甚だしく、両者の保護の均衡を図った同条の趣
旨に反する結果となるからである。また、弁償される代価には利息は含まれ
ないと解されるところ、それとの均衡上占有者の使用収益を認めることが両
者の公平に適うというべきである。

　これを本件について見ると、Yは、民法194条に基づき代価の弁償がある
まで本件バックホーを占有することができ、これを使用収益する権限を有し
ていたものと解される。したがって、不当利得返還請求権又は不法行為によ
る損害賠償請求権に基づくXの本訴請求には理由がない。」

2. バックホーを返還後でも、Y は X に使用利益相当額の返還をしなければならないのか

「Y は、本件バックホーの引渡しを求める X の本訴請求に対して、代価の弁償がなければこれを引き渡さないとして争い、第一審判決が Y の右主張を容れて代価の支払と引換えに本件バックホーの引渡しを命じたものの、右判決が認めた使用利益の返還債務の負担の増大を避けるため、原審係属中に代価の弁償を受けることなく本件バックホーを X に返還し、反訴を提起したというのである。右の一連の経緯からすると、X は、本件バックホーの回復をあきらめるか、代価の弁償をしてこれを回復するかを選択し得る状況下において、後者を選択し、本件バックホーの引渡しを受けたものと解すべきである。このような事情にかんがみると、Y は、本件バックホーの返還後においても、なお民法 194 条に基づき X に対して代価の弁償を請求することができるものと解するのが相当である。」

「そして、代価弁償債務は期限の定めのない債務であるから、民法 412 条 3 項により X は Y から履行の請求を受けた時から遅滞の責を負うべきであり、本件バックホーの引渡しに至る前記の経緯からすると、右引渡しの時に、代価の弁償を求めるとの Y の意思が X に対して示され、履行の請求がされたものと解するのが相当である。したがって、X は代価弁償債務につき本件バックホーの引渡しを受けた時から遅滞の責を負い、引渡しの日の翌日である平成 9 年 9 月 3 日から遅延損害金を支払うべきものである。それゆえ、代価弁償債務及び右同日からの遅延損害金の支払を求める Y の反訴請求は理由がある。そうすると、反訴状送達に先立つ履行の請求の有無につき検討することなく、X の代価弁償債務が右送達によってはじめて遅滞に陥るとした原判決の判断には法令の解釈適用を誤った違法があり、右違法は原判決の結論に影響を及ぼすことが明らかである。」

(2)　契約解除（最判昭和 27 年 4 月 25 日民集 6 巻 4 号 451 頁）

〈事案の概要〉

原告 X は被告 Y に家屋を賃貸した。ところが、Y は出征し、Y の妻は仕事で昼間は自宅におらず、子供は留守中、室内で野球遊びをしていた（それを放置し続けた）。その結果、建具類が破壊された。建具類は破壊されただけ

でなく、燃料に窮したとき、建具類焼却して燃料代わりにしていた。また、水洗便所が使用不能となればマンホールをトイレ代わりにしていて、近隣住民からも非難の声が上がっていた。

Yが帰還した後も、Yに賃貸した家屋が不潔であるので隣家に一泊を乞うこともあった。Y宅の状態であるが、「格子戸、障子、硝子戸、襖等の建具類は、全部なくなっており、外壁数ヶ所は破損し、水洗便所は使用不能の状態」である。

Xは、その状態に至った理由が、Y一家が乱暴に使用した結果であるとして、Yに対して14日以内に原状回復すべき旨の催告・条件付契約解除の意思表示をしたが、期限までに原状回復がなされなかったため、XはYに対して契約解除に基づき賃貸した家屋の明け渡しをYに請求した。原審は、Xの請求を認めたが、Yが上告した。

（判決の争点・該当条文）

1. 契約解除は成立するのか

民法 541 条　「当事者の一方がその債務を履行しない場合において、相手方が相当の期間を定めてその履行の催告をし、その期間内に履行がないときは、相手方は、契約の解除をすることができる。」
民法 601 条　「賃貸借は、当事者の一方がある物の使用及び収益を相手方にさせることを約し、相手方がこれに対してその賃料を支払うことを約することによって、その効力を生ずる」

〈判決・争点への判断〉

判決：上告棄却

1. 契約解除は成立するのか

　「およそ、賃貸借は、当事者相互の信頼関係を基礎とする継続的契約であるから、賃貸借の継続中に、当事者の一方に、その信頼関係を裏切って、賃貸借関係の継続を著しく困難ならしめるような不信行為のあつた場合には、相手方は、賃貸借を将来に向って、解除することができるものと解しなければ

ならない、そうして、この場合には民法541条所定の催告は、これを必要と
しないものと解すべきである。」

　「Yの所為は、家屋の賃借人としての義務に違反すること甚しく（賃借人は
善良な管理者の注意を以て賃借物を保管する義務あること、賃借人は契約の
本旨又は目的物の性質に因って定まった用方に従って目的物の使用をしなけ
ればならないことは民法の規定するところである）その契約関係の継続を著
しく困難ならしめる不信行為であるといわなければならない。従って、Xは、
民法541条の催告を須いず直ちに賃貸借を解除する権利を有するものである
ことは前段説明のとおりであるから、本件解除を是認した原判決は、結局正
当である。論旨は、Xがした催告期間の当、不当を争うに帰著するものであ
るからその理由のないことは明らかである。」

(3)　物権・債権編のまとめ

　盗品の取得判例の根底にあるのは、「盗品を盗品と知らないで所持してい
た事が認められるのか」である。所持が認められて、はじめて、使用収益の
話や返還請求の話になる。

　物権で頻出する言葉を確認する。例えば、BさんがAさんに内緒でCさ
んに転売をしたケースの時、法学ではCさんを第三者と表現し、それを善
意と悪意で区別する。ここでの善意とは、第三者が「内緒で転売された事」
を知らなかった事を意味し、悪意とは、第三者が「内緒で転売された事」を
知っていた事を意味する。

　本判例では、バックホーの所有は認めらたが、「Xは代価弁償債務につき
本件バックホーの引渡しを受けた時から遅滞の責を負」うとされ、Yに使用
利益相当額の支払いが命じられた。

　契約解除の判例の焦点は、契約解除が法的に妥当かである。この判例で
は、賃借人が義務違反を認め契約解除は妥当と判断がなされた。賃貸借して
いる方々は、異常な使用方法や破壊行為をおこなったら、契約解除に値する
こと肝に銘じる必要がある。当然だが、借り手は、常に正しい使い方が求め
られているといえる。

3 家族法編

民法の中核をなす項目に、親族編・相続編がある。親族では、婚姻や離婚等が扱われている。親族編・相続編の事を、学問上、家族法という。この項目では、最近話題となった判決を取り上げる。

(1) 夫婦別姓判決
(最大判平成 27 年 12 月 16 日民集 69 巻 8 号 2586 頁)

〈事案の概要〉

民法 750 条では、「夫婦は、婚姻の際に定めるところに従い、夫又は妻の氏を称する。」とされている。原告 X は、夫婦別姓を認めていない民法 750 条が、憲法 13 条・憲法 14 条 1 項・憲法 24 条 1 項・憲法 24 条 2 項違反であるとして、国に損害賠償請求した事案である。なお、X が上告している。

（判決の争点）

1. 民法 750 条は憲法 13 条に違反するのか
2. 民法 750 条は憲法 14 条 1 項に違反するのか
3. 民法 750 条は憲法 24 条 1 項・2 項に違反するのか

〈判決・争点への判断〉

判決：上告棄却

1. 民法 750 条は憲法 13 条に違反するのか

「本件規定が、憲法上の権利として保障される人格権の一内容である「氏の変更を強制されない自由」を不当に侵害し、憲法 13 条に違反する旨をいうものである。」

「本件で問題となっているのは、婚姻という身分関係の変動を自らの意思で選択することに伴って夫婦の一方が氏を改めるという場面であって、自らの意思に関わりなく氏を改めることが強制されるというものではない。

氏は、個人の呼称としての意義があり、名とあいまって社会的に個人を他人から識別し特定する機能を有するものであることからすれば、自らの意思

のみによって自由に定めたり、又は改めたりすることを認めることは本来の性質に沿わないものであり、一定の統一された基準に従って定められ、又は改められるとすることが不自然な取扱いとはいえないところ、上記のように、氏に、名とは切り離された存在として社会の構成要素である家族の呼称としての意義があることからすれば、氏が、親子関係など一定の身分関係を反映し、婚姻を含めた身分関係の変動に伴って改められることがあり得ることは、その性質上予定されているといえる。

　以上のような現行の法制度の下における氏の性質等に鑑みると、婚姻の際に「氏の変更を強制されない自由」が憲法上の権利として保障される人格権の一内容であるとはいえない。本件規定は、<u>憲法 13 条に違反するものではない。</u>」

　「これらの婚姻前に築いた個人の信用、評価、名誉感情等を婚姻後も維持する利益等は、憲法上の権利として保障される人格権の一内容であるとまではいえないものの、…（中略）…、氏を含めた婚姻及び家族に関する法制度の在り方を検討するに当たって考慮すべき人格的利益であるとはいえるのであり、憲法 24 条の認める立法裁量の範囲を超えるものであるか否かの検討に当たって考慮すべき事項であると考えられる。」

2. 民法 750 条は憲法 14 条 1 項に違反するのか

　「本件規定が、96％以上の夫婦において夫の氏を選択するという性差別を発生させ、ほとんど女性のみに不利益を負わせる効果を有する規定であるから、憲法 14 条 1 項に違反する旨をいうものである。」

　「本件規定は、夫婦が夫又は妻の氏を称するものとしており、夫婦がいずれの氏を称するかを夫婦となろうとする者の間の協議に委ねているのであって、その文言上性別に基づく法的な差別的取扱いを定めているわけではなく、本件規定の定める夫婦同氏制それ自体に男女間の形式的な不平等が存在するわけではない。我が国において、夫婦となろうとする者の間の個々の協議の結果として夫の氏を選択する夫婦が圧倒的多数を占めることが認められるとしても、それが、本件規定の在り方自体から生じた結果であるということはできない。

　したがって、<u>本件規定は、憲法 14 条 1 項に違反するものではない。</u>」

　「もっとも、氏の選択に関し、これまでは夫の氏を選択する夫婦が圧倒的多

数を占めている状況にあることに鑑みると、この現状が、夫婦となろうとする者双方の真に自由な選択の結果によるものかについて留意が求められるところであり、仮に、社会に存する差別的な意識や慣習による影響があるのであれば、その影響を排除して夫婦間に実質的な平等が保たれるように図ることは、憲法 14 条 1 項の趣旨に沿うものであるといえる。そして、この点は、氏を含めた婚姻及び家族に関する法制度の在り方を検討するに当たって考慮すべき事項の一つというべきであり、後記の憲法 24 条の認める立法裁量の範囲を超えるものであるか否かの検討に当たっても留意すべきものと考えられる。」

3.　民法 750 条は憲法 24 条 1 項・2 項に違反するのか

「本件規定が、夫婦となろうとする者の一方が氏を改めることを婚姻届出の要件とすることで、実質的に婚姻の自由を侵害するものであり、また、国会の立法裁量の存在を考慮したとしても、本件規定が個人の尊厳を侵害するものとして、憲法 24 条に違反する旨をいうものである。」

「夫婦同氏制の下においては、婚姻に伴い、夫婦となろうとする者の一方は必ず氏を改めることになるところ、婚姻によって氏を改める者にとって、そのことによりいわゆるアイデンティティの喪失感を抱いたり、婚姻前の氏を使用する中で形成してきた個人の社会的な信用、評価、名誉感情等を維持することが困難になったりするなどの不利益を受ける場合があることは否定できない。そして、氏の選択に関し、夫の氏を選択する夫婦が圧倒的多数を占めている現状からすれば、妻となる女性が上記の不利益を受ける場合が多い状況が生じているものと推認できる。さらには、夫婦となろうとする者のいずれかがこれらの不利益を受けることを避けるために、あえて婚姻をしないという選択をする者が存在することもうかがわれる。

しかし、夫婦同氏制は、婚姻前の氏を通称として使用することまで許さないというものではなく、近時、婚姻前の氏を通称として使用することが社会的に広まっているところ、上記の不利益は、このような氏の通称使用が広まることにより一定程度は緩和され得るものである。」

「本件規定の採用した夫婦同氏制が、夫婦が別の氏を称することを認めないものであるとしても、上記のような状況の下で直ちに個人の尊厳と両性の本質的平等の要請に照らして合理性を欠く制度であるとは認めることはできな

い。したがって、本件規定は、憲法 24 条に違反するものではない。」

(2)　再婚禁止規定判決

（最大判平成 27 年 12 月 16 日民集 69 巻 8 号 2427 頁）

〈事案の概要〉

民法 733 条 1 項は、当時 6 ヶ月の再婚禁止期間を女性だけに設けていた。このことに対して原告 X は、民法 733 条 1 項の規定が、憲法 14 条 1 項・24 条 2 項に違反するものとして裁判を起こした。原審で X の主張は認められなかったため、X は上告した。

（判決の争点）

1.　再婚禁止規定は合理性があるのか（100 日まで）

2.　再婚禁止規定は合理性があるのか（101 日以上）

〈判決・争点への判断〉

判決：上告棄却

1.　再婚禁止規定は合理性があるのか（100 日まで）

　　「本件規定の立法目的は、父性の推定の重複を回避し、もって父子関係をめぐる紛争の発生を未然に防ぐことにあると解されるところ、民法 772 条 2 項は、「婚姻の成立の日から二百日を経過した後又は婚姻の解消若しくは取消しの日から 300 日以内に生まれた子は、婚姻中に懐胎したものと推定する。」と規定して、出産の時期から逆算して懐胎の時期を推定し、その結果婚姻中に懐胎したものと推定される子について、同条 1 項が「妻が婚姻中に懐胎した子は、夫の子と推定する。」と規定している。そうすると、女性の再婚後に生まれる子については、計算上 100 日の再婚禁止期間を設けることによって、父性の推定の重複が回避されることになる。夫婦間の子が嫡出子となることは婚姻による重要な効果であるところ、嫡出子について出産の時期を起点とする明確で画一的な基準から父性を推定し、父子関係を早期に定めて子の身分関係の法的安定を図る仕組みが設けられた趣旨に鑑みれば、父性の推定の重複を避けるため上記の 100 日について一律に女性の再婚を制約することは、

婚姻及び家族に関する事項について国会に認められる合理的な立法裁量の範囲を超えるものではなく、上記立法目的との関連において合理性を有するものということができる。

　よって、<u>本件規定のうち 100 日の再婚禁止期間を設ける部分は、憲法 14 条 1 項にも、憲法 24 条 2 項にも違反するものではない。</u>」

2. 再婚禁止規定は合理性があるのか（101 日<u>以上</u>）

　「これに対し、本件規定のうち 100 日超過部分については、民法 772 条の定める父性の推定の重複を回避するために必要な期間ということはできない。

　旧民法 767 条 1 項において再婚禁止期間が 6 箇月と定められたことの根拠について、旧民法起草時の立案担当者の説明等からすると、その当時は、専門家でも懐胎後 6 箇月程度経たないと懐胎の有無を確定することが困難であり、父子関係を確定するための医療や科学技術も未発達であった状況の下において、再婚後に前夫の子が生まれる可能性をできるだけ少なくして家庭の不和を避けるという観点や、再婚後に生まれる子の父子関係が争われる事態を減らすことによって、父性の判定を誤り血統に混乱が生ずることを避けるという観点から、再婚禁止期間を厳密に父性の推定が重複することを回避するための期間に限定せず、一定の期間の幅を設けようとしたものであったことがうかがわれる。また、諸外国の法律において 10 箇月の再婚禁止期間を定める例がみられたという事情も影響している可能性がある。上記のような旧民法起草時における諸事情に鑑みると、再婚禁止期間を厳密に父性の推定が重複することを回避するための期間に限定せず、一定の期間の幅を設けることが父子関係をめぐる紛争を未然に防止することにつながるという考え方にも理解し得る面があり、このような考え方に基づき再婚禁止期間を 6 箇月と定めたことが不合理であったとはいい難い。このことは、再婚禁止期間の規定が旧民法から現行の民法に引き継がれた後においても同様であり、その当時においては、国会に認められる合理的な立法裁量の範囲を超えるものであったとまでいうことはできない。

　しかし、その後、医療や科学技術が発達した今日においては、上記のような各観点から、再婚禁止期間を厳密に父性の推定が重複することを回避するための期間に限定せず、一定の期間の幅を設けることを正当化することは困難になったといわざるを得ない。」

「婚姻をするについての自由が憲法24条1項の規定の趣旨に照らし十分尊重されるべきものであることや妻が婚姻前から懐胎していた子を産むことは再婚の場合に限られないことをも考慮すれば、再婚の場合に限って、前夫の子が生まれる可能性をできるだけ少なくして家庭の不和を避けるという観点や、婚姻後に生まれる子の父子関係が争われる事態を減らすことによって、父性の判定を誤り血統に混乱が生ずることを避けるという観点から、厳密に父性の推定が重複することを回避するための期間を超えて婚姻を禁止する期間を設けることを正当化することは困難である。他にこれを正当化し得る根拠を見いだすこともできないことからすれば、本件規定のうち100日超過部分は合理性を欠いた過剰な制約を課すものとなっているというべきである。以上を総合すると、本件規定のうち100日超過部分は、遅くともXが前婚を解消した日から100日を経過した時点までには、婚姻及び家族に関する事項について国会に認められる合理的な立法裁量の範囲を超えるものとして、その立法目的との関連において合理性を欠くものになっていたと解される。」

「本件規定のうち100日超過部分が憲法24条2項にいう両性の本質的平等に立脚したものでなくなっていたことも明らかであり、上記当時において、同部分は、憲法14条1項に違反するとともに、憲法24条2項にも違反するに至っていたというべきである。」

(3) 家族法編のまとめ

夫婦別姓判決は、条文の憲法違反が焦点となった。裁判所は、憲法違反ではないとしたが、検討の必要性は指摘している。最高裁が、「婚姻前の氏を通称として使用することが社会的に広まっている」と指摘した部分はこれから様々な判例を見る上でのポイントになる。

学生から、「正しい法律の解釈をすれば判決が書けるのではないか」、と聞かれる事がある。確かに、正しい法律の解釈も大切であるが、社会の状況が踏まえることも大切で、実際、社会状況が踏まえられた判決に多く出会う。

この判決も社会状況を踏まえて、解釈がなされている。判決見る際、解釈だけでなく、裁判所が提示した社会状況の認識に誤りが無いかも検証する必要が生じる。

再婚禁止規定判決の前知識として、この判決が出る前の条文で女性の再婚

禁止期間は 6 ヶ月であったことを指摘する。その上で、この判決の争点は夫婦別姓判決同様、条文の憲法違反が焦点となった。この判決では、期間が 101 日目からは違憲との判断が示された。

　問題は、再婚禁止規定を 100 日までは合憲とした理由である。裁判所はその理由として、父性推定の重複回避を挙げている。判決文によると、明治期の医療水準では 6 ヶ月経過しないと懐胎確認が困難であった背景が示された。そのような社会背景をもとに 6 ヶ月の再婚禁止規定が成立しており、最高裁も理解を示している。その上で、772 条 1 項・2 項の規定から計算をし、100 日とする事で父性推定の重複回避が実現できるとしている。

　判決の是非を検討する事も判例学習の重要点だ。

　判例に出会ったとき、判決内容を鵜呑みにするのではなく、内容の検討を忘れずにして欲しい。

第 5 節　おわりに

　ここまで判例から法律がどのように扱われているかをみてきた。法学は、法律の解釈の仕方を学ぶ学問でもあるが、判例から見たとおり解釈だけでなく社会状況を考慮した上での法のあり方を考える学問であるともいえる。

　法学の研究は、法律の解釈に特化した研究（法解釈学）、社会状況を見て最適な法政策を提示する研究（法政策学）、判例分析に特化した研究等、多岐にわたっている。どの研究をするかは、本人の考え次第なのである。

　初学者がやるべき事は何なのか。それは、条文がどのように判例で用いられているかを知ることであり、今までどのような解釈がなされてきたのかを知ることである。ここで、教科書の役割が出てくる。教科書には、該当条文に関して知らなければいけない内容や関わりのある判例も掲載される。「条文の確認・教科書で内容を確認・判例で実際の運用を見る」が、法学学習の基本だと考えてよい。学生から条文を暗記する必要性があるかと聞かれるが、暗記の必要は無い。

　判例に関して、判例集を用いて学習するのが効率的である。判例は山ほどあるので、初学者が重要判例を見極める事が困難であるため、その手助けと

して判例集が有用である。判例集は、「憲法判例集」のように分野ごとになっている点に注意がいる。

　六法に関しては、必ず購入・毎年買い替えが必要である。条文の改正があり、それに対応する必要があるからだ。六法には、一般的な六法と判例六法がある。判例六法は試験では使えない。購入したい場合、自習用としての使用がメインになる。

　六法・判例集・教科書に関しては、2019 年 11 月下旬時点で購入できるもの或いは大学図書館で利用可能なものを下記に掲載する。

　よく、「試験に必要だから法学を学ぶ」と言う人に出会うのだが、大変残念である。なぜならば、法は試験のための道具ではなく、社会を円滑に運用するための道具だからだ。ただ、道具にはメンテナンスが必要であるように、法律にもメンテナンスが必要である。法律におけるメンテナンスとは法改正を意味する。メンテナンスが必要なタイミングとは、社会状況と法が合わなくなった時である。最適なメンテナンスを実行するには、どの部分が今の社会と合わないのか、どう修正すればよいのかを考えることが求められる。

　これから本格的に法学を学ぶ人も、そうでない人も、この内容を読んでイメージがつかめたなら幸いである。

参考文献

【六法】

　『デイリー六法 2020　令和 2 年度版』（三省堂、2019 年）

　『ポケット六法　令和 2 年度版』（有斐閣、2019 年）

　『有斐閣判例六法　令和 2 年度版』（有斐閣、2019 年）

【判例集】

　窪田充見・森田宏樹編『民法判例百選 II 債権（第 8 版）』（有斐閣、2018 年）

　潮見佳男・道垣内弘人編『民法判例百選 I 総則・物権（第 8 版）』（有斐閣、2018 年）

　野中俊彦・江橋崇編、渋谷秀樹補訂『憲法判例集　第 11 版』（有斐閣、2016 年）

　水野紀子・大村敦志編『民法判例百選 III 親族・相続（第 2 版）』（有斐閣、2018 年）

　山口厚・佐伯仁志編『刑法判例百選 I 総論（第 7 版）』（有斐閣、2014 年）

　山口厚・佐伯仁志編『刑法判例百選 II 各論（第 7 版）』（有斐閣、2014 年）

【憲法】

　芦部信喜著、高橋和之補訂『憲法（第 7 版)』（岩波書店、2019 年）

　工藤達朗編『よくわかる憲法（第 2 版)』（ミネルヴァ書房、2013 年）

　辻村みよ子『憲法（第 6 版)』（日本評論社、2018 年）

【刑法】

　井田良・佐藤拓磨編『よくわかる刑法（第 3 版)』（ミネルヴァ書房、2018 年）

　井田良『入門刑法学・各論（第 2 版)』（有斐閣、2018 年）

　井田良『入門刑法学・総論（第 2 版)』（有斐閣、2018 年）

　和田俊憲『どこでも刑法♯総論』（有斐閣、2019 年）

【民法】

　池田真朗『スタートライン債権法（第 6 版)』（日本評論社、2017 年）

　池田真朗『スタートライン民法総論（第 3 版)』（日本評論社、2018 年）

　千葉恵美子・藤原正則・七戸克彦『民法 2 物権（第 3 版)』（有斐閣、2018 年）

　本山敦・青竹美佳・羽生香織・水野貴浩『家族法（第 2 版)』（日本評論社、2019 年）

コラム　学部選びは難しい

　人生における決断の中でも大学・学部選択は難しい。自身を振り返ってみると、当時の関心事は「ロシア人はどういう人たちか」ということであった。1980年代のソ連はヴェールに包まれ、日本で日常的に情報を入手する事は困難であった。この問いには、政治・文化など複数のアプローチが可能であり、結局どの学部が最適か分からず、「外国語学部」を選択した。外国語学部では、初めの2年は専攻語を学びながら研究テーマを絞り込む猶予が与えられ、専門分野のゼミに入るのは3年次からでよかったからである。私は現在、大学編入クラスの担任をしているが、大学を中退した学生も散見される。学部選択を誤り、遠回りをしてしまったためである。このような事態は、大学の学部選択に十分な情報の入手と的確な進路相談を受けられていれば回避できたはずである。特定の職業を念頭にする場合を除いては、生徒は概ね主観的なイメージ、周囲の勧め、模試の結果などで学部選択を行っていることが多いのではないか。

　進路相談に応じる高校の先生も大変である。本来、自分の出身学部以外のことはよく分からないものである。出身学部の学習内容にしても、卒業後5年も経てば研究テーマのトレンドは変わる。今や農学部はバイオテクノロジーを扱う学部であり、新設学部も続々と出現している。娯楽とみなされた「ゲーム」は、今や社会学、人文科学、産業論、工学でもてはやされる研究対象である。多忙な日常業務に加えて、大学の各学部の最新の学修内容まで理解した上で進路指導に応じられる高校の先生がどれほどいらっしゃるだろうか。現代の複雑化・多様化した社会の諸問題には学際的なアプローチが求められ、研究テーマにとって最適な学部選択の判断はますます困難を極めている。学部決定の際に、専門領域の最新の研究動向を知ることが、従来以上に必要な時代に突入している。過去の自分の経験に基づいて現在の若者に進路の助言をすることは賢明であるとはいえない。

　このような現状にあって、専門分野における最先端の研究内容を紹介しながら受験生の学部選択に資するツールが今までなかった。大学における専門

領域での最先端の研究内容については、現場の研究者にご指南頂くことが最も参考になるだろう。現役大学生から大学での具体的な学習内容を聞くことも有益であるはずだ。一方、大学のオープンキャンパスは授業内容の把握の一助にはなるだろうが、「スター先生による特別講義」が、必ずしも自分が実際に受ける授業ではないことは理解しておく必要がある。

　本書はまさに大学の各学部の伝統的な研究内容から最先端の研究内容に至るまでの情報提供を行い、学習者に納得のいく学部選択をしてもらえる支援ツールとして作られた。この書に加えて、自分の学問的問題意識にどうアプローチするべきか、研究者に相談できる機会が持てれば、細部に至るまで的確な指導を仰げるであろう。

　日本外国語専門学校では、スタディ・スキルズ（情報の探索方法、レポート・論文の書き方、ディスカッション・ディベート・プレゼンテーションの仕方など）を身につけながら、入学後の初学期に全学生が文系分野の７科目（国際関係学、法学・政治学、経済学、経営学、言語学、英米文学、社会学）の概論を受講する。各学問領域で扱う問題と研究手法を理解し、個人相談も経て、自分の関心のある分野を見極めてから学部選択を行う制度を採用している。このため、学生の学習意欲は高い。卒業までの残り３学期で専攻分野の学びを深め、インプットからアウトプットに移行し、最終的には学修の集大成として卒業論文の作成に取り組むが、自分の研究内容に愛着を持って研究を進めている姿が頼もしい。研究の過程で、大学での研究内容の方向も定まり、目的意識をもって進学を志している。大学選択については、自分の研究上、師事を仰ぎたい先生と関連授業の有無で判断し、３年次の専門課程からの入学を果たす。大学卒業後は大学院への進学をはじめ、専門に関連した就職を果たす学生が多くみられる。進路選択に悩める若者にとって自信をもって自分の足で人生を切り拓けるシステムがここにある。情熱を傾けられる研究テーマに出会い、それを追究できることは、青春時代の貴重な経験となり、人生を豊かに送る第一歩になるのではないか。私の時代にもこのような機会があったら、と学生をうらやましく見守る次第である。

執筆者一覧（［ ］内は執筆分担）

新里　卓（しんざと　たく）
　日本外国語専門学校英語本科主任［まえがき・第1章］

菊池かおり（きくち　かおり）
　法政大学経営学部准教授［第2章第1節］

日野原慶（ひのはら　けい）
　大東文化大学文学部専任講師［第2章第2節］

田北康成（たきた　やすなり）
　立教大学社会学部兼任講師［第3章］

松浦淳介（まつうら　じゅんすけ）
　慶應義塾大学法学部専任講師［第4章］

竹澤理絵（たけざわ　りえ）
　元武蔵野大学法学部兼任講師［第5章］

竹本拓治（たけもと　たくじ）
　福井大学地域創生推進本部教授［第6章・第7章］

吉田　朗（よしだ　あきら）
　日本外国語専門学校英語本科講師［第8章］

加藤直子（かとう　なおこ）
　日本外国語専門学校英語本科講師［巻末コラム・カバーデザイン］

専門学へのいざない

2020年3月20日　初版第1刷発行

編 著 者　　新　里　　　卓

発 行 者　　阿　部　成　一

〒162-0041　東京都新宿区早稲田鶴巻町514番地

発 行 所　　株式会社　成 文 堂

電話　03（3203）9201（代）　Fax 03（3203）9206
http://www.seibundoh.co.jp

製版・印刷　シナノ印刷　　　　　　　　　　　弘伸製本
☆乱丁・落丁本はおとりかえいたします☆

©2020　T. Shinzato　Printed in Japan　　検印省略

ISBN978-4-7923-7111-1 C3030

定価（本体2800円＋税）